향락사회론

현대 라캉주의의 전개

KYOURAKU SHAKAIRON—GENDAI RAKANHA NO TENKAI
by Takuya Matsumoto
Copyright © Takuya Matsuomoto, 2018
All rights reserved.
Original Japanese edition published by Jimbunshoin
Korean translation copyrights © 2024 by Editus Publishing Co.
This Korean edition published by arrangement with Jimbunshoin, Kyoto,
through HonnoKizuna, Inc., Tokyo, and Shinwon Agency Co.

향락사회론: 현대 라캉주의의 전개
享楽社会論: 現代ラカン派の展開
제1판 1쇄 2024년 5월 31일
　　　2쇄 2024년 9월 20일

지은이 마쓰모토 타쿠야
옮긴이 임창석·이정민
펴낸이 연주희
펴낸곳 에디투스
등록번호 제2015-000055호 (2015.06.23)
주소 경기도 성남시 분당구 황새울로351번길 10, 401호
전화 070-8777-4065
팩스 0303-3445-4065
이메일 editus@editus.co.kr
홈페이지 www.editus.co.kr

제작처 ㈜상지사피앤비

가격 25,000원

ISBN 979-11-91535-12-9 (03300)

JAQUE LACAN

향락사회론

현대 라캉주의의 전개

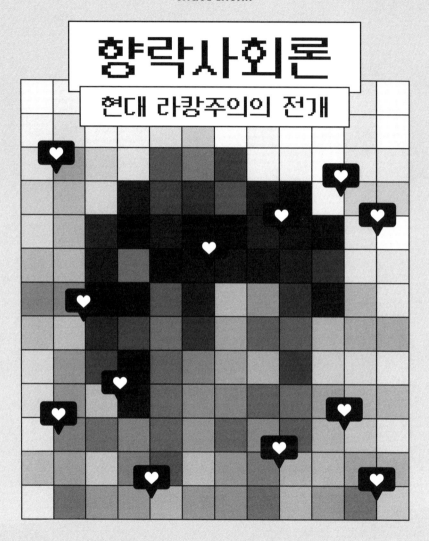

마쓰모토 타쿠야 지음 | 임창석·이정민 옮김

에디투스

"책의 표지는 페리시앙 로쀼스Félicien Rops(1833-1898)의 〈포르노크라테스Pornokratès〉(1878)라는 그림이 장식하고 있다. 과거에는 성차별적, 악마 숭배적이라 하여 비난을 받은 그림이었지만, 다른 한편으로 로쀼스의 작품을 오히려 그리스도교적=가부장제적인 전통에 대한 전복이라는 '악마적 페미니즘'으로 보는 해석도 있다. 이와 같은 가부장제에 대한 양면성, 나아가 여성의 향락을 남성에게도 '일반화'하여 확장하려는 현대 라캉주의의 관점, 그곳에 암시된 돼지(자본주의)와의 관계를 감안해서 고른 결과이다." ─본문 후기에서

한국어판 서문

저의 책 『향락사회론』이 한국어로 번역된다는 사실에 저는 무척 감개무량합니다. 왜냐하면 이 책의 기초가 된 논문을 쓰고 있을 때 제가 가장 많이 생각했고 또한 대단히 활발하게 활동했던 테마가 2010년대 일본에서 커다란 문제가 되었던 '재일 한국, 조선인을 향한 헤이트 스피치(혐오 발언)'였기 때문입니다. 저는 헤이트 스피치나 인종과 민족 차별, 그리고 배외주의에 관해 정신분석의 입장에서 비판하는 기사를 썼고, 때에 따라서는 차별 시위를 저지하기 위해 거리로 나서기도 했습니다. 이에 관해서는 이 책의 8장에서 자세하게 다루었습니다.

왜 정신분석에 관한 책이 혐오 발언과 같은 사회문제를 논의할까요? 이는 프랑스 정신분석가 자크 라캉이 이미 1960년대 말부터 지적했던 것처럼, 차별 감정은 정신분석에서 '향락'이라 불리는 것으로부터 발생하기 때문입니다. 정신분석의 사유에 따르면 인간은 언어를 받아들인 존재로서 이 세계에 나타난 순간 '향락'을 상실하게 됩니다. 그리고 그 '향락'을 어떻게 해서든지 손아귀에 넣기 위해 인간은 환상을 품거나 욕망합니다. 이렇듯 언어가 개입된 인간의 활동을 라캉은 카를 마르크스의 '잉여가치설'에 의거해 '주인 디스쿠르discours du Maître'라는 개념으로 포착하려고 했습니다.

당연하겠지만 언어를 받아들이기 이전에 있었다고 상정되는 '향락' 그 자체는 원래의 완전한 형태로 손에 들어오지 않습니다. 이때 인간은 '내가 향락을 얻지 못하는 것은 타자가 이를 빼앗아 갔기 때문이다'라는 식으로 생각하기 십상이고, 그러한 착각은 쉽게 인종과 민족 차별과 배외주의적인 환상을 낳게 됩니다.

더 나쁜 것은 오늘날 인터넷(을 이용한 SNS 등)이라는 장치를 통해 그와 같은 배외적인 환상이 무제한적으로 확대되어 감으로써 그러한 환상과 전혀 관계 없던 사람들까지도 '감염'시키며 퍼져 나가고 있다는 점입니다. 그리고 더욱 교활하게도 그러한 환상을 '감염'시키려 하는 사람들은 인터넷상의 활동을 통해 차별을 확산시키면서 광고 수입을 얻기조차 합니다. 그곳에서 마치 '향락'이 완전하게 손에 들어온 것처럼 환상을 품게 되고—물론 그런 것은 불가능합니다—, '향락'의 결여를 일시적인 방식으로 메워 버리며, 인간의 욕망이 배외주의자의 자본을 증식시키기 위한 영구기관처럼 되어 가고 있습니다(라캉은 그와 같은 구조를 '자본주의 디스쿠르'라 칭하며 논했습니다. 이런 의미에서 작금의 시대는 라캉을 거의 따라잡았습니다).

이와 같은 상황에 대해 정신분석은 무엇을 할 수 있을까요? 이에 대한 답변은 정신분석이 우리 각자의 특이성singularité—즉, 다른 누구와도 닮지 않은 그 사람의 독자적 향락의 양상—을, 요컨대 우리의 자유를 확보하기 위한 실천으로 추구하는 일일 겁니다. '자본주의 디스쿠르'를 통해서 구동되는, 즉 다른 누구로부터 '감염'된 흔해 빠진 욕망이 아니라 자기 자신의 욕망을, 그리고 자기 자신의 특이성을 획득하려고 하는 사람에게 정신분석은 지구상에 남겨진 마지막 피난소라고 해도 과언이 아닙니다.

물론 이 책이 라캉주의의 입장에서 쓰인 정치 서적이라고 말하려는 것은 아닙니다. 정치에 대한 문제는 제3부에서 집중적으로 다루었을 뿐이며, 제1부는 현대 라캉주의(라캉 사후에 전개되었던 라캉주의의 새로운 전개)의 이론을 가능한 한 알기 쉽게 제시하려는 것을 목표로 삼았습니다. 이어지는 제2부에서는 현대 임상에 대한 문제를 라캉주의의 입장에서 고찰하고 있으며, 독자에 따라서는 이쪽에 깊은 흥미를 느끼는 분들도 계시리라 생각합니다.

또한 부록으로 한국어판에 수록한 「향락사회란 무엇인가?」(이는 본래 일본어판의 서문으로서 구상한 것이었지만, 출판에 맞추지 못하고 『계간 iichiko』라는 잡지에 발표되었던 것입니다. 'iichiko'란 일본 소주의 이름—제가 좋아하는 한국의 '참이슬'과 같은 것으로 상상하셔도 됩니다—이며, 술을 만드는 회사가 출판하는 문화 잡지입니다)를 읽어 본다면, 저의 논의가, 그리고 현대 라캉주의의 논의가 끊임없이 정치나 사회문제를 배경으로 삼아 임상을 논하고 있다는 점을 이해하실 수 있으리라 생각합니다. 그리고 라캉이 알튀

세르나 푸코, 들뢰즈, 데리다와 함께 격동의 정치적 변혁의 시대
였던 1968년 5월을 살았던 인물이었다는 역사적 의의 역시 한국
의 독자 여러분들에게도 전해지기를 바라 마지않습니다.

마쓰모토 타쿠야

차례

7   한국어판 서문

15   시작하면서

제1부 이론

31   **제1장 현대 라캉주의의 투시도**

1. 현대 정신의학에서 정신분석으로 / 2. 상징계의 쇠퇴와 '아버지'의 복수화
/ 3. 임상 형태를 다시 묻기 / 4. 섹슈얼리티의 변화 / 5. 증상에서 생톰으로
/ 6. 무의식으로부터 멀리 떨어져 / 7. 새로운 발판 / 8. 남성 측의 도식에서
여성 측의 도식으로

87   **제2장 4(+1)개의 디스쿠르에 대하여**

1. 디스쿠르란 무엇인가? / 2. 잉여가치와 잉여향락 / 3. 잉여향락의 막다른
길 / 4. 네 가지 디스쿠르 / 5. 자본주의 디스쿠르 / 6. 현대의 '우울'과 자본
주의 디스쿠르

114   **제3장 성별화 도식**

1. 키르케고르의 사랑은 궁정풍 연애였던가? / 2. '사물'과 시니피앙, 그리고
불안 / 3. 또다시 『앙코르』를 향하여 / 4. 『사랑의 역사』에 대한 라캉적 독해
/ 5. 예외를 공상하는 것이 아니라, 예외가 되어 버리는 것

제2부 임상

147   **제4장 DSM은 무엇을 배제했는가?**

1. '의도치 않은 결과' / 2. DSM에 의한 신경증의 소멸 / 3. 주체를 배제하는 것으로서의 '과학' / 4. 현대 정신의학을 넘어서

167   **제5장 현대의 질환으로서 '우울'**

1. 데프레시옹과 멜랑콜리를 둘러싼 정신의학의 역사 / 2. 프로이트의 데프레시옹과 멜랑콜리 / 3. 신경쇠약과 현실 신경증의 복권 / 4. 충동의 처리 불능과 '자본주의 디스쿠르' / 5. 데프레시옹의 신학 / 6. 데프레시옹의 표상문화론? / 7. 현실 신경증의 복권을 향해

216   **제6장 '부끄러움이 사멸'된 현대**

1. '부끄러움'과 시선[눈초리] / 2. 시선과 수치의 구조 / 3. 대인공포 / 4. 관음증 / 5. 노출증 / 6. 시선의 라캉적 존재론 / 7. 현대의 '수치의 사멸'

243   **제7장 자폐증을 둘러싼 프랑스적 문제**

1. 정신분석은 시대착오적인가? / 2. <벽>에 대한 반응과 '정신분석 금지법안' / 3. 라캉주의의 자폐증 연구

제3부 정치

259   **제8장 레이시즘 2.0?**

1. 헤이트 스피치를 자각하다 / 2. 두 가지 레이시즘론 / 3. 프로이트의 증상 / 4. 「집단심리학」을 재고찰하기 / 5. 레이시즘에서 '아버지'와 향락의 병리 / 6. 정신분석은 레이시즘에 대해 무엇을 할 수 있을까?

291   **제9장 향락의 정치**

1. '향락의 정치'에 대하여 / 2. '법은 법이다' / 3. 집단적 동일시에서의 향락의 동원 / 4. '아버지의 이름'의 질서로부터 '강철의 질서'로

311   **제10장 라캉적 정치를 위하여**

1. 부인의 주체와 냉소주의적 환상 / 2. 냉소주의를 횡단하기 / 3. 대문자의 '부정'에서 긍정성으로 / 4. 라캉과 정치 이론 / 5. 대학 디스쿠르에서 분석가의 디스쿠르로

338   **후기**

340   **참고문헌**

363   **부록: 향락사회란 무엇인가?**

395   **옮긴이 후기**

일러두기

[지은이]

- 라캉 저작으로부터의 인용은 번잡한 문헌 표시를 피하기 위해 대부분 약칭을 사용했다.
- 『에크리』와 『또 다른 에크리』는 'E', 'AE'로 표기하고 이어서 Seuil판 페이지를 적어 두었다.
- 『세미나』는 'S'로 표기하고 권수와 페이지를 적었는데, 『세미나』의 페이지는 자크 알랭 밀레가 교정하고 출판한 Seuil판과 Edition de la Martinière의 원서 페이지를 표시했으며, 이와나미岩波書店의 번역판이 있는 경우 해당 책의 페이지도 병기했다.
- 국제라캉협회Association lacanienne international판 『세미나』를 참조한 경우에는 페이지 뒤에 A로 표시했다.
- 마찬가지로 프로이트 저작을 인용한 경우, 기본적으로 Fischer판의 『전집Gesammelte Werke』을 이용했으며 GW로 표기하고 권수와 페이지를 표시했다.
- 그 외의 해외 문헌은 원서를 참조한 경우에는 해당 페이지, 번역이 있는 경우에는 번역판 페이지를 병기했다.
- 필자가 상담한 병례의 경우 개인정보 보호 차원에서 세부 사항을 편의적으로 변경하고 익명화했다.

[옮긴이]

- 본문 중의 [　]는 역자가 첨가한 것이며, 본문의 인용 부분에서 [　]은 저자가 첨가한 것이다.
- 번역을 하지 않고 그대로 독음을 단 것은 원어를 그대로 사용하는 것이 이해를 위해 나을 것 같다고 판단했기 때문이다: 처음 출현할 때에는 원어를 표기했다: 디스쿠르discours, 레이시즘racism, 데프레시옹-dépression, 섹슈얼리티sexuality 등
- 저자의 인용문 부분에서는 역자의 힘이 미치는 한에서 원문과 대조하여 일본어 번역문이나 저자의 번역을 가독성을 위해 수정했다.
- 별도 표기가 없는 각주는 원주이다.

시작하면서

1. 지금 이 시대는 라캉주의에게 무엇을 의미하는가?

코카콜라를 즐기자!

1975년의 어느 날, 자크 라캉은 미국으로 향하는 비행기 안에서 그의 세미나의 영어판 번역자인 앨런 셰리던Alan Sheridan과 '주이상스(jouissance, 이하 향락享樂)'라는 프랑스어를 어떻게 번역할 것인지를 두고 이야기하고 있었다. '주이상스'에 '인조이enjoy'라는 역어가 상응한다는 셰리던의 제안에 라캉은 그다지 수긍할 수가 없었다. 이윽고 비행기가 착륙하고 "Enjoy Coca Cola"라고 쓰인 광고판이 눈에 들어오자 라캉은 그 즉시 "말도 안 돼! 인조이는 아니야"라고 단호하게 말했다고 한다(Saper 1997. p. 107).

라캉은 왜 '주이상스'를 '인조이'로 번역하기를 거부했을까?

그의 이론을 이미 알고 있는 이라면 이 물음에 쉽게 대답할 수 있을 것이다. 향락이란 인간이 안정된 상징 시스템(=상징계) 속으로 들어가는 대가를 치르면서 상실해 버린 것을 말한다. 그래서 향락하는 것(혹은 상실된 향락이 회귀하는 것)이란 상징 시스템이 불안정해지는 것과 같은 의미로, 단적으로 말해 향락은 죽음의 이미지를 띠게 된다. 그렇다면 갈증을 해소하고 삶을 지속시키며 나아가 시스템의 안정화에 공헌한다는 점에서 건강함이라는 의미를 내포한 '인조이'는 향락과는 거리가 먼 셈이다.

실제로 라캉은 1966년 볼티모어에서 개최된 심포지엄 「비평 언어와 인문과학」에 참가했을 적에도 '인조이 코카콜라'라는 구절을 언급하면서 자신이 사용하는 '향락'이 '인조이'와는 다른 것이라고 주장했는데, 그때 그가 의거한 것 역시 죽음의 이미지를 띤 향락이라는 개념이었다. 따라서 인간은—적어도 상징계의 시스템 안으로 들어온 인간은—기본적으로 향락을 피하려고 하며, 만약 인간에게 향락이 나타난다면 그것은 '법'에 대한 위반이 될 수밖에 없다. 라캉은 그렇게 생각했다(Lacan 1972).

1959–60년도의 세미나 7권 『정신분석의 윤리 L'éthique de la psychanalyse』에서 정점에 달한 이러한 향락 개념은 나중에 자크 알랭 밀레Jacques-Alain Miller(1944–)에 의해 '불가능한 향락jouissance impossible'으로 정식화되었다. 밀레에 따르면 이러한 '불가능한 향락'이란 안정된 시스템을 유지하는 '법'을 위반하고 스스로의 죽음과 맞바꿈으로써 비로소 접근할 수 있게 된다. 그래서 이러한 위반을 저지르는 이는 안티고네와 같은 영웅적이면서 비극적인 모습과 중첩되기도 한다(Miller 1991).*

하지만 슬라보예 지젝(2007, 2009) 또한 지적한 바와 같이, 앞선 일련의 에피소드는 라캉의 '향락'이 '인조이'와 무관하다는 것을 의미하지는 않는다. 왜냐하면 현대적인 관점에서 바라보자면 말년의 라캉 이론에서 '법'(이나 사회)은 인간들 각자의 향락을 *죽이는 것이 아니고 살리며*, 오히려 향락을 *길들이기* 위한 교활한 수단을 취하는 방향으로 나아가기 때문이다. 실제로 코카콜라는 갈증을 해소하기는커녕 오히려 인간에게 더한 갈증을 유발하고 영원히 코카콜라를 소비해 갈 것을 요청한다는 점에서, 향락을 살리면서 소비하도록 만들기에 '향락의 통제control'라고 할 수 있는 새로운 지배 체제에 안성맞춤인 모델이기도 하다. 사실 라캉은 세미나 17권 『정신분석의 이면L'envers de la psychanalyse』에서 '법'에 대한 위반이라는 사유 방식 자체에 대한 가치를 평가절하하고 있기도 하다(S17, 23).

그리하여 '향락'은 목숨을 건 혁명과도 비슷한, *감미로운 파멸*로 얼룩진 '불가능한 것'으로부터 소비사회에서의 '인조이', 즉 통제 가능한 것으로 변모하게 되었다. 이 책에서 다루는 '잉여향락'이나 '자본주의 디스쿠르discours'는 라캉이 1970년대에 사용한 개념으로, 이러한 현상을 파악하는 데 가장 유용할 것이다.

아마도 라캉은 당시(1970년대 중반)의 '현대'가 명백히 '인조이'의 시대, 즉 '향락사회society of enjoyment'**로서의 양상을 노출하고

---

* 이러한 향락 개념은 쾌plaisir란 긴장을 누그러뜨리는 것이며 향락은 긴장을 생성하는 것이라고 보는 1971년 11월 4일의 세미나에서 언급한 간결한 정의 속에서도 유지되고 있다.

있다고 인식하고 있었던 듯한데, 그 이전에 구술 내지 집필했던
『정신분석의 네 가지 근본 개념Les Quatre Concepts fondamentaux de la
psychanalyse』(1964년)과 『에크리Ecrits』(1966년)에서 사용한 '향락'
이라는 술어에서도 '인조이'라는 번역어를 거절했다—이것이 '인
조이 코카콜라'를 거절했던 이야기의 전말이 아니었을까.

그렇다면 우리는 1970년대의 라캉 이론과 그 이전의 그의 이론
적 작업 사이의 단절을 인정하고 말년 라캉의 향락 개념에 초점을
맞추어야 할 것이다. 그리고 이러한 개념의 갱신 작업은 정신분석
이론이 현대의 이론이나 임상, 그리고 정치와 사회에 어떠한 임팩
트를 가져올 수 있는가를 재검토하는 것으로까지 연결된다.

과거의 정신분석이 정치와 사회에 대하여 이야기할 때 사용한
어휘는 손때 묻은 오해를 불러올 수 있기에 대폭적인 개정 없이는
그 본래의 가치를 되찾을 수 없다고 생각된다. 예를 들어 모든 여
성이 '페니스 선망Penisneid'을 갖는다고 진술한 지그문트 프로이트
Sigmund Freud(1856-1939)는 가부장제와 팔루스phallus 중심주의를
유지하려는 보수적 내지는 수구적인 세력의 하나로서 곧잘 간주
된다. 다케무라 가즈코竹村和子(2005)가 지적하고 있듯이, 프로이
트가 살았고 체험했던 그 당시 빈은 여성 참정권이 인정됨은 물론
가부장적인 가족 형태가 대단히 다양한 가족 형태의 융해점melting
point으로 이행해 가는 시대의 한가운데에 있었다.

이러한 의미에서 프로이트는 여성운동의 확대에 대해 해부학

** 토드 맥고완Todd McGowan(2003)의 술어를 차용했다.

적 차이를 운명이라고 주장함으로써 저항하려고 한 '반동backlash' 세력의 하나였다고 말할 수 있을 것이다. 라캉의 표현을 빌린다면, 프로이트는 "아버지를 구출"하기 위해 기를 썼다고 할 수 있을 것이다(S20, 99). 다시 말해서 프로이트 이론은 '아버지'가 확고한 '아버지'로서 존재한다는 가정, 즉 모든 것을 포섭하는 '아버지'가 존재하기를 바라는 소망에 의해 지탱되고 있었다.

라캉 이론 역시 똑같은 비판을 받을 수 있을 것이다. 유명한 '아버지의 이름le Nom-du-père'은 제쳐 두고, '여성적인 것은 존재하지 않는다'라는 정식定式은 그것이 필연적으로 환기하는 오토 바이닝거Otto Weininger의 여성 멸시적인 기술―"여성이라는 것은 존재하지도 실존하지도 않는 것, 즉 무無이다", "여성은 주체인 남성이나 아이에게 객체로서만 존재할 수 있다"―과 무관하다고 할 수 있을까(Weininger 1980, pp. 318, 324)?

물론 프로이트나 라캉 이론을 단순히 '반동'으로 자리매김한 채 만족해 버리는 것은 더없이 피상적인 읽기의 결과일 뿐이다. 우리는 그러한 바보스러운 독해로부터 그들을 얼마든지 변호할 수 있다. 예를 들면 그것은 '반동'의 독해를 단순히 성별화 도식의 '남성 측'의 논리에만 부합하는 것으로 상대화하고, '여성 측'의 논리를 대치하는 방식이 될 것이다. 물론 그러한 작업도 필요하리라. 하지만 중요한 것은 프로이트나 라캉의 이론을 변호하는 것이 아니라 그 이론들이 지금 이 시대에 대해 무엇을 말할 수 있을까를 보여 주는 것이 아닐까.

'상징계의 쇠약'과 '노출',
그리고 '통계학적 초자아'의 시대인 오늘날

여기서 잠시 논의의 초점을 일본의 문맥으로 돌려 보자.

과거 일본에서는 소위 말하는 '현대사상'이라고 불리는 담론 공간에서 라캉의 이론이 '현대'와 맺게 되는 관계에 대해 몇 번인가 거론된 적이 있었는데, 그중 주의를 끌 만한 토픽은 두 개뿐이었다고 필자는 생각한다(그리하여 이 책의 관점 전체는 이 두 가지 논점으로 방향이 정해져 있다). 하나는 아즈마 히로키東浩紀와 사이토 다마키斎藤環 사이에서 1998-2003년에 걸쳐 이루어진 '상징계의 쇠약'에 관한 논의이고, 또 다른 하나는 츠이키 고스케立木康介가 '노출露出'이라는 관점에서 2010-2013년 사이에 논했던, 현대의 증상과 섹슈얼리티의 변화에 관한 논의다.

먼저 아즈마와 사이토의 '상징계의 쇠약'이라는 문제를 점검해 보자. 아즈마 히로키(2011)는 사회 전체를 통합하는 '거대한 서사物語'의 기능이 불능에 빠진 시대(1990년대)에 개인은 각자 '작은 서사'에 대하여 페티시즘을 가동시키고 개인의 정체성identity이 그 '작은 서사'에 의하여 지탱된다고 논하면서, 이를 지젝에 의거하여 '상징계의 기능 부전' 혹은 '실추' 내지 '쇠약'이라고 진단했다. 이에 반해 사이토(2007)는 상징계란 본래 쇠약이나 실추를 운운할 수 있는 실체가 아니며, 나아가 만약 상징계가 기능 불능에 빠졌다면 인간 모두가 정신병자가 되어 버렸을 텐데 실제로는 그렇지 않았기에 상징계의 쇠약을 인정할 수 없다고 반론을 제기했다.

현재 시점에서 본다면 이 논쟁에서는 분명히 아즈마 쪽이 유리했다. 바로 이어서 확인하겠지만 라캉의 이론—적어도 '정신분석의 라캉 시대'의 그것—은 상징계를 제어하는 '아버지의 이름'(=타자의 타자)은 과거와 같은 형태로는 존재하지 않으며, 상징계는 확실한 근거를 결여하고 있다는 인식으로부터 출발하고 있다. 상징계가 마치 확실한 근거에 기반을 둔 안정된 시스템인 것처럼 기능한다는 것은 인간(=신경증자)이 부재하는 '아버지'의 존재를 *믿고 있다*는 이유 때문이다. 그래서 "이상적 아버지의 이미지는 신경증자의 환상fantasme"(E824)에 불과하다. 1970년대 이후에 명확한 형태를 취하기 시작한 정신병의 경증화가 한편으로는 정신병이라는 병리가 사회 속에서 옅고 널리 퍼지는 형태로 나타나게 되었으며, 다른 한편으로 '보통정신병psychose ordinaire'(제1장 참조)이라는 새로운 정신병적인 양태에 주목하게 했음은 현대에서 상징계의 기능 부전을 분명히 드러낸 사례라고 할 수 있을 것이다.

실제로 '보통정신병'이라는 개념을 만든 장본인인 밀레도 역시 이와 같은 상징계의 쇠약을 지적하고 있다.

"상징 질서는 과거에 있었던 것과 다르다"라고 말씀하셨는데, 과거에는 어땠고 지금부터는 어떻게 될 것인지를 말씀해주시겠습니까?

밀레: 상징 질서의 편향은 정신분석의 격언(공리)이 아닙니다. 여러 가지 변화가 도처에서 발견되고 있습니다. 지금도 가족에 대한 다른 관념이 생겨나고 있고 다른 실천, 다른 개

넘이 존재하고 있습니다. 오늘의 세계는 새로운 세계입니다. 아버지의 기능은 이전과는 다릅니다. 이러한 변화는 프랑스 혁명으로 촉발되었습니다. 혁명 시기에 우리가 왕의 목을 쳤다는 점을 생각해 보시기 바랍니다. 산업혁명은 또 다른 굴절점이 되었지요. 산업혁명은 자본주의의 힘을 느끼게 하는 계기가 되었으며, 그 효과는 마르크스가 아주 잘 기술하고 있습니다. 확고하게 안정되어 있던 것을 사라지게 한 것입니다. 그 시점부터 아버지는 더 이상 사회적 명성의 보유자나 왕년의 입법자로서도 나타나지 않게 되었습니다. 프랑스혁명으로 촉진된 조건의 평등이라는 관념과 함께 고대 로마에서 유래한 가부장제가 쇠퇴한 것입니다. 소설에서도 발자크는 아버지의 이미지가 19세기 중반 이후에는 저하되고 있음을 암시하고 있습니다(밀레 2013b).

현대의 상징 질서는 예전과 같지 않다. 아니, 프로이트의 시대에도 이미 그렇지 않았다. 그는 이러한 인식으로부터 오이디푸스 콤플렉스에서 '아버지'와 같이 상징 질서를 제어하는 제3항이 기능하기를 *기대*했던 시대를 '정신분석의 프로이트 시대'라 불렀고, 이미 그것이 기능하고 있지 않음이 명백해졌으며 '아버지'가 복수로 나타날 수밖에 없게 된 시대를 '정신분석의 라캉 시대'라 부르고 있다(Miller 1997a).

하지만 이러한 논의에서 상징 질서나 '아버지'의 모습에만 주목한다면 현대―즉 '향락 사회'―가 가진 특정의 전모가 잘 보이지 않는다. 그래서 우리는 츠이키가 말하는 '노출'에 대한 논의를 참조할 필요가 있다.

'노출'이란 '상징계의 기능 불능' 시대를 상당히 앞서 살았던 라캉의 이론에서 향락의 모습을 보여 주는 키워드이다. 결국 현대에는 더 이상 상징계의 논리나 '아버지'의 존재를 믿는 것 자체가 불필요해졌고, 대신에 향락의 '노출'과 사나운 초자아의 명령이 지배하는 시대가 도래했다는 것이다.

좀 더 구체적으로 설명해 보자. 프로이트는 인간의 섹슈얼리티나 욕망 혹은 증상은 유아기의 성욕이 근친상간의 터부에 의하여 단념된 결과로 생겨난 결여를 통해 성립한다고 생각했다. 요컨대 욕망이나 증상을 포함하는 넓은 의미의 성생활은 문명이 우리에게 강제하는 결여의 함수로서 발생하는 것이다. 하지만 이러한 결여의 논리는 현대에 와서 효력을 잃고 있다. 츠이키(2013)에 따르면, 결여로서 규정되었던 섹슈얼리티 대신 현대에 등장한 것이 향락의 '노출露出'이다. 예를 들어 지금은 누구라도 손쉽게 SNS 서비스를 통해서 스스로의 심정을 토로하며 감춰져야 하는 내밀한 사정을 아주 쉽사리 외부에 노출시키고 있다. 이와 병행하여 귀에는 이어폰, 눈으로는 VR의 고글, 입으로는 공갈 젖꼭지를 문 채 마음에 드는 대상을 언제나 향유하는, '기어이 향유하고 마는' 주체의 모습이 두드러지게 나타나고 있다. 물론 이러한 향락은 '불가능한 향락'과는 다르며 오히려 '인조이'로서의 향락이라고 할 수 있을 것이다. 이들이 구현하는 현대의 주체는 근대 문명에서 전제가 되었던 향락의 상실을 인정하지 않기에 결여라고도 느끼지 않는 것이다. 이러한 귀결로서 현대의 섹슈얼리티 자체가 퇴화하는 중이며, '인조이'의 향락이 세계 도처에 만연하게 된 것으로 보인다.

이러한 시대에 인간은 증상이나 문화를 궁극적으로 결정짓는 상징계의 법을 따를 필요가 없다. 그렇다면 어떠한 금지도 알지 못하며 나르시시즘적인 향락에 빠진 인간이 이 세상을 자유롭게 살 수 있을까? 문제는 그리 단순하게 진행되지 않는다. 과거와 같은 상징계의 '법'이 무효화되었다고 할지라도 사회는 질서를 유지하려 들 것이기 때문이다. 이때 질서 유지 장치로서 작동하는 것은 '아버지의 이름'이 아닌 사나운 초자아이며, 그것의 현실적 구현avatar으로서 통계학적 관리가 등장하게 된다.

정신분석가 마리 엘렌느 브루스Marie Hélène Brousse(2009)가 1970년대의 라캉을 참조하면서 '통계학적 초자아surmoi statistique'라고 명명한 새로운 장치의 비유적인 이미지는 현대의 노동환경에서 그 분명한 사례를 볼 수 있다. 과거에 있었던 종신고용제는 한편으로 과잉 노동을 노동자에게 강요했지만, 다른 한편으로는 노동자를 사회 내부로 포섭하고 그 생존과 재생산을 보증하는 기능을 불충분하게나마 수행하고 있었다. 종신고용제도가 만들어 낸 "지금은 힘들어도 노력하면 보상이 있을 것이다"라는 사회적 포섭의 판타지는 이른바 '아버지'=자본가를 향한 신뢰에 바탕을 둔 가부장제적인 판타지였으며, 그러한 판타지야말로 노동자를 더더욱 노동으로 내몰 수 있게 해 주었다. 이러한 체제의 포섭으로부터의 탈락dropout은 이른바 '불행한 예외'였다. 그리고 종신고용제도의 붕괴 이후 기업은 노동자를 포섭하지 않게 되었다. 예를 들어 흔히 말하는 현대의 '끝없는 구직' 체제에서는 대졸 일괄 채용이 종신 고용을 의미하지 않으며, 채용은 단지 '예선 통과'에 불과하다 (이마노 2012). 대졸 노동자는 취업 후에도 끊임없이 평가를 받아야 하며, 통계학적인 기준에 따라 결정된 최저점을 넘는 평가를 받지 못한다면 바로 기업으로부터 배제되고 만다. 이와 같은 시스템에서 '아버지'=자본가에 대한 신뢰와 그것이 가져오는 포섭은 더 이상 기능할 필요가 없어지며, 숫자로 표시된 목표와 '복종compliance'이라는 이름하에 설정된 금지 사항의 나열이 배제의 위협으로 노동자를 포위하고만 있어도 질서는 유지되어 간다. 말하자면 현대란 이른바 존재하지 않는 '아버지'를 향한 신뢰를 전제로 한 포섭 시스템이 파산하고 *모두를 일상적 배제의 시스템 안에 두는 시대*이다. 일찍이 조크 영Jock Young(1999)이 "배제형 사회the exclusive society"라고 불렀던 현대의 모습은 라캉 이론, 특히 후기 이론에서 발견할 수 있다.

이렇듯 '불가능한 향락'은 '인조이'가 되었고 '아버지'는 데이터의 파수꾼으로 전환되었다. 지금 우리는 후자의 철저한 통제하에 전자의 '인조이'로서의 향락의 과잉된 강제―"향락하라!Jouis!"는 초자아의 명령―에 의해, 그리고 그 결과로 소비되는 다양한 소품gadget이 가져다주는 의존증적 향락에 위안받으면서 서서히 질식되어 가고 있는 것이 아닐까.

그렇다면 이러한 상태에서 어떻게 벗어날 수 있을까?

2. 이 책의 구성

이러한 상황 인식하에 우리는 다음의 세 가지 수준에서 후기 라캉 이론과 여기서 발전되어 나간 현대 라캉주의* 이론에 대하여 논의할 것이다.

제1부에서는 '향락'에 주목하면서 라캉주의 정신분석의 '이론'을 되돌아볼 것이다. 먼저 1장에서는 현대 라캉주의에 이르기까지의 이론을 정리하며, 2장에서는 세미나 17권인『정신분석의 이면』에서 다룬 「네 개의 디스쿠르」에 대한 논의를 소개하고 이로부터 도출할 수 있는 현대의 '디스쿠르'로서 '자본주의 디스쿠르'를 논할 것이다. 3장에서는 세미나 20권인『앙코르』의 중심이 되는 키르케고르론論을 참조하면서, 성별화 도식에서 '남성 측의 도식'과 '여성 측의 도식'을 다룰 것이다. 이렇게 함으로써 독자는 라캉의 말년으로부터 현대 라캉주의에 이르는 주요 주제들topics의 개략적인 내용을 알 수 있을 것이다.

제2부에서는 정신분석의 '임상'에서 현재 다루어지고 있는 여러 가지 문제를 논하게 될 것이다. 4장은 정신분석과 조작적 진단 DSM을 적용하는 현대 정신의학과의 대립을, 5, 6, 7장에서는 최근 프랑스와 일본 양측에서 화제가 되었던 병태病態인 우울증과 수

---

* 프랑스에서 라캉주의는 여러 단체로 분열되어 있기에 이들 전체를 종합적으로 이야기하는 것은 필자의 능력을 넘어서는 일이다. 이 책에서 '현대 라캉주의'라고 지칭하는 것은 프로이트 대의파Ecole de la Cause freudienne, 특히 자크 알랭 밀레와 그 주변의 논자만을 의미한다.

치, 자폐증을 다룰 것이다. 조작적 진단은 정신분석적인 '주체'의 문제를 배제함으로써 성립하며, 그 실제적인 양상은 결여를 모두 메워 버림으로써 과거의 향락을 질식사시키려는 현재의 규범적 모델이 될 수 있다. 현대의 우울증은 자본주의 디스쿠르를 통해 결여를, 나아가 욕망이 고갈된 현대인의 모습을 여실히 드러내고 있다. 수치론恥論은 향락의 '노출'과도 공통되는, 과시적인 향락이 전면에 등장한 향락사회의 모습을 비추어 줄 것이다. 그리고 자폐증은 현재 문제시되는 정신분석과 (인지)행동요법의 대립을 보다 명확하게 부각시켜 줄 것이다.

제3부에서는 '라캉 좌파'적인 경향orientation에서 현대의 '정치'적인 사태를 다룰 것이다. 8장은 고전적인 것과 구별되는 현대의 레이시즘(racism, 인종주의)이 향락의 병리라는 관점에서 전개되고 있음을 밝힐 것이다. 9장은 '통계학적 초자아'의 시대에 상상계의 병리가 아직도 사라지지 않았음을 밝히고, 10장에서는 라캉의 영향을 받았던 정치 이론을 참조하면서 그에 대한 저항 가능성을 다룰 것이다.

제1부

이론

제1장 현대 라캉주의의 투시도
자크 알랭 밀레의 논점을 중심으로

1. 현대 정신의학에서 정신분석으로

이 장에서는 현대 라캉주의자(자크 알랭 밀레를 중심으로 라캉의 이론과 실천을 오늘의 시점에서 새롭게 갱신update하려는 라카니언lacannien을 가리킨다)들 사이에서 어떠한 논의들이 이루어지고 있는지 간결하게 정리해 보려고 한다.

이러한 작업의 전제로서 지그문트 프로이트의 정신분석의 발명과 자크 라캉의 계승이 어떠한 것이었는지를 되돌아보아야 할 것이다. 이를 위해서는 먼저 다음과 같은 질문으로부터 시작하고자 한다.

정신분석은 어떠한 조건 아래서 가능해졌을까?

이 질문에는 먼저 프로이트가 경험했던 이론적, 실천적 조건으로부터 대답을 찾아야 할 것이다. 장 마르탱 샤르코Jean-Martin Charcot(1825-1893)의 히스테리 강의, 피에르 자네Pierre Janet(1859-1947)가 규정한 '트라우마(외상)' 개념의 정신 현상에 대한 전용轉用, 꿈 해석의 전통……. 이러한 선구적인 이론을 알지 못했다면 프로이트는 정신분석을 발명하지 못했을 것이다. 또한 지인이던 이비인후과 의사 빌헬름 플리스Wilhelm Fliess(1858-1928)와 나눈 편지와 그에 병행하여 이루어진 자기분석, 요제프 브로이어Josef Breuer(1842-1925)의 환자였던 안나 O(베르타 파펜하임)가 제안한 '대화 요법talking cure'의 발견, 또한 프로이트의 환자였던 에미 폰 N. 부인이 요구한 '자유연상'(그녀는 프로이트에게 "자신이 말하는 것을 저지하지 말고 말할 수 있도록 해달라"고 했다)이라는 실천적인 조건 또한 정신분석의 발명에서 빼놓을 수 없는 조건이었다고 해야 할 것이다.

하지만 이러한 조건들은 왜 하필이면 19세기 말이라는 시점에서 정신분석의 이론과 실천이 가능해졌으며 현대(20세기 말부터 오늘날에 이르기까지)—인지행동요법과 마음 챙김mindfulness*이 석권하는 시대—에 이르러 커다란 역풍을 맞게 되었는지를 설명해주지 못하고 있다.

이를 해명하려면 정신분석을 정신의학과 대비시켜 볼 필요가

---

* '지금, 이 순간을 소중히 하는 삶의 방식'으로 존 카밧 진Jon Kabat-Zinn이 마인드풀니스라는 명상 요법을 최초 도입했다.—옮긴이

제1부 이론

있다.

미셸 푸코(1966)에 따르면 근대 정신의학과 인간의 광기(비이성) 사이에는 대단히 독특한 관계가 발견된다고 한다. 근대 시기에 광기를 가지고 있다고 간주된 사람은 인간 사회로부터 소외 aliéner되어 '광인les aliénés'으로 취급받았고 시설(정신병원)에 감금되었다. 하지만 정신과 의사들은 이러한 광인을 통해서 인간의 '진리vérité'을 발견했다. 다시 말해서 말이나 행동에서 광기가 드러내는 다양한 '이상異常'을, 인간이 가진 어떤 종류의 본질을 반영하는 거울이라 바라보게 된 것이다.

이 같은 인간과 광기의 관계는 20세기 말까지 정신의학(정신병리학)의 담론 안에서도 형태를 바꾸어 유지되었다. 예를 들어 독일의 유명한 정신병리학자 볼프강 블랑켄부르크Wolfgang Blankenburg는 '자명성의 상실'이라는 기본적 장애를 내성적으로 말할 수 있었던 안네 라우Anne Rau 사례에 대해, "우리가 이 환자로부터 들었던 말 자체가 그대로, 우리가 세계 내 존재라는 사실을 가능하게 만들어 주는 몇몇 조건을 가리키고 있다"고 서술하고 있다(Blankenburg 2012, p. 81/103). 요컨대 정신병자였던 안네 라우가 했던 말들은 그녀의 병리가 갖는 내적 특징을 밝혔을 뿐 아니라 오히려 우리의 '정상'의 측면을 비추어 주는 것이기도 했다는 뜻이다. 즉, 그녀가 사용하는 언어는 우리가 어떻게 '인간이다'라고 말할 수 있게 되는지를 알려 주고 있다. 기무라 빈木村敏 (1931–2021) 역시 광기란 단지 의학적으로 치료되어야만 하는 대상이 아니라 "'인간에게 자기 자신이라는 존재가 무엇을 의미하는가?'라는, 과거의 철학이 가지는 근본 문제를 온몸으로 구현하는 문제적problemhaft인 존재 양태"였다고 주장했다. 그런 의미에서 그 역시 광기 안에서 인간의 진리를 엿보았고, 그 진리를 인간 쪽으로 회수하려는 근대 정신의학의 직계 자손이라고 할 수 있을 것이다.

더 거슬러 올라가 보면, 이와 같은 관계는 서양 사상이 데카르트 이래로 유지해 온 하나의 강박obsession이라고도 할 수 있다. 실제로 자크 데리다(1967)가 지적했던 것처럼 데카르트의 '코기토'는 비이성(악령)을 배제함으로써 근대적이고 이성적인 확실성의 주체를 정립했다기보다 *비이성에 얽혀 있을 가능성*에 끊임없이 고뇌했다. 다시 말해서 '코기토'란 망령과 같은 비이성의 미혹을 자각하고 오히려 '내가 의심하는' 것을 '나'의 확실성의 근거로 삼고자 한 것이었다. 즉, '나'는 비이성(악령)을 배제할 수 없기에—실제로 데카르트는 『성찰meditations』에서 멜랑콜리성 광기의 사례를 참조하고 있다—존재할 수 있으며, '코기토'는 인간의 이성을 광기로부터 떼어내 순화할 수는 있어도 이성이 광기 없이는 존재할 수 없다는 점까지 보여 주고 있다.

칸트 역시 『순수이성비판Kritik der reinen Vernunft』에서 감성을 통합하는 초월론적 '통각Apperzeption'의 기능을 검토하면서, 정신의학자라면 정신병의 환각이나 자아 장애라고 부를 만한 광기의 현상을 다음과 같이 참조하고 있다.

'나는 생각한다Ich denke'라는 인식이 나의 모든 표상에 *수반*

제1부 이론

*가능*해야 한다. 그렇지 않으면 전혀 생각할 수도 없는 것이 나에게 표상되기도 하기 때문이다. (…) 어떤 직관 속에 주어지는 다양한 표상이 전반적으로 하나의 자각에 속하지 않는다고 하면 그 표상은 모두가 *나의* 표상이라고 말할 수는 없을 것이기 때문이다. (…) 만일 그렇지 않다면 나는 의식하고 가지고 있는 표상만큼이나 여러 가지 다른 나 자신을 가져야 할 것이다(…).(칸트 2012, pp. 144–8)*

다시 풀어서 말해 보자. 인간의 '정상'적인 인식은 머릿속에서 솟아오르는 모든 표상에 '내 것'이라는 표식label을 붙임으로써 성립한다. 예를 들어 '내'가 머릿속으로 생각한 말, 혹은 '나'에게 생겨난 감정이나 공상은 모두 '내'가 생각한 것(=나의 것)이다. 그렇다면 만약 '내 것'이라는 표식이 붙지 않은 표상이 존재한다면 어떻게 될까? 이때 나의 머릿속에서는 누군가 다른 사람이 생각하고 이야기한다는—결국 환상이나 사고 주입**과 같은 사고 장애가 일어난다는—것이 되며, 이는 나아가 '나' 자체의 정신이 분열되어 버리는 것이나 다름없다. 이것이 칸트의 주장이다. 그렇다면 광기가 아닌 우리 인간의 '정상'적인 인식에는 광기를 억누르는 '통각統覺'이라는 메커니즘이 있다고 *해야* 할 것이다. 이와 같은

---

*   기존에 발간된 한국어 번역판(임마누엘 칸트, 정명오 역,『순수이성비판, 실천이성비판』, 동서문화사, 2013, 117쪽)을 참고, 수정했다.—옮긴이
**   Thought insertion. 본인의 의사와는 달리 어떤 생각이 갑자기 끼어든다고 여겨지는 조현병 증상의 일종. 원문은 "考想吹入".—옮긴이

논증을 해 나가는 칸트 역시 광기의 가능성으로부터 출발하여 인간의 진리를 획득하려는 변증법적인 운동에 의거한다고 할 수 있는 셈이다. 이러한 의미에서 칸트가 『두뇌의 질병들에 관한 시론 Versuch über die Krankheiten des Kopfes』(1764)이나 『실용적 관점에서의 인간학Anthropologie in pragmatischer Hinsicht』(1798)에서 광기에 대해 흥미를 가지고 그를 분류하려 했던 점은 일종의 논리적 필연이기도 했다. 칸트가 근대적인 자기의 구조를 발견했다면, 그 구조의 발견은 확고한 근대적 자기를 가능케 하면서 그러한 자기란 것이 고장날 수도 있고 미쳐 버릴 수도 있음을 그 구조적 필연으로 내포하고 있음을 드러내게 되었던 것이다.

헤겔의 철학은 데카르트의 '코기토cogito'에 쓰여 있던 광기, 또한 칸트의 '통각' 이면에 숨어 있던 광기를 변증법적인 운동으로 넘어서려 한 시도로 볼 수 있을 것이다. 그는 "정신의 상처(=광기)라는 것은 상흔을 남기지 않고 치유될 수 있다"(헤겔, 2002, p. 994)고 생각했다.

근대인의 이성이 그리 머지않은 미래에 광기를 극복할 수 있다고 본 것이다. 헤겔의 체계는 이러한 확신을 가능하게 해 준다. 정확히 같은 시기에 그보다는 약간 연상인 필리프 피넬—그는 근대 정신의학의 창시를 상징하며 '광인의 대해방'을 실현시킨 인물이다—은 광기에 여전히 이성적인 부분이 남아 있다고 보는 '부분 광기monomanie'라는 생각에 근거하여 남아 있는 이성으로 광기를 극복할 수 있다는 점을 자신의 치료 요법의 기초로 삼았다. 결국 헤겔과 피넬에게 광기란, 이성의 상실이 아니라 오히려 이성에 대한 부정성, 즉 '여전히 현존하는 이성 안의 모순'에 지나지 않았다. 때문에 광기란 이성의 본질을 드러내는 것과 마찬가지였으며 나아가 광기를 지양止揚할 수도 있다. 이런 식으로 푸코는 근대 정신의학에서 발견했던 인간과 광기 사이의 매우 독특한 관계가 19세기 이후 광기에 대한 관념을 지배하게 되었다고 했다.

그러나 헤겔의 의도와는 반대로, 광기는 이성으로 회수되기를 거부했던 듯하다. 『차이와 반복Difference et Repetition』(1968)에 나오는 인상적인 구절에서 들뢰즈가 시사하듯이, 칸트의 철학에서 찾아볼 수 있는 근대적인 자기의 위기—칸트 이후, 특히 피히테와 헤겔에 의해 닫혀 버렸던 그 위기—를 열어젖힌 사람은 헤겔의 동급생이자 친구였던 횔덜린이었다(들뢰즈 1968, p. 82). 이 광기의 시인은 이성으로 극복할 수 없는 광기의 존재를 자기 자신의 신체와 글쓰기écriture를 통해서 전면적으로 증언했고, 광기를 다시 촉각적으로 인지할 수 있게 한 이례적인 인물이었다. 푸코(1994)에 따르면, 17세기 이래 유럽에서 일어난 '광인의 대감금'이라는 원리적인 선택은 이른바 '배제되었던 것의 회귀'로서 횔덜린과 같은 '광기의 문학'을 다시 등장하게 했다.

그러한 측면에서 프로이트 역시 이처럼 인간과 광기 사이의 독특한 관계가 가능해진 시대를 산 인물이었다. 하지만 그는 광기 속에서 명백하게 드러난 이성의 이면을 직접적으로 다루려고 하지는 않았다. 횔덜린—그의 광기는 정신병, 즉 조현병이었다—처럼 광기에 성급하게 접근하는 것이 아니라 보다 온건한 증상을 드러내는 히스테리나 강박 신경증이라는 신경증을 개입시켰고, 말하자면 이성 안에서 엿볼 수 있는 *균열béance*에 끈질기게 접근하려 했던 것이 프로이트의 혁명이었다. 바꾸어 말하면, 그의 참신함은 정신의학처럼 광기를 소외시키고 그 소외된 광기로부터 *미처 버린 진리*를 나타나게 하려는 것이 아니라 오히려 평범하고 세세한 현상(예를 들어 '꿈'이나 말실수 혹은 망각과 같은 '실수 행위', 웃음을 유발하는 '유머', 또한 생활의 고통을 낳긴 하지만 이성을 훼손하지 않는 신경증의 '증상')에서 드러나는 언어의 운동 속에서 진리를 출현시키려고 했다는 점에 있었다.

때문에 프로이트에게 진리란 오직 근대적 자기의 *이면*에 있는 광기를 통해 드러나며, 자칫 이성이나 자아 측으로 회수되어 버리는 것이 아니라 오히려 표상 가능성의 한계에서 자기 자신을 집요할 만큼 지속적으로 드러내는 *균열*로서 나타난다. 잘 알려져 있듯이 프로이트는『꿈의 해석Die Traumdeutung』(1899)과『일상생활의 정신병리학Zur Psychopathologie des Alltagsleben』(1901),『농담과 무의식의 관계Der Witz und seine Beziehung zum Unbewussten』(1905),『히스테리 연구Studien über Hysterie』(1895) 등과 같은 초기 저작에서 각각 꿈과 실수 행위, 농담, 증상을 논하면서 언어유희와도 닮은 언어(시니피앙signifiant)의 운동에 집요하게 주목했다. 예를 들어, 식사 장소에서 '대등한 입장에 서는 것rechte Auftreten'이 불가능할지 모른다는 불안에 싸인 어떤 여성은 자기도 모르는 사이에 '오른쪽recht 발을 내딛는 것auftreten'에 대한 공포에 사로잡히게 되는데, 이러한 언어유희가 '오른발의 통증'이라는 신체 증상으로 나타나는 증상 형성의 메커니즘이 되는 것이다(GW1, 248).* 또한 프로이트

제1부 이론

를 조심스럽게 읽어 보면 그러한 언어의 운동에서 전개되는 매우 의미심장한 사례가 균열로서의 진리, '표상 불가능한 것'으로서의 진리를 둘러싸고 전개되고 있음을 알 수 있다.

『꿈의 해석』의 '이르마의 주사 꿈'에 대한 라캉의 해석은 바로 이와 같이 '표상 불가능한 것'에 주목했다. 프로이트는 이 꿈을 이르마라는 여성 환자의 치료 실패에 대한 책임을 회피하려는 자기의 욕망을 성취시키는 것으로 해석했다. 하지만 그러한 욕망은 필경 프로이트 역시도 알고 있을(=전前의식적인) 사실이었다. 그렇다면 이 꿈은 표상 가능한 것만을 취급하고 있다고 말할 수 있는 것이다. 하지만 라캉에 의하면 이 꿈은 표상 불가능한 것을 드러내 주는 꿈으로 해석할 수 있다고 한다.

> 이르마 주사의 꿈에 대한 기술은 두 부분으로 이루어져 있습니다. 첫째 부분은 메두사의 머리 같은 공포와 불안을 초래하는 이미지로서 출현하게 됩니다. 문자 그대로 이름 붙일 수 없는 것, 즉 목구멍 안을 드러내는 것이지요. 복잡하게 말할 것 없이 이는 그대로 원시적 대상을 말하는 겁니다. 결국 모든 생명이 그곳으로부터 나오는 여성 성기라는 심연, 모든 것을 집어삼키는 입이라는 심연, 또한 모든 생명이 종말에 이르는 죽음의 이미지인 것이지요. (…) 즉, 여기에서 불안을 느끼

---

* 『히스테리 연구』의 체칠리Cäcilie M. 부인의 사례를 가리킨다. "대등한 입장에 (서다)"라는 번역은 한국어판 전집(프로이트, 김미리혜 역, 『히스테리 연구』, 열린책들, 2011, 241쪽)을 참조했다.─옮긴이

게 하는 이미지가 출현합니다. 이것은 결국 실재계를 노출시킵니다. 어떠한 매개도 불가능한 실재계, 궁극의 실재계, 더이상 대상이 아닌 본질적인 대상, 게다가 그 앞에서 모든 언어가 작동을 멈추고, 모든 카테고리가 좌초되고 마는 것, 이것이 지고의par excellence 불안의 대상입니다(S2, 196).

언어에 주목함으로써 마침내 다른 형태異形의 형상으로서 *표상불가능한 것*이 발견된다. 라캉이 '실재계le réel'라고 부른 이 영역은 분명 광기의 세계와 통하고 있다. 하지만 이것은 꿈을 만들어 내는 꿈 작업이나 증상을 만들어 내는 무의식에서의 언어유희를 관찰하는 와중에서 한순간만 엿볼 수 있게끔 나타난다. 표상 불가능한 것(실재계)은 말실수나 *말 더듬기*와 같이 이야기 속의 *균열*로만 나타날 수 있고, 나타났는가 하면 다음 순간에 사라져 버리고 마는, 박동拍動하는 점과 같다(S11, 44/57).

그렇다면 정신분석을 가능케 한 조건이란, 근대 정신의학이 의거했던 인간과 광기(비이성) 사이에 있는 독특한 관계를 언어(표상)와 언어의 한계로서 *표상 불가능한 것*의 균열이라는 패러다임으로 재포착하는 것이었다고 말할 수 있으리라. 여기서 우리는 나중에 라캉이 '정신분석적 인간homo psychanalyticus'이라는 말로 고정시키는 '인간'관의 기초를 발견할 수 있다(AE1424).

물론 프로이트가 발견했던 '무의식das Unbewusste'이란 바로 칸트의 논의 안에서 상정되었던 *'나는 생각한다'를 동반하지 않는 표상의 존재*와 그 표상의 복잡한 운동의 메커니즘을 다루기 위해 고

안해 낸 개념이기도 하다. 나아가 프로이트는 이 무의식이 오이디
푸스 콤플렉스라는 원리로 작동됨을 규명했다. 하지만 그것만으
로는 정신분석을 가능케 하는 조건의 절반만 충족시킨 것에 지나
지 않는다. 실제로 프로이트는 *표상 불가능한 것*도 다루고 있기
때문이다. 1950-60년대에 라캉이 한 작업은 프로이트가 발견했
던 이러한 무의식의 이중 구조를 일종의 초월론적인 시스템으로
서 체계화시켰던 것이라고 할 수 있다. 즉, 한편으로 인간에게(말
실수나 증상을 포함한 광범위한 의미에서) 언어 사용의 메커니즘을
지배하는 상징계가 있으며 이는 '아버지의 이름le Nom-du-Père'이라
는 특권적인 시니피앙으로 제어되어야만 정상적으로 작동하고,
다른 한편으로는 상징화에 저항하는 '표상 불가능한 것'으로서 실
재계가 있으며 여기서 순간적으로 엿볼 수 있는 진리는 라캉이
'대상 α' 혹은 '투케(tuché, 우연)'라 부르는 것이 된다.*

이처럼 초월론적인 시스템으로서 무의식을 정식화함은, 이른
바 광기(정신병)를 경원시하고 신경증에 주목함으로써 정신분석
을 정신의학으로부터 분리할 수 있도록 해 주기도 했다. 정신분석
이 처음부터 주로 신경증을 대상으로 삼았으며 정신병을 치료할
수 없다고 생각했던 것은 정신분석의 무의식의 모델화 패러다임
과도 연관된다. 그리고 이와 같은 시스템으로서의 무의식에 지배

---

* 라캉은 『정신분석의 네 가지 근본 개념』에서 오히려 이 후자의 '표상 불가능한
것'이야말로 '무의식'이라는 보는 독특한 독해를 펼치고 있다(S11, 24-6). [한
국어판은 라캉, 맹정현·이수련 역, 『정신분석의 네 가지 근본 개념』, 새물결,
2008, 37-45쪽]

되는 인간, 즉 신경증자les nevroses는 소위 '정상인'과 같은 층위에 있는 것으로 간주된다. 반대로 이와 같은 무의식에 의하여 지배되지 않는 인간, 즉 '아버지의 이름'으로 통제되지 않는 인간은 정신병자les psychotiques라고 불린다. 그들은 시니피앙(언어)이 머릿속에서 난무하는 정신 자동증automatisme mental으로 대표되는 "지각의 광시곡rhapsody"의 먹이가 되고, 배제된 '아버지의 이름'을 둘러싸고 발생하는 "과정Prozess"을 좇아서 망상을 점차 발전시켜 나간다. 이렇듯 1950-60년대의 라캉 이론에서 정신병자만이 오이디푸스 콤플렉스에서 벗어나는 예외자로서 기능할 수 있다고 결론지을 수 있다(마쓰모토, 2015).

그러나 이와 같이 신경증과 정신병이라는 융통성 없는 이분법에 이의를 제기하는 사람도 있었다. 질 들뢰즈와 펠릭스 가타리가 그러하다. 그들은 『안티 오이디푸스L'anti-Œdipe』(1972)를 통해 프로이트처럼 오이디푸스 콤플렉스가 무의식에서 유일하게 가능한 메커니즘이라 생각하는 입장, 또한 라캉처럼 "과정"이 정신병에서만 출현한다고 생각하는 입장을 비판했다. 그들에 따르면 무의식 전부가 오이디푸스 콤플렉스에 지배되지는 않으며 모든 인간은 스스로의 "과정"을 이어 나갈 수 있기에 신경증과 정신병, 도착증이라는 각각의 병에 대한 임상적 형태는 이러한 "과정"이 오이디푸스적 장벽에 충돌한 결과에 불과하다고 생각했다. 그렇기에 들뢰즈와 가타리는 모든 인간이 가진 "분열schizo 과정"을 해방시키는 것을 사상적, 실천적인 목표로 삼았다. 요컨대 그들은 라캉이 정신병자에게서만 발견했던 "과정"—즉 오이디푸스적이지

않은 방식으로 살아가는 것—을 모든 인간이 가진 가능성으로서 해방을 시도했던 것이다.

들뢰즈, 가타리와 동시대 사상의 일정 정도는 이 같은 라캉에 대한 비판을 공유하고 있다. 그렇다면 이에 대하여 라캉주의는 어떻게 대답했을까? 분명 정면에서 재반론을 한 것 같지는 않아 보이더라도, 필자가 보기에는 라캉 사후 현대 라캉주의에서 진행되고 있는 이론적 작업은 이와 같은 비판을 일정 정도 자각하고 있는 것처럼 보인다. 오늘날 라캉주의의 논의에 비추어 보자면 오히려 양자가 공통점마저 가지고 있는 것처럼 보인다.* 어찌 되었든 소위 프랑스 현대사상에서 반反라캉적인 동기motive와 현대 라캉주의에서 이루어지는 논의를 비교하는 것은, 라캉의 사고를 다시금 현재화하기 위한 필수적인 작업이라고 생각된다.

2. 상징계의 쇠퇴와 '아버지'의 복수화

라캉과 들뢰즈-가타리의 대립은 전자가 오이디푸스 콤플렉스를 인간에게 유일한 초월론적 시스템으로 여겼던 반면 후자는 이를 비판했다고 정리되는 경우가 종종 있다. 하지만 이러한 판단은 기껏해야 1958년까지의 라캉 이론에 유효할 뿐이다.

---

* 양자의 공통점에 대한 라캉주의 측의 반응으로는 밀레(1989)나 세르주 코테 Serge Cottet(2006)를 참조할 것.

자크 알랭 밀레(1997b)에 따르면, 상징적 질서(타자l'Autre)는 '정신분석의 프로이트 시대'에서만 '정상'적인 형태로(즉 '아버지의 이름'에 의해 통제되는 형태로) 기능했다고 말한다. 요컨대 *과거*의 이야기였다는 말이다. 한편 그는 '정신분석의 라캉 시대'가 오히려 '타자의 부재'를 통해 특징지어진다고 말한다. 라캉은 1957–58년에 이루어진 세미나 5권 『무의식의 형성물Les formations de l'inconscient』에서 "타자의 타자l'Autre de l'Autre", 즉 상징계(=타자)의 근거를 제공하는 다른 타자(='아버지의 이름')가 존재한다는 점을 분명히 하고 있다. 하지만 이듬해의 세미나 6권 『욕망과 그 해석Le désir et son interprétation』에서는 돌연히 다음과 같이 "타자의 타자는 없다"라고 주장하며 앞에서 말한 것을 뒤집어 버린다.*

이것이 '타자의 타자는 존재하지 않는다'고 여러분에게 말할 때 문제가 되었던 것입니다. 이 점이 여러 시니피앙의 어떠한 출현에 대한 구체적인 연속을 보장하는 어떠한 시니피앙도 존재하지 않는다는 것을 분명하게 의미하는 것이 아니라면, 무엇을 의미한다고 해야 할까요? 사선이 그어진 A(타자)라는 용어가 도입되는 지점이 바로 여기입니다(S6, 441).

2013년 프랑스에서 정식으로 출판된 이 세미나 6권 뒤표지에

---

* 다만 '아버지의 이름'(=타자의 타자)이 없다는 점이 명확하게 선언되는 1959년 이전에도 라캉은 현대인에게 상징계의 기능이 미개인보다 쇠약할 것이라고 지적하고 있다(S3, 226).

제1부 이론

는 편자인 밀레의 설명이 게재되어 있다. 아래에 인용하는 한 문장은 이 시기 라캉의 이론적인 변천이 갖는 충격impact을 여실히 보여 주고 있다.

동물이라는 종은 자연이라는 나침반을 가지고 있으며, 이 나침반은 (각각의 종에) 독자적이다. 인간이라는 종에게 나침판은 복수적이다. 인간에게 나침반이란 시니피앙을 조합하여 디스쿠르discours에 속하는 것이다. 이러한 것이 (인간에게) 무엇을 해야 할지 알려 준다. 어떻게 사고할 것인가, 어떻게 향락할 것인가, 어떻게 번식할 것인가를 알려 준다. (…) 오늘날의 시대에 이르기까지 우리의 나침반은 아무리 다양했을지라도 완전히 동일한 극을 향하고 있었다. 이것은 '아버지'라는 극점이다. 가부장제는 인류학적 측면에서 변하지 않는다고 믿어져 왔다. 가부장제의 몰락은 신분의 평등과 자본주의가 가진 힘의 증대, 기술의 지배에 의하여 가속화되었다. 우리는 '아버지' 시대의 출구라는 국면에 도달한 셈이다. (…) 프로이트는 '아버지'의 시대를 살았다. 그는 그 아버지를 구하기 위해서 수많은 것을 이루었다. 교회는 이 점을 잘 간파하고 있었다. 라캉은 프로이트가 열어젖힌 길을 따라간 것이다. 하지만 그 길은 라캉으로 하여금 '아버지'가 하나의 증상이라고 여기게 했다.

위의 인용에서 알 수 있는 것처럼, 라캉은 적어도 1959년의 시점에서 오이디푸스 콤플렉스를 무의식을 지배하는 *표준적인* 모델로 간주하기를 멈춘다. 나아가 '아버지의 이름' 역시 1960년대 전반부터는 "(복수형의) 아버지의 이름들les Noms-du-Père"로 쓰게 되며, 1970년대에 이르러 오이디푸스 콤플렉스는 인간의 심적 구조의 위상학적인 매듭을 서로 연결하는 여러 방법 가운데 하나에 지나지 않게 된다("버전이 다른 아버지père-version"라는, 만년의 라캉이 사용한 언어유희는 이런 식으로 읽어 볼 필요가 있다).* 이와 같은 태도의 변화에 따라, 뒤에서 언급하겠지만, 그는 비非오이디푸스적이고 도착적인 욕망을 중시하게 된다. 왜냐하면 섹슈얼리티를 규범화=정상화하는 오이디푸스가 더 이상 작동하지 않는 이상 모든 욕망은 어찌하든지 도착적이 되고 말기 때문이다. 밀레는 라캉의 이러한 변화를 "아버지의 길voie du père로부터 욕망의 길voie du désir로 향하는" 이행(Miller 2013b)이었다고 정리한다.

현대 라캉주의에서 말하는 '배제의 일반화', 즉 '부성 은유(='아버지의 이름'으로 만들어진 은유)는 사회적으로 공유된 망상적 은유에 지나지 않는다'라는 생각은 바로 1959년 라캉의 논의에서 발전된 것이다. 결국 타자가 궁극적으로는 어떠한 것에 의해서도 보증되지 않는다는 것은, 지금 '정상'이라고 간주되는 타자도 일반화된 의미에서의 배제를 그 안에 지니고 있음을 말해 준다. 이러한 논점을 극대화하면, 우리가 이러한 배제로부터 귀결되는 집

---

* 복수형의 아버지가 결국은 각각 다르게 작용한다는 점을 '도착perversion'과 비슷한 발음인 version이라는 말을 사용하여 다름을 은유적으로 지시하는 것이다.—옮긴이

제1부 이론

단적 망상을 경험할지라도 이를 '망상'이라고 부르지 않음은 그것이 사회적으로 공유되어 있기 때문이다. 이런 의미에서 들뢰즈와 가타리가 생각했던 '오이디푸스적이지 않은 방식으로 살아간다'는 모티프는 라캉도 공유하고 있었다고 보아야 할 것이다. 과도한 단순화라는 위험을 무릅쓰고 말한다면, 오늘날 일본에서도 과거와 같은 가부장제가 쇠퇴하고 있으며 이에 따라 연애나 결혼의 모습들도 실제로 다양화되고 있다. 이러한 시대에 이미 대문자로 표기될 '아버지'는 무효화되었다고 간주해야 할 것이다.

이 문제는 일본 현대사상의 문맥에서 다음과 같이 번역될 수 있을 것이다. 앞서 서론에서 소개했듯이, 1998년부터 2003년에 걸쳐 현대의 '상징계의 쇠퇴'를 주장한 아즈마 히로키에 대해 정신과 의사인 사이토 다마키가 "상징계가 쇠퇴했다면, 모두가 정신병에 걸리고 말았을 것이다"라는 반론을 제시하면서 상당한 논쟁이 일었던 적이 있다(사이토 2007). 라캉주의의 입장에서 말한다면, 현대의 상징 질서나 이를 떠받치는 아버지의 기능은 더 이상 프로이트 시대의 그것이 아니며 쇠약해져 왔음을 부인할 수 없을 것이다. 밀레에 따르면(2013b), 아버지의 기능 쇠퇴는 유달리 현대에 한정된 이야기가 아니라 문자 그대로 *왕의 목을 잘라 버렸던* 프랑스혁명에서 이미 시작된 것이었고, 그 시점으로부터 이미 "아버지는 더 이상 사회적 명성의 보유자로서도, 왕년의 입법자로서도 나타나지 않게" 되었다.

단지 '아버지'가 더 이상 자명한 존재가 아니게 되었다 할지라도, 이는 우리가 '아버지'로부터 해방되어 모든 지배로부터 자유로워질 가능성을 갖게 된다는 유토피아적인 세계관과는 거리가 멀다. 라캉이 세미나 23권 『생톰Sinthome』에서 말한 것처럼, '아버지의 이름'이란 "그것['아버지의 이름']을 이용한다는 조건에서라면 그것 없이도 해소될 수 있다on peut s'en passer à condition de s'en servir"(S23, 136). 결국 '아버지'가 부재하기 때문에 오히려 유사물 semblent으로라도 아버지가 필요한 것이다.

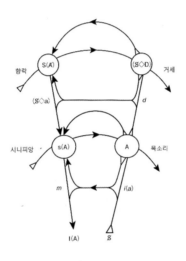

욕망의 그래프(1958)

또한 당연하게도 이러한 상징계의 쇠퇴와 '아버지'의 복수화는 정신분석 임상에도 커다란 충격을 주고 있다. 밀레(2013b)가 지적하듯이, 만약 라캉이 세미나 5권 『무의식의 형성물』까지의 이론, 즉 '아버지의 이름'(=타자의 타자)이 존재한다는 이론을 그 후에도 유지했다면 정신분석의 종결fin d'analyse이란 주체에게 스스로의 존재에 대한 법을 나타내는 시니피앙으로서 '아버지의 이름'이 출현한 것이라고 할 수 있으리라. 다시 말하면, 그러한 생각에 따라 *분석 주체를 오이디푸스화하는 것이야말로 치료라고 할 수 있다*(실제로 1953년 로마 강연이 있기까지의 라캉은 그렇게 생각하는 경향이 있었다). 그러나 이미 '욕망의 그래프'에서 나타나고 있는 것처럼 분석 주체($)는 분석에서 스스로가 제기한 문제에 대한 답변을 타자에게서 발견하지 못한다. 왜냐하면 타자는 타자 자신을 지지해 주는 근거(S(A))를 결여하기 때문이다. 그렇기에 분석 주체는 타자를 통해서 결여의 시니피앙(S(A))과 만나도록 운명 지어져 있다. 라캉은 세미나 7권 『욕망과 그 해석』에서 정신분석의 종결을 환상과 관련 짓고 있는데, 이러한 생각은 나중에 '환상의 횡단traversée du fantasme'으로 전개된다.

3. 임상 형태를 다시 묻기 ─ 보통정신병과 자폐증

상징계와 '아버지'의 위치 지정을 둘러싼 이론적 변화에 병행하여 현대 라캉주의는 두 가지 새로운 임상 형태에 크게 주목하고 있다. 하나는 1994년에 제창된 보통정신병psychose ordinaire(밀레 2009)이며, 다른 하나는 자폐증autisme이다.

먼저 보통정신병에 대하여 간단히 소개하자면, 정신의학에서도 '정신병의 경증화'는 오래전부터 이야기되어 왔다. 마찬가지로 라캉주의에서도 정신병*(정신의학에서 말하는 통합 실조증이나 협의의 파라노이아가 대부분 이에 해당한다)은 이전처럼 다양한 환상이나 망상을 드러내지 않으며, 정신병적 구조를 가지고 있더라도 발병하지 않은 채로 생활을 영위할 수 있는 사례가 많음이 지적되어 왔다. 과거에는 그와 같은 병례를 '백색 정신병psychose blanche'나 '미발병 정신병psychose non-déclenchée' 등으로 불렀다. 이러한 병례는 저 유명한 다니엘 파울 슈레버Daniel Paul Schreber처럼 확실하게 *발병*déclenchement하거나 희한한 망상을 전개하지는 않았다. 오히려 보통정신병자는 다양한 것으로부터 *탈접속*débranchement한다. 이러한 병례는 슈레버처럼 화려한 망상을 전개하는 정신병(유별난 정신병psychose extraordinaire)과 다르며, '아버지의 이름'의 배제로부터 귀결된 분명한 정신병의 표식(고전적인 요소 현상 등)이 보이지 않는 점이 특징이다.

다만 '보통정신병'이라는 진단명은 그러한 증례에 즉각적으로 부여되지는 않았다. '보통정신병'은 오히려 '신경증'이라는 확고한 증거가 발견되지 않을 때 정신병이 감추어져 있는 것은 아닌지 의심하는 의미에서 잠정적 진단으로 파악해야 한다고 밀레(2009)는 말한다. '보통정신병'이라는 용어는 발병 대신에 탈접속의 방식으로 나타나는 현대적인 정신병을 미세한 특징을 통해 진단할 수 있

---

* 일본에서도 오늘날 '정신분열증/정신병'의 어감을 순화하여 통합 실조증이라고 부르며 한국에서도 '조현병'으로 불리고 있다. 하지만 이 책에서는 역사적으로 과거 시점이나 당시를 언급할 때는 '정신병'으로, 현재의 상황을 말할 때는 '조현병'으로 번역할 것이다. 왜냐하면 현대에서 말하는 '조현병'이라는 용어에 19세기나 20세기 초의 현상을 그대로 적용할 수 없다고 생각하기 때문인데, 이는 그 함의가 다른 까닭도 있다. ─옮긴이

도록 하는 데 기여하고 있다. 이러한 미세한 특징을 밀레는 다음과 같은 세 가지 외부성의 양태로 예시하고 있다.*

　①사회적 외부성: 루소Rousseau를 비롯하여 정신병자의 방랑은 예전부터 곧잘 관찰되어 왔으며, 이처럼 사회 속에서 고정된 위치를 차지하지 않는 외부성을 가리킨다. 현대적인 정신병에서는 직장이나 가정으로부터 탈접속하려는 특징이 나타난다. 반대로 사회(직장)에 과잉되게 동일시하는 형식으로서의 보통정신병도 나타날 수 있다. 이 경우 실직을 계기로 발병한다고 밀레는 말한다. 왜냐하면 그들에게 "일자리를 갖는다는 것은 '아버지의 이름'"이기 때문이다.

　②신체적 외부성: 보통정신병에서는 신체가 자기에 접속되지 않고 어떤 어긋남이 생긴다. 이러한 실례는 조이스가 『젊은 예술가의 초상』에서 기술했던, 자기 신체가 무너져 내리는 듯한 체험이다. 이와 같은 신체의 불안정성에 대한 대처 행동으로서 밀레는 '문신tattoo'을 거론한다. 즉, 그들에게 "타투는 신체와의 관계에서 '아버지의 이름'이 되기" 때문이다.

　③주체적 외부성: 보통정신병에서는 독특한 공허감이 나타나기도 한다. 물론 이와 같은 공허감은 신경증에서도 보이지만, 보통정신병의 경우는 그 공허감을 변증법적으로 부정할 수 없다는 차

＊　밀레에 따르면, 이러한 외부성의 특징은 라캉이 1958년에 이미 "'주체의 생활 감정의 가장 내밀한 매듭에 초래된 무질서'"(E558)라고 불렀던 것에 대응한다고 말한다.[한국어판은 라캉, 홍준기 외 역, 『에크리』, 열린책들, 2019, 664쪽]

이점이 있다고 한다.

밀레에 따르면, 보통정신병이라는 용어의 도입은 그 이론적, 임상적 귀결로서 두 가지 방향을 동시에 가져온다고 한다.

한편으로는 보통정신병이라는 존재가 알려진 이후 임상가들은 신경증에 대한 진단을 정밀하게 수행할 수밖에 없었다. 당연히 환각이나 망상이 없다고 해서 신경증이라고 할 수는 없는 일이다. 이런 경우에는 1950년대의 라캉이 이론적으로 전제했던 '아버지의 이름'의 유무로 신경증과 정신병의 감별 진단 원칙이 유지되었다.

다른 한편으로는, '정신병의 보편화'라는 방향이 존재한다. 정신병이 이전 시대와 같이 명확한 발병을 드러내지 않고, 나아가 신경증과 정신병을 나누는 '아버지의 이름'의 기능이 쇠퇴한 이상 정신병이라는 병리가 옅어진 형태로 만연하게 되었다고 볼 수 있다. 이에 호응하여 라캉은 자기 생의 최후 시기에 "사람은 누구라도 광인이며, 다시 말해서 망상적이다Tout le monde est fou, c'est-à-dire délirant"라고 했다(라캉, 1979). 이 발언 속에 극단적으로 표현된 것처럼, 신경증/정신병의 감별 진단은 더 이상 유지될 수 없다는 이론 역시 라캉으로부터 도출할 수 있다. 토마스 스볼로스 Thomas Svolos(2008)는 이러한 두 가지 방향이 물리학에서의 뉴튼과 아인슈타인의 관계와 유사하며 양립 가능하다고 주장한다. 즉, 신경증과 정신병을 명확하게 구별하는 (특수성에 의거한) 임상과 "인간은 누구나 광인(정신병)"이라고 규정하는 (일반성에 의거한) 임

제1부 이론

상은 양립할 수 있다는 절충적 견해를 생각해 볼 수 있다.

이어서 자폐증을 살펴보자.

오랫동안 라캉주의는 자폐증이 '아이들의 정신병psychose infantile' 이라고 생각해 왔다. 7장에서 자세히 다루겠지만, 이 점은 최근에 이르러 인지행동요법이나 교육적인 접근의 신봉자들이 정신분석을 부당하게 매도할 때 사용하는 근거 중 하나인데, 실제로 라캉주의는 2000년 벽두에 이미 자폐증을 정신병(조현병)으로부터 분리하는 데 성공했다.

그 입안자는 라캉주의 정신분석가인 로시네 르포르Rosine Lefort 와 그녀의 남편인 로베르 르포르Robert Lefort이다. 르포르 부부는 라캉의 『세미나』에서 1954년도에 자폐증 아이들의 병례를 발표한 이후 50여 년에 걸쳐 라캉주의의 자폐증 연구를 주도했다. 그 중에서도 그들이 발간한 『자폐증의 구분La Distinction de l'autisme』 (2003)은 당시까지 아이들의 정신병이라고 생각했던 자폐증을 신경증과 정신병, 도착증이라는 라캉주의의 표준적인 진단 체계에서는 수용되지 않는 '제4의 구조'로 파악하는 입장으로 이행시켰다는 점에서 획기적이었다.

이와 같이 자폐증의 독립에 앞서서 에릭 로랑Eric Laurent은 1987 년 9월 26-27일 툴루즈에서 개최된 학회 「자폐증의 정신분석적 임상」(Collectif, 1992)에서 자폐증을 '배제'라는 관점(1950년대의 라캉 이론)에서 다루기를 포기하고 '향락의 회귀라는 특수한 형태'로 다루어야 한다고 제안했다. 왜냐하면 시니피앙의 수준에서 다루는 병리로서는 자폐증과 정신병을 제대로 구별할 수 없었기 때문이다. 이러한 제안을 하면서 로랑은 1980년대 전반의 밀레(1982)의 논점을 참조했다. 밀레는 오늘날 시니피앙으로부터 향락으로 이론적 중심이 이전할 것이라 내다보았고, 시니피앙이 아니라 향락의 관점에서 보는 정신병론을 1960년대의 라캉 이론으로부터 도출한 것이다. 밀레의 정신병론에 따르면, 파라노이아는 '향락을 타자에게서 발견한다'(어떤 다른 타자인 타자가 자신을 향락하려고 한다는 망상을 형성한다)는 병이며, 정신분열증(Schizophrénie, 정신병)에서는 '향락이 신체로 회귀한다'(스스로의 신체가 과잉되게 향락적인 것이 되는 자가 성애적인 태도의 회귀를 보인다)는 병으로 규정한다. 로랑은 이러한 밀레의 논점에서 자폐증에서 보이는 향락이 회귀하는 특수한 형태에 주목하여 자폐증을 '경계선緣상으로 향락이 회귀retour de la jouissance sur le bord'하는 특징의 병으로 정의한다. 여기서 '경계선bord'이라고 하는 것은 입이나 귀라는 가장자리의 구조를 갖는 신체 기관을 의미한다. 신체로 향락이 회귀하는 정신분열증 환자는 온몸으로 이상異樣적인 압력을 느끼거나 성기를 애무하는 것과 같은 감각을 지니기도 하지만, 자폐증에서 향락의 회귀는 신체 안에서도 경계선상에 집중되는 것이 차이점이라고 말한다.

자폐증자에게서 향락이 경계선상으로 회귀하는 것은 그들이 사용하는 언어가 대단히 반복(常同, Stereotypical)적 혹은 향락적이라는 점을 설명해 준다. 자폐증자는 종종 하나의 시니피앙(언어)을 반복해서 사용한다(이를 정신의학에서는 '상동 언어'라고 부른다). 또한 그들이 자주 행하는 틀에 박힌 의식적 행동 역시 하나의 시니피앙의 반복으로서 바라볼 수 있다. 라캉주의는 이 시니피앙을 한동안 '단 하나뿐인 시니피앙signifiant tout seul'이라고 불렀는데, 최근에 이르러서는 '일자—者의 시니피앙signifiant Un' 혹은 단순히 'S₁'이라고 부른다. 이 시니피앙은 말(시니피앙)의 효과와 그 말을 발화함으로써 생기는 향락의 효과가 분리될 수 없도록 일체화된 '라랑그lalangue'의 성질을 띠고 있으며, 타인과의 커뮤니케이션에서는 거의 도움이 되지 않지만 향락을 얻기 위한 도구로 사용한다고 여겨진다.

이 라랑그(=단 하나뿐인 시니피앙)는 각각의 자폐증자에게 특이적singulier인 향락의 모습을 동반한다. 그러나 라랑그는 자폐증자만이 아니라 신경증이나 정신병 같은 모든 주체가 처음으로 만나는 언어이기도 하기에, 모든 주체가 자가 성애적인 향락을 동반하는 라랑그를 각인하고 있다고 생각할 수 있다. 현대 라캉주의는 이와 같은 관점에서 이러한 증상이 갖는 자폐적인 측면을 자폐증만이 아니라 의존증의 영역이나 모든 증상이 갖는 중독적인 측면으로까지 확장시켜 논의하고 있다. 이런 의미에서 로랑이 예언적으로 언급한 구절을 인용하자면, 21세기란 자폐증(내지는 자폐적 향락)이 "(주체의) 평범한 상태statut ordinaire"로 나타나는 시대라고 규정할 수 있을 것이다(로랑 2012, p. 176).

4. 섹슈얼리티의 변화 — '노출'과 '의존증'

당연하겠지만, 현대 라캉주의의 일련의 논점에서는 섹슈얼리티 이론에서도 대폭적인 변화를 볼 수 있다.

정신분석의 섹슈얼리티 이론에 관하여 지금까지 수많은 비판이 이루어져 왔다. 이는 어린아이가 아버지를 죽이고 엄마와 함께 하기를 욕망한다는 오이디푸스 콤플렉스 도식이, 프로이트가 활약한 19세기 말부터 20세기 초엽의 유럽에서는 국지적으로 타당성을 가질 수 있었겠지만 결국은 보편성을 가지지 못할 수도 있기 때문이다. 예를 들어 인류학자 말리노프스키Malinowski는 모계사회였던 트로브리안드Trobriand 제도 민족의 연구를 통해서 오이디푸스 콤플렉스를 비판적으로 검토했다.

그러나 프로이트의 여러 논문(「사랑의 심리Beiträge zur Psychologie des Liebeslebens」, 「문명 속의 불만Das Unbehagen in der Kultur」 등)을 읽어 보면, 그가 인간의 섹슈얼리티를 문명과 성에 대한 사회적 제도에 의해 규정된 것으로(일정 정도 상대적으로) 생각했음은 분명해 보인다. 프로이트는 '문명인'인 인간(근대 이후의 유럽인으로 해석하자)에게 유아기의 성욕이 근친상간을 금지하는 관습으로 제한되어 충족되지 않고 끝남으로써 남-여의 성애 생활이 규정된다고 주장했다. 또한 프로이트는 그러한 욕망의 단념으로 얻어지는 결여 자체가 우리에게 다양한 대상에 대한 욕망을 불러일으키고 다양한 증상을 만들기도 하며, 승화를 통해서 다양한 창조를 이루는 원천이라고 생각했다. 즉, 우리의 섹슈얼리티, 욕망, 증상, 창조는 시대를 초월한 보편성을 갖는 것이 아니라 문명이 우리에게 강요하는 결여라는, 말하자면 함수를 통해서 생겼다는 것이다.

결여를 기반에 둔 이러한 섹슈얼리티론은 조르주 바타유Georges Bataille의『에로티시즘L'érotisme』(1957)에서의 논의와 일정한 공통점을 갖는다. 바타유에 의하면, 인간은 "상실한 연속성을 향한 향수"를 가지고 있으며 원래는 하나였던 전체성을 되돌리고자 하는 희망을 가지고 있지만, 그러한 "인간의 욕망이 향하는 대상은 '금지'되어 있다". 에로티시즘의 본질은 이러한 금지를 침범[위반]함으로써 배덕적인 쾌를 얻으려는 것으로, 여기서도 결여(연속성의 결여 또는 대상의 금지)가 욕망을 낳는 힘이라는 발상을 볼 수 있다. 대체적으로 섹슈얼리티에 관한 이러한 사고방식은 대단히 19-20세기적이었다고 할 수 있을 것이다.

따라서 성에 관한 제도나 상황이 변한다면 우리의 섹슈얼리티도 다양하게 변화하게 될 것이다. 프로이트도 이 점을 인정하고 있다. 그러나 어떠한 제한이 철폐되었다고 해서 해방된 성의 모습이 좋은 결과를 가져다주지는 않을 것이다. 프로이트는 "(성의) 제도가 변하면 다른, 즉 어쩌면 보다 더 중대한 희생이 생기지는 않을까"*라는 의혹에 대해서 긍정도 부정도 못하는 것이 정신분석

---

* 독일어 원문은 "Sie kann aber nicht vorhersagen, ob andere Institutionen nicht andere, vielleicht schwerere Opfer zur Folge haben müßten"으로, 한국어판『전집』은 이 부분을 "다만 다른 학파들이 더 중요한 희생적 노력을 도출해 낼지 어떨지는 예측할 수 없다"라고 번역하고 있다. 한국어판의 이 번역은 오역이라고 생각되며, 이는 "Institutionen"을 "학파들"로 번역한 것과 "schwerere Opfer"를 "중요한 희생적 노력"으로 번역한 데서 비롯된 것으로 보인다. 참고로, 영

이라고 말했다(GW8, 87-8).

라캉이 1970년 전반기에 언급한 지적—현대의 우리가 살고 있는 자본주의 문명에서 욕망이나 섹슈얼리티에 실로 중대한 변화가 일어날 것이라는 지적—은 이와 같은 프로이트의 고찰을 이어받은 것이라 해야 할 것이다. 이 시기에 라캉은 이런 변화를 디스쿠르라는 관점에서 다루고자 했다. 밀레가 말하는 '정신분석의 프로이트적 시대'에서 주체(근대적 주체)가 헤겔의 주인과 노예의 변증법에 의거한 '주인 디스쿠르'에 의해 구동된다고 한다면, 네오리버럴리즘과 글로벌 자본주의가 석권하는 현대의 주체의 모습은 더 이상 주인 디스쿠르를 통해서는 포착할 수가 없다. 이를 위해 라캉은 '자본주의 디스쿠르'를 발명할 필요가 있었던 것이다.*

동인	→	타자
진리	//	생산물

디스쿠르 도식

문판(SE)은 "but it cannot predict whether other institutions may not result in other, and perhaps graver, sacrifices."이며, 프랑스어판(마리 보나파르트와 안네 베르만의 1936년판 번역)은 "mais il ne lui appartient pas de décider si des institutions sociales différentes n'entraîneraient pas des sacrifices plus lourds encore."이다.—옮긴이

* 4(+1)의 디스쿠르에 대해서는 다음 장에서 좀 더 상세하게 다룰 것이다.

라캉의 디스쿠르 도식은 좌우가 각각 상단과 하단으로 나뉘어 네 개의 위치를 점하고 있다. 좌편 상단은 동인agent, 좌편 하단은 진리vérité, 우측 상단은 타자autre, 우측 하단은 생산물production이 위치한다. 이들 네 위치에 주인의 시니피앙(S_1), 지식(S_2), 빗금이 그어진 주체(\$), 대상 α(α)라는 네 가지 항목이 어떤 식으로 배치되는가에 따라서 각각의 디스쿠르가 규정되는 것이다. 기본적인 법칙으로는 '진리'에 의하여 지지되는 '동인'이 '타자'에게 명령하고 그 결과로서 '생산물'이 생긴다는 것이다. 이때 '진리'와 '생산물' 사이에는 차단선(//) 이 있다는 점이 중요하다.

$$\downarrow \quad \frac{\text{동인}}{\text{진리}} \quad \times \quad \frac{\text{타자}}{\text{생산물}} \quad \downarrow \qquad \frac{S_1}{\$} \quad \overset{\rightarrow}{/\!/} \quad \frac{S_2}{\alpha}$$

자본주의 디스쿠르(좌)와 주인 디스쿠르(우)

주인 디스쿠르는 시니피앙의 연쇄($S_1 \rightarrow S_2$)로 주체(\$)가 대리 표상되어, 원초적으로 존재했다고 상정되는 향락을 상실한 것에 대한 보상으로 잉여향락(α)을 얻게 되는 구조를 가리키고 있다. 주체(\$)와 대상(α) 사이에 있는 차단선(//)은 주체가 원초적인 향락을 되찾는 것이 금지되어 있다는 것을 알면서도 잉여향락의 대상을 욕망한다는 점을 나타내는 것이다. 결국 이 디스쿠르에서는 앞서 살펴본 결여(상실)로 인해서 욕망이 구동된다는 논리가 설명되고 있다. 그리하여 주체와 대상 α 사이에는 환상의 구조(\$ ◇ α)가 생기고, 주체는 그 환상 안에서 결여를 메우려는 욕망을 품게 된다.

자본주의 디스쿠르는 주인 디스쿠르의 좌측(S_1/$) 위아래를 역전시킨 것이다. 이 역전과 함께 주체와 대상 α는 차단선이 아니라 *실선*으로 연결된다. 이 실선이 의미하는 것은 다음과 같다. 후기 자본주의(혹은 소비주의) 체제에서 인간이 향수할 수 있는 잉여향락은 *계산 가능한* 것이 된다. 우리는 어떠한 욕망의 대상을 통해서 향락을 얻으려고 시도하지만, 거기서 제공되는 욕망의 대상이 되는 상품은 시장 원리라는 질서에 따르는 것이며 계산 가능성의 논리에 의거한다. 나아가 현대의 우리는 대량 소비를 향하여 균질화된 공업 상품을, 그것이 새로 출시될 때마다 즉각 따라잡으려는 끝없는 소비에 휘둘리고 있다. 이는 과거에 욕망을 구동시켰던 결여가 상품을 통해서 *메워진다*는 것과 같은 말인 셈이다. 잇달아 새로운 상품이 주체에게 당도함으로써 주체의 욕구나 요구가 일시적이나마 즉각 충족된다는 것은, 욕구의 저편에서 나타나야 할 결여를 언제까지고 출현시키지 않은 채 방치해 버리기 때문이다.

라캉은 1971-72년도 생탄 병원에서 열린 세미나 『정신분석가의 지식Le savoir du psychanalyste』에서 "자본주의 디스쿠르는 거세를 배제한다"고 했다(Lacan 2011a, p. 96). 이 발언은 과거에 욕망을 구조화했던 상실(결여)의 무시 또는 무효화를 가리키고 있는 셈이다. 자본주의 디스쿠르에서는 *상실이 존재하지 않는다*. 또한 *상실 없이 향락의 복원이 가능하다*는 공상(환상)이 주체에게 주어졌다는 점을 의미하는 것이다.

츠이키 고스케立木康介는 『"노출하라!"고 말하는 현대 문명露出せ

제1부 이론

よ、と現代文明は言う』에서 바로 이러한 상실(결여)의 무시 또는 무효화를 주축으로 현대 문명을 다루고 있다. 예를 들어 츠이키는 "혹시 우리 인간에게 섹슈얼리티라는 기능이 퇴화되고 있는 것이 아닌가?"라고 의심하는 프로이트를 인용하면서 다음과 같이 말하고 있다.

> 충동의 원천으로부터 대상의 분리(대상 상실)가 적절하게 이루어지지 않을 때, 과연 섹슈얼리티의 구조화가 이루어질 수 있을까(⋯).(立木 2013, p. 95)

츠이키가 다양한 문화 현상이나 현대 예술을 예로 들어가며 명료하게 보여 주듯이, 현대 문명은 '표상'(여기에 없는 것을 대리를 통해서 표현하는 시도)으로부터 '노출'(여기에 있는 것을 한 꺼풀 벗겨 내는 방식으로 제시하는 것)로 방향을 틀어 버린다. 과거 시대의 성향mentality이 여기에 이미 주어져 있는 것을 부정하고 이를 초월하는 것에 중요성을 부여했다면, 현대의 성향은 주어져 있는 것을 부정하는 계기를 결여하고 있다. 또한 상실은 더 이상 존재하지 않는 것이 되고, '무엇이든지 향락'하는 것을 목표로 삼아 자신이 '우회를 통한 어떠한 손실도 입지 않고 생각한 대로 향락하고 있다'는 것을 외부에 과시하는 듯한 도착적 표현이 다양한 영역에서 전개되고 있다. 츠이키의 논점은 라캉이 자본주의의 디스쿠르를 이론화함으로써 조명한 현대 문명의 길의 끝에서 바로 지금 보이는 것들을 '노출'이라는 키워드로 포착하려고 한 것이다.

그의 『"노출하라!"고 말하는 현대 문명』은 21세기 현시점에서 우리 세대의 『문명 속의 불만』이라고 해도 좋을 것이다.

그렇다면 결여를 기반으로 했던 지금까지의 우리의 욕망과 향락, 섹슈얼리티는 앞으로 어디를 향하게 될까? 밀레(2011a)는 『'존재'와 '일자'L'Etre et l'Un』라고 이름 붙인 2011년 강의에서 현대의 향락의 모습에 대해 대담한 방향 전환을 시도했다. 먼저 이 강의 의도를 요약하는 인터뷰에서 밀레의 말을 들어 보자.

> 라캉은 과거의 모델이 완전히 지워졌고, 섹슈얼리티가 '융합적인 일자Un fusionnel'로부터 '단 하나뿐인 일자Un-tout-seul'를 향하여 나아간다고 결론을 내렸습니다. 누구에게나 자신의 길이 있다! 누구에게나 향락하는 자신만의 방법이 있다! 라캉에 이르기까지 그것은 자가 성애적인 것이라고 불려 왔습니다. (⋯) 이러한 이유에서 21세기의 일상생활의 일반 모델은 의존증addiction입니다. '일자'는 자신이라는 마약과 함께 그저 홀로 향락합니다. 또한 모든 활동이 마약droque이 될 수 있지요. 예를 들어 스포츠, 섹스, 일, 스마트폰, 페이스북마저도⋯⋯(밀레 2011b).

지금까지 인간의 섹슈얼리티가 (적어도 환상에서는) 남성과 여성의 합일을 목표로 하는 에로스적인 것이었다면, 이는 당연히 "성관계는 없다Il n'y a pas de rapport sexuel"라는 한계에 다다를 수밖에 없었다. 성관계가 없는 시대의 섹슈얼리티는 결여를 내포하고 그 결여를 통해서 구동되었다. 하지만 지금은 '포스트Post 성관계 부재'라고도 부를 법한 성생활—이를 조심스럽게 '포스트 섹슈얼리티'라고 부를 수 있을지? —이 출현하고 있다. 이러한 모델을 밀레는 프로이트의 '자가 성애Autoerotismus'와 '의존증(중독)', '마약'이라는 자극적인 용어로 다루고 있다.*

여기서 츠이키의 『"노출하라!"고 말하는 현대 문명』과 거의 같은 시기에 간행된 지바 마사야千葉雅也의 『너무 움직이면 안 된다―질 들뢰즈와 생성의 철학動きすぎてはいけない：ジル・ドゥルーズと生成変化の哲学』(2013)을 상기해 볼 필요가 있다. 지바의 논점은 지금까지의 들뢰즈에 대한 이해가 마이너리티를 포함한 모든 인간이 '일자'로서 *하나가 되는 것*을 목표로 하는 '접속적 들뢰즈'에 편향되어 있었다고 진단한다. 또한 그는 '접속적 들뢰즈'의 정반대 편에 있으면서도 언제나 들뢰즈의 사고 안에 잠재하는 '횡단적 들뢰즈'를 그의 텍스트 안에서 찾아내 보여 주고 있다. 지바는 이러한 두 가지 대극적인 들뢰즈 사이를 왕복하면서 그 사이인 중간에 머물기를 제창하는데, 그의 논점에서 흥미로운 점은 '셀프 인조이먼트(≒자가 성애)', '중독', '마약'이라는 키워드를 고전적인 구조주의적 라캉(대강 1950년대의 라캉 이론에 해당할 것이다)을 넘어서기 위한 이론 장치로서 사용한다는 점이다.

들뢰즈(2003)에 따르면, 정신분석이 바라보는 심적 시스템이

---

* 프로이트는 「문명 속의 불만」에서 우리에게 직접적인 쾌를 가져다주고, 나아가 불쾌를 감지하지 못하도록 해주는 물질로서 '마약'을 거론하고 있다(GW14, 436).

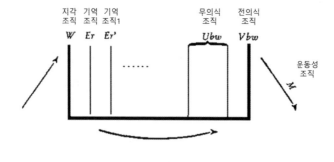

프로이트의 심적 장치

란 욕망이 기억 흔적과 정동 시스템을 상대로 집중/점령cathexis/ Besetzung한다는 점이다.* 이는 아마도 유명한 프로이트의 심적 장 치 모델을 이야기하는 것으로 보인다. 프로이트의 심적 장치는 지 각 말단에서 외부로부터의 자극 수용으로부터 시작하여 그 자극 이 기억 흔적으로서 여러 층을 거치며 처리되어 최종적으로 운동 신경에 이르게 되는 양상을 보여 준다. 이 여러 층에 걸친 기억 흔 적층의 일부가 무의식이다. 중요한 것은 외부로부터 얻게 되는 유 아기의 만족 체험의 기호가 기억 흔적(시니피앙)을 대신한다는 점 이다. 그로 인해 우리는 더 이상 원초적인 만족 체험 그 자체에 접

* 일본어 원문은 "備給"인데, 일반적으로 이 표현은 프로이트의 'Besetzung' 개념 을 가리킨다. 한국어판『전집』에서는 이를 "집중"으로 번역하고 있으나 피터 게이Peter Gay의 설명대로 이 표현에 군사적인 의미가 담겨 있음을 생각해 볼 때 두 표현 모두를 기재해 두는 편이 독자의 이해에 도움이 될 것이라 생각된다. 참고로 피터 게이의 *Freud: A Life for Our Time* 원문에는 "점령(이라는 군사적 의미)occupation (by troops)"라는 표현이 있지만 한국어판『프로이트』에는 빠 져 있다.(Peter Gay, *Freud: A Life for Our Time*, NY: W.W.Norton, 1998, p. 465/ 피터 게이, 정영목 역,『프로이트 II』, 교양인, 2011, 209쪽) ─ 옮긴이

근할 수 없고 결여(상실)를 떠안은 채로 머물게 된다. 대신에 이렇게 결여된 대상을 추구하려는 운동(욕망)이 무의식 속에서 전개된다. 이런 의미에서 정신분석은 욕망을 무의식에서 바라보는 것이라고 할 수 있다. 그러나 들뢰즈는 마약에는 "욕망이 감각 시스템을 직접 집중/점령"하는 특수성이 있다고 주장한다. 결국 마약은 기억 흔적으로 구성되는 시스템, 즉 시니피앙으로 구성된 프로이트=라캉적 무의식의 층을 단숨에 뛰어넘어 욕망을 직접적으로 지각하고 만족시킬 수 있는 가능성을 가지고 있다(지바 2013, pp. 75-6). 그러므로 들뢰즈는 약물 분석을 정신분석의 대안으로 제시하기도 한다.

또는, 지바가 주목하는 '의존'이란 마치 아이들이 한눈을 팔다가 눈앞에 나타난 대상에 *몰입해 버리*는 시야視野 협착적인 의존을 의미한다. 이것은 매우 비의지적인 것으로, 시니피앙의 연쇄로 만들어진 인과성을 비의미적으로 절단하는 것을 뜻한다(지바 2013, p. 36). 마약에 대한 들뢰즈의 논점과 마찬가지로, 여기에서도 기억 흔적(시니피앙)의 층을 통과하지 않으면서도 적극적인 의의를 발견하는 논의를 확인할 수 있다.

물론 정신분석의 관점에서 실제 마약으로 발생하는 사태가 진정으로 무의식을 넘어설 수 있는지, 혹은 들뢰즈가 "욕망"이라고 말하는 것이 정신분석에서 충동이나 향락이라고 부르는 것과 같은 것인가, 이러한 점에 대해 보다 상세한 논의가 필요할 터이다. 또한 라캉주의 관점에서는 지바가 말하는 비의미적인 절단이 '정신병 아이schizo kids'처럼 일종의 *제멋대로, 얼빠진* 형태로 행동한다고는 여기지는 않는다. 오히려 이러한 절단은 우리의 신체에서 더 이상 떨어질 수 없이 각인되어 있는, 우리 각자의 향락이 고립된 증거라고 볼 수 있지 않을까. 하지만 결여를 기반으로 하는 섹슈얼리티가 더 이상 유효하지 않게 되는 지평을 포착하기 위해서는, 현대 라캉주의와 들뢰즈파 양쪽이 '마약'과 '의존'이라는 은유를 사용하고 있다는 점에 충분한 주의를 기울여야 할 것이다.

5. 증상에서 생톰으로

앞 절에서 보았던 '단 하나뿐인 '일자'(개개인별로 고립된 향락의 모습)에 대한 주목은 실제로 증상에 대한 논의로부터 파생된 것이다. 이제 현대 라캉주의의 증상론, '증상에서 생톰으로'라는 절단면으로부터 개관해 보고자 한다.

먼저 확인해야 할 것은, 정신분석에서 '증상symptôme'이란 정신의학에서 말하는 '정신 증상'이 아니라 증상 자체가 무엇을 말하려는 것인지를, 즉 어떠한 의미를 낳는 메타포(은유)로서의 성질을 가지고 있는가이다. 히스테리 환자 안나 O가 드러낸 '컵으로 물을 마실 수 없다'는 증상이 '자신이 싫어하는 사람이 키우는 개에게 컵의 물을 마시게' 하는 장면에 대한 거절의 은유였다는 점을 떠올려 보자. 증상은 지금 여기에 없는 표상(싫어하는 사람이 저지른 참을 수 없는 행동에 대한 혐오)을 대리하는 표현이며, 이러한 증상의 원인이 된 참을 수 없는 표상을 상징적 표현의 힘을 빌려서 가공한 것이다. 때문에 증상은 그 증상을 가진 환자 본인도 의식하지 못하는 사이에 어떠한 메시지를 자기 자신에게 전하고 있으며, 그 메시지를 독해할 수 있다면 증상은 소실된다. 라캉은 이와 같은 증상의 구조를, 어떤 시니피앙이 다른 시니피앙으로 치환되는 '은유métaphore'로 포착했다.

이처럼 정신분석에서의 증상론은 증상이 갖는 (시니피앙의 치환으로 만들어지는) 은유로서의 성질을 중시하는 것으로부터 시작된다. 그러나 정신분석가들은 증상을 해석해도 증상이 소실되지 않는 사례를 몇 차례나 경험하게 되었다. 증상의 시니피앙으로서의 측면을 다루는 것만으로는 증상이 소실되지 않는다. 그렇다면 증상이 '시니피앙 이외의 측면을 가지고 있지 않은가?'라고 생각해야 한다. 프로이트는 이와 같은 발상에서 한평생 "음성 치료 반응negativ therapeutische Reaktion"이나 "죽음충동Todestrieb"이라는 개념을 계속해서 만들어 냈다. 마찬가지로 라캉 역시, 특히 1960년대 후반 이후로 증상이 가지고 있는 (은유적) 의미의 측면이 아니라 향락으로서의 측면에 주목하게 된다. 정신분석이 상당히 진행된 뒤에도 사람이 자신의 증상을 놓지 않으려 하는 이유는 증상이 갖는 "향락의 뿌리racine des symptôme", 즉 증상의 핵에 다름 아닌 일종의 향락이 있기 때문이다.

이처럼 증상이 가지고 있는 은유로서의 측면이 아니라 향락으로서의 측면을 보다 중시하는 논의가 이루어지기 시작했다. 라캉 자신이 1950년대에서 1970년대에 걸쳐 증상symptôme으로부터 생톰sinthome으로 그의 증상론을 전회시킨 것도 바로 이러한 이행에 대응한다.

밀레는 약 30년에 걸친 자신의 강의를 통해 이러한 이행을 다양한 형태로 다듬어 나갔다. 예를 들어 생톰을 "증상과 공상의 혼합물mixte de symptôme et fantasme"이라고 역설하는 1986–87년의 강의 『휘장徽章을 만드는 것Ce qui fait insigne』에서 정의하기를, 은유로서의 증상과, 그 증상으로부터 공상을 통해 주체가 남몰래 얻는 향락과의 혼합물이라는 개념으로 라캉의 생톰을 다루기에 이른다(밀레 2000). 또한 1999년 강의인 『분석 치료에 있어서 실재계의 경험』에서는 증상이 갖는 두 가지 측면을 "의미 작용의 도래avènement de signification"와 "신체의 사건événement de corps"이라는 쌍으로 재포착하고 있다(밀레 2000). 이러한 정리는 은유로서의 의미 작용을 발생시키는 증상과 신체의 수준에서 만족을 취하는 증상이라는, 증상이 갖는 두 가지 측면으로 나누어서 바라볼 수 있게 한다. 나아가 2011년의 『'존재'와 '일자'』에서는 신체의 사건으로서의 생톰이 먼저 존재하며, 이 신체의 사건이라는 기점으로부터 의미적인 증상이 전개된다는 양자의 관계가 명확하게 규정된다. 결국 프로이트적인 은유적인 의미를 가진 증상 모두는 그 뿌리에 향락의 "단 하나뿐인 '일자'", 즉 신체의 사건이 있다고 말한다. 모든 주체가 '의존증' 아래에 있다는 것은, 이러한 고립된 향락이 신체 안에서 언제나 반복되며 더 이상 떨어지지 않는 형태로 주체가 이러한 향락에 연결되어 있기 때문이다.

라캉 자신이 이러한 '일자'적인 향락에 대하여 논하게 된 것은 분명 1969–70년 세미나 17권 『정신분석의 이면』에서였다. 그는 이 세미나에서 프로이트의 "유일한 특징trait unaire"이라는 개념을 참조하면서 "향락의 침입에 대한 기억을 붙잡아 두는 것으로서의 특징un trait en tant qu'il commemore une irruption de la jouissance"(S17, 89)이라는 표현을 사용하고 있다*. 최근의 밀레의 독해에 따르면, 여기서 말하는 "향락의 침입"이란 아이가 최초로 언어와 만날 때 생기는 충격으로서 "신체의 사건événement de corps"을 가리킨다. 이러한 향락의 침입 이후에 인간은 이 향락을 잊을 수 없게 되고 끊임없이 이를 반복하려고 한다. 이런 의미에서 반복은 향락의 회귀를 통해서 그 기초가 세워진다. 또한 이러한 반복적인 향락이야말로 증상의 뿌리에 있는 향락이다. 그렇다면 프로이트나 1970년대 이전의 라캉이 다루었던 증상, 즉 은유로서의 증상은 저 "향락의 침입"이 반복된 결과로 생긴 2차적인 파생물이라고 할 수 있다.

이와 같은 새로운 증상론은 'S$_1$→S$_2$'라는 간결한 식으로 바꾸어 쓸 수 있다. S$_1$이란 증상의 뿌리(핵)에 있는 향락을 말하고, 이 향락은 이것을 만들어 낸 신체의 사건에 대한 충격 때문에 끊임없이 반복된다. 그리고 S$_1$에 추가되는 것이 S$_2$이다. 이 S$_2$는 시니피앙을 연쇄시켜 은유적인 의미를 산출하게 된다. 결국 우리가 지금까지 익숙해져 있던 '무엇인가를 말하고 있는' 은유적인 증상이란 S$_2$를

---

* 1961−62년 세미나인 9권 『동일시L'identification』에서도 "유일한 특징" 개념이 반복적인 '하나un'와 연결되고 나아가 이 '하나'는 '순수 차이'로서 설명되기도 하지만, 라캉은 이것을 아직 증상론과 연결시키지 않는다(S9, 59A). 1971−72 년 세미나인 19권 『…혹은 더 나쁜』에서 '일자'의 개념은 일자론hénologie이라는 구상하에 재검토되지만, 그때도 '일자'는 '순수 차이'와 연결되어 있다. 여기에는 들뢰즈의 『차이와 반복』의 영향이 있었을 것으로 보인다.

말하는 것이며, 그 근저에 있는 S_1은 증상의 또 다른 측면인 반복적인 향락이 새겨진 "단 하나뿐인 '일자'"의 시니피앙이다.

2011년 『'존재'와 '일자'』에서 밀레는 이 S_1을 앞 절에서 소개한 의존증과 연결하기에 이른다. 다소 길기는 하지만 『'존재'와 '일자'』에서 대단히 중요한 구절을 인용해 보도록 한다.

> 라캉은 이러한 발견의 궤적에서 거세라는 단어를 사용하고 있지 않습니다. (…) 라캉은 그저 돌연한 변조, '일자l'Un'가 향락의 문제를 발생시키고 있다고 할 뿐입니다. 신체의 향락 그 자체는 항상적인 것이라고 여겨지지만, 이는 동물의 향락이나 나아가 식물의 향락에 대하여 상상하는 것과 마찬가지이며, 그 향락이란 조화를 이룬 것입니다. 또한 언어가 향락의 이러한 (조화를 이룬) 영역에 도입됩니다─프로이트는 이를 거세라고 명명했지만, 라캉은 거세를 포함한 보다 넓은 말로서 망각될 수 없는 향락의 침입에 대한 기억을 붙잡아 두는 '일자'의 반복la répétition du Un qui commémore une irruption de jouissance inoubliable이라는 말을 사용하고 있습니다. 이러한 침입 이후에 주체는 반복의 사이클로 연결됩니다. 이 반복의 심급은 쌓이지 않으며 반복의 경험은 어떠한 것도 가르쳐 주지 않습니다. 이와 같은 향락의 반복은 오늘날에 와서 의존증addiction이라고 불리고 있습니다. 왜 의존증이라고 부르는지를 묻는다면, 그것은 가산addition하는 것이 아니기 때문이며, 경험이 집적s'additionner되지 않기 때문입니다. (…) 반복적

인 향락, 의존증이라고 불리는 향락, 또한 라캉이 바로 생톰이라고 불렀던 것은 의존증의 수준에 있습니다. 이러한 반복적 향락은 '일자'의 시니피앙, S_1 이외의 것과는 관계를 갖지 않습니다. 결국 지식知을 대리 표상하는 S_2와는 일절 관계가 없는 것입니다. 이런 반복적인 향락은 지식의 외부hors-savoir에 있으며, S_2 없이 S_1을 사용함으로써 신체를 자기-향락auto-jouissance하는 것이나 다름없습니다. S_2의 기능을 완수한다는 것, 이와 같은 S_1으로서 타자의 기능을 수행하는 것은 신체 그 자체입니다. 이렇게 알 수 없는 향락을 라캉이 엿볼 수 있게 해준 것은 『앙코르』 세미나에서 전개된 여성의 섹슈얼리티 연구였습니다. 그 후 라캉은 그러한 향락을 남성에게서도 발견하게 됩니다. 말하자면 그 향락은 팔루스 향락이라는 허세 속에 감추어져 있는 것이었습니다. 이 향락은 팔루스 향락을 통과하지 않기로 선택한 남성에게도 명확히 나타납니다. 예를 들면 이것은 신비주의적인 남성에게서 볼 수 있는 금욕의 결과입니다. 또한 이런 향락은 조이스와 같은 사례에서도 나타나고 있습니다(밀레 2011a; 2011년 3월 23일 강의).

다소 과장된 선언일지 모르지만 밀레에게 은유적인 의미를 가진 증상(S_2)은 이미 더 이상 문제가 되지 않으며, 그 뿌리에 있는 의존증적으로 반복되는 향락(S_1)이야말로 정신분석의 밑천이 됨을 알 수 있을 것이다. 더불어 그는 "모든 사람은 광인이다Tout le monde est fou"(라캉 1979)라는 라캉의 언명을 "모든 사람은 트라우마화되어 있다tout le monde est traumatisé"로 바꾸어 읽으면서 우리 인간은 모두 '일자'의 트라우마를 반복하고 있다는 입장을 취하게 된다(밀레 2010b; 2010년 3월 17일 강의). 다시 말해 만년의 라캉이 모든 인간을 정신병의 모티브로서 상대화했다고 한다고 하면, 최근의 밀레는 모든 인간이 *의존증*(또한 의존증과 똑같이 S₁의 순수한 반복을 보여 주는 *자폐증*) 내지 *트라우마의 피해자*라는 모티브로 삼아 상대화하고 있다*.

이와 같은 현대 라캉주의의 논의에서는 이미 증상의 *의미*를 해독하고 그 의미를 환자에게 부여하는 것의 중요성이 약해지고 있다. 오히려 증상이 완전히 신체에 관련되는 국면, 즉 증상이 갖는 반복적인 향락의 측면에 분석가가 주목해야 한다고 하고 있다.

다만 이는 시니피앙을 중시하는 해석이 더 이상 필요하지 않다는 말은 아니다. 시니피앙은 여전히 라캉주의의 실천에서 중요성을 그대로 유지하고 있기 때문이다. 그러나 현대적인 증상 해석은 시니피앙으로 의미를 추가하는 것이 아니라 오히려 *의미를 삭감*

---

* 라캉적 '일자', 즉 '하나뿐인 일자'로서의 향락의 양상에 대한 존재를 문제시할 때, 그 유명한 "성관계는 없다"라는 테제는 인간이 품고 있는 근본적인 결여를 단지 비관적으로 이야기한 것이 아니라는 점은 분명하다. 밀레가 지적하고 있듯이, 라캉이 세미나 19권인 『…혹은 더 나쁜』에서 도입한 "일자가 있다Y'adl'Un"라는 말은 "성관계는 없다"의 상관물corrélatif인 셈이다(밀레 2011a; 2011년 3월30일 강의). 결국 성관계가 있을 리가 없다는 불행은 '일자'적인 의존병적인 향락을 백치白痴와 같이 반복해 가는 행복과 모순되는 것이 아니라 양립할 수 있다. 라캉이 "주체는 언제나 행복하다"(AE526)고 주장하는 것은 분명 양립 가능성을 말하는 것으로 여겨진다. 또한 라캉은 그가 "라랑그"라고 부르는 것을 "성적 향락에서 벗어나는 상관물corrélative de la disjonction de la jouissance sexuelle"로 간주하고 있다(라캉 2011a. p. 74).

*하*는 방향에서 시니피앙을 사용할 필요가 있다. 즉, 이미 존재하는 증상에 대하여 별도의 의미를 덧붙여 의미의 포화 상태를 만드는 것과는 반대로, 오히려 증상이 갖는 의미를 한 꺼풀 벗겨 내어 모든 주체에게 존재하는 원초적인 무의미의 시니피앙(요소 현상 phénomène élémentaire)으로 거슬러 올라가 신체의 수준에서 향락을 다루는 것이 현대 라캉주의가 해석에서 진력하는 주안점이다.

밀레(1996)는 이와 같은 현대적인 해석을 "역방향의 해석 interprétation à l'envers"이라 명명하고 증상에 의미를 추가하는 순順 방향의 해석과 구별하고 있다(물론 이와 같은 해석 기법은 1964 년 라캉 자신이 "해석이란 주체에게서 무의미의 핵을 추출하는 것이다"(S11, 226/338)라고 말했듯이 비교적 이른 시기의 라캉 이론에 배태되어 있었다). 이처럼 역방향의 해석이야말로 주체를 스스로의 향락을 향하여 되돌아가게 하고 실재계에서 신체의 사건을 다룰 수 있도록 해 주는 기법인 셈이다. 이러한 해석으로부터 도출되는 것은 그 누구와도 다른 주체에게 고유한 향락의 양상mode, 즉 "하나뿐인 '일자'"라고 불리는 고립된 향락의 모습이며, 다른 시니피앙 S_2로부터 떨어져 있는 '단 하나뿐인 시니피앙 S_1'으로서의 요소 현상이다.* 그리하여 주체는 자신에게 고유한 향락의 양

---

* 이처럼 다른 것으로부터 독립적인 향락으로서의 "하나뿐인 '일자'", 다른 것으로부터 떨어져 나온 시니피앙 S_1의 모습은 지바가 말하는 "비의미적인 절단"과 비교해 볼 가치가 있을 것이다. 왜냐하면 그것들은 분명히 인과성의 절단면이기 때문이다. 다만, 지바가 들뢰즈로부터 도출한 세계관이 "전면적으로 인과적이지 않고, 도처에 절단이, 비의미적 절단이 있는 세계사, 자연사의 철학"(지바 2013, p. 278. 강조는 인용자)인 한에서, 각각의 주체에 있어 비의미적 절단을

상과 "친해지는savoir y faire" 것, 혹은 향락의 양상을 변경할 가능성으로 유도된다. 밀레(2011c)가 말하듯이 현대 라캉주의에서 '증상을 읽는다'는 것은 증상의 *의미*를 듣는 것이 아니라 오히려 증상의 *무의미*를 *읽는* 것을 뜻한다.

츠이키도 소개했듯이, 1970년대의 라캉에 의해 '생톰' 개념이 도입된 이래로 라캉주의는 "증상의 '의미론'(증상이 무엇을 의미하는가를 해독하는 것)으로부터 '어용론'(증상이 무엇에 도움이 되는지를 규명하는 것)으로의 이동"의 이론화에 전념하고 있다. 앞에서 서술한 다양한 논의가 이루어져 왔다는 사실이 요컨대 그 결과이다. 이러한 증상에 대한 이론은 조이스와 같이 우리를 난처하게 만드는 전대미문의 글쓰기écriture를 그의 생톰으로 포착할 수 있도록 해 주었다. 이러한 사실로부터 창조성에 관한 새로운 논점이 나타날 수 있을 것이다.

6. 무의식으로부터 멀리 떨어져 ― 무의식과 '말하는 존재'

앞 절에서 소개한 '증상'의 개념에 대한 갱신은 나아가 '무의식' 개념도 갱신할 수 있도록 해 주었다. 증상의 두 가지 개념은 시니피앙(S_2)에 의해 구성되어 은유적인 증상을 낳는 상징적인 무의식과 '일자'의 트라우마적인 시니피앙(S_1)이 의존증적으로 반복되는

하나의 신체에 대한 사건이라고 말하는 라캉주의와는 차이를 보이고 있다.

새로운 무의식이라는 두 개의 '무의식' 개념이 등장할 수 있게 해주었다.

밀레는 2006−7년 강의 『마지막 시기의 라캉Le tout dernier Lacan』에서 이러한 두 가지 무의식을 각각 "전이적 무의식inconscient transférentiel"과 "실재적 무의식inconscient réel"이라고 명명한다(밀레 2007; 2007년 1월 10일 강의). 전자의 전이적 무의식은 프로이트가 다루었던 시니피앙에 의해 구성되는 무의식이며, 후자의 실재적 무의식은 라캉이 발견한(혹은 프로이트 안에서 찾아낸) 무의식이다. 물론 라캉 자신도 『정신분석의 네 가지 기본 개념』에서 무의식을 시니피앙의 보고宝庫로서가 아니라 균열로서, 즉 실재계로서 파악하고 있었다는 점은 앞에서 말한 바와 같다. 하지만 그때의 실재계란 박동拍動하듯이 나타나는 진리와 관련된 것이었다. 밀레가 말하는 실재적 무의식은 오히려 진리가 아니라 향락을, 특히 '일자'의 향락을 다루려고 했다는 점에서 그 참신함이 있다.

실제로 1973년 『텔레비지옹Télévision』에서 밀레가 라캉을 향해 '무의식'이라는 개념은 "무언가 이상한 말 같군요!"라고 *매도*하자, 라캉은 "프로이트가 그것(무의식)보다 좀 더 그럴싸한 말을 발견하지 못했다고 해서 그곳으로 돌아갈 필요는 없습니다"라고 답변하고 있다(AE511). 1970년대 라캉은 무의식이라는 개념이 더 이상 필요하지 않다고 간주하기 시작한 것이다. 이러한 구상─즉, *무의식의 용도 폐기(!)**─는 1975년에 쓴 「증상 조이스 Joyce le

---

* "정신분석의 종결에서 기대할 수 있는 최고의 점에 직접 도달했다"(AE11)

Symptôme」에서 '무의식'을 치환하기 위해 "말하는 존재parlêtre"라는 새로운 개념이 도입되면서 완성된다(AE565). 그리고 이 "말하는 존재"야말로 밀레가 실재적 무의식이라고 부른 바로 그것인 셈이다.

이렇듯 상징적 내지 전이적 무의식과 실재적 무의식이라는 두 가지 무의식의 대립은 보다 간단하게 '무의식'과 '말하는 존재'로 대립시켜 표현할 수 있을 것이다. 전자(무의식)는 시니피앙의 연쇄가 낳은 은유나 진리와 연관되며, 후자(말하는 존재)는 향락('일자'의 향락)과 관련된다. 좀 더 덧붙여 본다면 무의식의 형성물, 즉 시니피앙에 의해 형성된 것으로서의 증상은 전자(무의식)의 수준에서의 증상이며, 생톰은 후자(말하는 존재)의 수준에서 신체의 사건으로서의 증상인 셈이다.

또한 밀레는 대담하게도 다음과 같이 이 *말하는 존재라는 영역에서 정신분석의 미래를 발견하려* 하고 있다.

무의식을 분석할 때 해석의 의미란 진리를 말합니다. 말하는 존재, 말하는 신체le corps parlant를 분석할 때 해석의 의미란 향락을 가리킵니다. 진리에서 향락으로의 이동은 말하는 존

고 라캉이 절찬한 제임스 조이스는 창작 행위를 통해서 "무의식의 구독 정지 désabonnement"를 실행했다고 일컬어진다(S23. 166). 이런 의미에서 조이스 역시도 상징적 내지 전이적 무의식(S₂)에 관련되는 것을 *멈추고* '일자'의 시니피앙, 특이적=단독적인 향락과 분리될 수 없도록 연결된 라랑그(S₁)에 관계하는 체제로 이행함으로써 무의식으로부터 말하는 존재로 이행했다고 볼 수 있다.

재의 시대에서 분석 실천에 대한 미래의 척도를 가져옵니다 (밀레 2014a).

만년의 라캉과 밀레가 규정하는 '무의식'의 개념에 대한 이와 같은 쇄신(혹은 폐기)을 반反프로이트적인 행동이라고 말해야 할까? 이를 콜레트 솔레Colette Soler(2009)의 표현을 빌려 "재발명된 무의식l'inconscient réinventée"이라 할 수 있을지도 모른다. 어떤 식으로 표현한다 할지라도 이러한 변화가 지금까지 무의식을 다루어 왔던 정신분석에게 결정적인 전환점이 될 것은 틀림없는 사실이 리라.

한편 증상에서 생톰으로, 무의식에서 말하는 존재로 향한 일련의 이행 속에서 과거에 우월한 위치에 있었던 상징계가 격하되는 대신에 종종 실재계가 중시되는데, 최근 수년에 걸쳐 밀레가 오히려 '상상계로의 회귀'라고 할 법한 이론을 발표하고 있음은 주목할 만하다.

2016년 4월에 부에노스아이레스에서 개최된 세계정신분석협회 제10차 대회에서 밀레는 「아베아스 코르푸스Habeas Corps」라는 제목으로 발표를 가졌다. '신체를 보호한다'라는 의미에서 변용되어 *붙잡힌 몸을 해방시킨다*는 의미를 갖는 이 라틴어는, 지금까지의 일련의 논의 안에서 신체라는 것이 충분히 다루어지지 않았다는 점에 관한 재고를 촉구했다. 밀레에 의하면, 무의식(상징적 내지 전이적 무의식)은 순수 논리학에 속하는 것이고, 전기 라캉의 작업인 『에크리』는 이 무의식에 대하여 엄밀하게 말하려는 것이었다. 하지만 후기 라캉의 가르침은 오히려 순수 논리학을 부인하고 단념하며 철회한 지점에서 시작한다. 밀레는 이러한 이행을 루트비히 비트겐슈타인의 전기 작업인 『논리철학 논고Tractatus Logico-Philosophicus』의 논리 실증주의와 후기 작업인 『철학 탐구Philosophische Untersuchungen』(1953)에 등장하는 삶의 형식Lebensform의 철학과의 대비에 빗대어, 라캉도 전기에는 논리학에 주목했고 후기에는 신체의 향락에 주목하게 되었음을 지적하고 있다(밀레 2016).

7. 새로운 발판脚立 —승화의 새로운 패러다임

생톰으로 이르는 증상 개념을 재검토하면서 정신분석에서 예술 창조의 패러다임 역시도 새로운 모습을 갖게 된다. 프로이트 시대로부터 예술 창조는 "승화sublimation"라는 개념으로 이해되어 왔지만, 밀레는 라캉이 「증상 조이스Joyce le Symptôme」에서 처음 사용한 용어인 "발판escabeau"을 승화의 새로운 패러다임으로 정초하고 있다.

> 생톰 옆으로 제가 배치한 이 단어는 '발판'이라는 말입니다. 이 말을 저는 「증상 조이스」에서 빌려 왔습니다—스페인어였다면 escabel이었겠지요. 발판은 사다리와는 다릅니다. 발판은 사다리보다는 작지만 단이 설치되어 있습니다.

발판은 무엇일까요. 나는 정신분석적인 발판을 말하려고 하는 것이며 도서관에서 책을 꺼내는 데 필요한 발판 같은 것을 말하는 것은 아닙니다. 일반적으로 말해서 발판이란 스스로를 아름답게 하기 위해 말하는 존재가 그 위로 기어 올라가는 것을 의미합니다. 이는 말하는 존재가 그 자신을 '사물la Chose'의 존엄함으로 고양시킬 수 있도록 해 주는 받침대입니다. (독서대인 작은 연단演壇을 가리키며) 바로 이와 같은 것인데, 예를 들어 이것은 나에게는 작은 발판이라고 할 수 있습니다. 발판이란 횡단적인 개념입니다. 이는 다채로운 방법으로 프로이트의 승화를 번역해 줄 수 있는데, 그것은 나르시시즘과 교차하는 가운데서 이루어질 것입니다.(밀레 2014a)

세미나 7권『정신분석의 윤리』에서 "대상을 '사물'의 존엄으로까지 끌어 올린다"라는 어려운 시도로서 정의되었던 승화는 여기서 다소 다른 의미를 부여받고 있다. '승화' 개념은 종종 '숭고 sublime'와 관련되어 다루어지지만, 라캉은 언어유희를 통해서 '발판'을 "S. K. beau"라고 부르며 승화를 미美와 관련짓는다.* 또한 이 발판은 나르시시즘과 연관되어 발판이라는 작은 받침대 위에 올라 자신을 아름답게 보이게 하는 함의를 지니게 되며, 그런 의미에서 '연단'이라고도 번역할 수 있다. 나르시시즘이 긍정적인

---

* 라캉의 말장난으로 발판이라는 에스크보escbeau의 발음을 분절하여, "에스 크 보est ce que beau?"로 읽으면, "미란 무엇인가?"라는 의미가 만들어진다.—옮긴이

문맥에서 논의되는 이러한 사실은 라캉주의에서 이례적인 일일 것이다.

밀레(2014b)는, 라캉이 조이스의 『피네간의 경야Finnegans Wake』에 그토록 매료되었던 것은 이 작품이 증상과 발판을 지렛대/속임수tour de force/tour de farce로 한 점에 수렴하고 있기 때문이라고 말한다. 이와 같은 현대 라캉주의의 예술론의 사정거리가 아직 미지수이기는 하지만, 앞으로 어떻게 전개될지 기대되는 바이다.

8. 남성 측의 도식에서 여성 측의 도식으로

지금까지 상징 질서와 상징계, 임상 형태, 섹슈얼리티, 증상, 무의식, 승화라는 각각의 관점에서 현대 라캉주의의 논의를 특히 밀레의 시각에서 개관해 왔다. 물론 이는 포괄적이라고 하기에는 거리가 먼 스케치 정도였지만 현대 라캉주의의 대략적인 방향성만은 전달했다고 생각된다.

그런데 이렇게 다양한 영역에서 일어난 현대 라캉주의의 이론적 전회를 종합적으로 이해할 수는 없을까. 필자가 보기에 이러한 일련의 움직임은 라캉이 1972–73년 세미나 20권 『앙코르』에서 제시한 '성별화 공식formules de la sexuation'의 남성 측의 공식에서 여성 측의 공식으로의 이행과 깊은 관련이 있다고 생각된다.

이를 확인해 보자. 라캉의 성별화 도식은 남성 측 도식과 여성 측 도식으로 구성되어 있다. 이 도식을 발명함으로써 유일한 예외

를 통해 보편을 구축하여 안정화시켰던 당시까지의 고전적인 라
캉 이론은 남성 측 도식 안으로 수용되었다. 또한 남성 측 도식에
서는 하나의 예외를 둠으로써 "전체tout"라는 것을 생각할 수 있게
해 주는 논리가 표현되어 있다. 예를 들어 프로이트가『토템과 터
부Totem und Tabu』에서 제시했던 원초적 아버지의 신화에서는, 어
떤 원시 부족에서 강대한 힘을 지녔던 원초적 아버지가 *모든 여
성*을 소유한다고 여겨졌다. 이 원초적 아버지는 부족 안에서 단지
혼자만 거세되지 않았기에($\overline{\Phi x}$) 다른 *모든 남성*에 대하여 예외의
위치를 차지하고 있다. 또한 이러한 예외적 존재가 보편('모든 여
성', '모든 남성')을 안정화시키는 것이었다. 참고로 아즈마 히로키
가『존재론적, 우편적存在論的,郵便的』(1998)에서 비판의 대상으로
삼았던 소위 '부정신학적'인 라캉, 즉 단 하나의 결여 = 예외를 통
해서 상징 시스템 전체를 안정화시킨다는 라캉의 모습은 이러한
남성 측 도식에 속해 있었다고 생각된다.

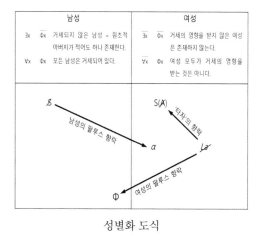

성별화 도식

다른 한편, 여성 측 도식의 논리는 이와 같은 보편('전체')의 존재를 허용하지 않는다(보편의 양화量化자 'Ɐ'가 부정되어 'Ɐx'로 표기되는 것은 이러한 이유 때문이다). 남성 측 도식에서의 패러다임이 원초적 아버지의 신화였다면 여성 측의 패러다임은 돈 후안Don Juan이다. 라캉은 1962–63년의 세미나 10권 『불안L'angoisse』에서 이미 돈 후안이 "여성의 꿈"이었다는 것을 언급하면서 남성과는 다른 여성적 향락의 모습에 주목하는데, 『앙코르』에서 다룬 여성 측의 논의에서 돈 후안이 중요한 것은 "여성들을 한 사람 한 사람씩une par une 다루고 있"(S20,15)기 때문이다. 돈 후안은 모든 여성을 소유하는 원초적 아버지처럼 여성을 하나의 집단으로서 다루는 것이 아니라 만나는 여성을 언제나 새로운 플러스 1로서 취급한다. 결국 그에게 여성이란 "전체가 아닌pas-tout", 즉 '전체'라는 보편(집합)을 형성할 수 없는 것이었다. 이러한 논리에서는 더 이상 보편을 성립시키는 예외가 필요치 않다.*

정신분석가 마리 엘렌느 브루스는 전-중반기 라캉에서 후기 라캉으로의 이행을 보편을 가능하게 하는 남성 측 도식에서 더 이상 보편이 불가능한 여성 측 도식으로의 이행으로 볼 수 있다고 말

---

* 일찍이 프로이트는 리비도는 하나밖에 없으며 이것은 남성적인 리비도라고 말했다. 결국 팔루스(페니스)로 향락을 얻는 남성과 마찬가지로, 여성 역시 페니스 선망을 개입시켜서 남성의 성기관과 관련지음으로써 향락을 취한다고 프로이트는 생각한 것이다. 라캉은 성별화 도식을 통해서 이러한 프로이트의 생각을 갱신하고 있다. 즉, 남성은 통상적으로 팔루스 향락만을 취할 수밖에 없지만, 여성은 팔루스 향락(페니스 선망)만이 아니라 팔루스 향락이 아닌 '또 다른' 향락'도 취할 수 있다고 생각했다. 다만 3장에서 검토하겠지만, 남성에게도 '다른' 향락을 얻을 가능성이 없는 것은 아니다.

한다.

후기 라캉을 읽어보면 라캉이 (정관사 le, la가 붙은) 보편
적인 것을 점점 (부정관사인) 'un, une'로 치환하고 있음을 발
견할 수 있다. 예를 들어 남성다운 것l'homme, 여성다운 것la
femme이 어떤 남성, 어떤 여성, 어떤 해결책, 어떤 증상, 어떤
이름으로 치환된다. 이러한 이행은 완전하며 조직화된 범위
의 보편성으로부터 부정성, 비완전성으로 나아간다. (…) 이
러한 'le, la'는 정해진 집합을 참조한다는 것이 집합의 외부에
있는 하나의 점의 존재를 요청함을 함의하고 있다. 라캉은 이
점에 관하여 논리학을 원용한다. 'le, la'를 이용한다는 것은 집
합의 기능에 대하여 예외를 이루는 하나의 점이 존재하도록
하는 것이다. 여기에서 『앙코르』에서 제시된 성별화 도식의
표 좌측 부분을 발견할 수 있다. 이 식은 남성적 기능에 대응
한다. (…) 이러한 것은 정신병이 더 이상 예외와 관계된 유일
한 심적 조직화가 아님으로 귀결된다(브루스 2009).

후기 라캉은 정관사를 가능하게 만드는 예외와 보편의 논리(남
성 측 도식)로부터 더 이상 정관사나 보편이 성립하지 않는 논리
(여성 측 도식)로 이행한다. 후자의 논리에서는 보편이 있을 수 없
기에 부정관사를 사용하여 하나씩 세어갈 수밖에 없다. 이것이 이
번 장에서 개관했던 다양한 논의들의 총체적인 경향을 잘 설명해
준다. 즉, '아버지'에 대해서는 대문자로 쓸 수 있는 유일한 '아버

지의 이름le Nom-du-père'으로부터 '복수형의 아버지의 이름les Nom-du-père'으로의 이행으로, 또한 향락과 증상에 관해서는 결여를 기반으로 한 섹슈얼리티/증상으로부터 개인 저마다에게 특이적인 향락의 양상/생톰으로의 이행으로 이해할 수 있다. 그리고 전자와 후자의 라캉 이론이 대립한다기보다는, 전자는 고전적인 특수 형태에 대한, 후자는 전자를 포함하는 보다 일반화된 형태에 대한 이론으로 자리매김할 수 있을 것이다.

나아가 브루스는 보통정신병도 예외와 보편의 논리(남성 측 도식)에서 보편이 성립하지 않는 논리(여성 측 도식)으로 이행한다고 말한다.

자크 알랭 밀레가 슈레버의 예를 들면서 "유별난 정신병"이라고 했던 것을 다루어 보자. 유별난 정신병은 황당한 망상을 특징으로 한다. 그러한 망상은 어떤 시니피앙이 결여되어 있는 장소에 상상계를 가지고 대처하기 위해 구성되는 것이다. 이 경우 주체는 자기에게 결여되어 있는 예외, 즉 결여되어 있는 '명명하는 아버지'라는 예외를 몸으로 받아들이는 일에 투신한다. 이런 식으로 슈레버는 신에게 결여된 '여성적인 것'이 된다. (…) 이런 예외적인 위치는 우리가 '유별난 정신병'이라고 부르는 것에 상응한다. Φx가 아닌 x가 하나 존재한다는 공리를 지탱해 주고 있는 것이 문제가 되는 것이다 ($\exists x\, \overline{\Phi x}$). 우리의 첫 가설에서는 보통정신병이 이와 같은 예외를 원리로 하는 방법과는 관계가 없다고 본다. 보통정신병에서 환자는 상징적 조직화에 결여되어 있는 예외의 기능을 스스로 받아들이려 하지 않는 것이다. 때문에 보통정신병에서 '보통ordinaire'이란 예외적인 것이 아니라 '공통의', '평범한'이라는 의미이며, 이는 한나 아렌트의 '악의 평범함banality'이라는 표현에 담긴 의미와 같다(브루스 2009).

슈레버와 같은 정신병자는 스스로 예외의 위치를 받아들인다. 즉, 그들은 원초적 아버지와 일체화하는 것이다. 하지만 보통정신병에서는 더 이상 이러한 예외가 작동하지 않는다. 기괴한 망상 체계를 만드는 유별난 정신병으로부터 커다란 이상異常이 눈에 띄지는 않는 보통정신병으로의 이행 역시 남성 측 도식에서 여성 측 도식으로 이행하는 것과 관련 지을 수 있다.

마지막으로 시사점을 얻을 수 있는 것은 지바가 『너무 움직여서는 안 된다』에서 지적했던 들뢰즈와 가타리의 생성 변화론에서 레토릭이 갖는 양면성, 즉 "단일한 x로의 수렴으로서의 '만물제동萬物齊同의 익명성'"과 "복수의 x, y, z……라는, '구별할 수 있는 익명성'"(지바 2013, p. 67)이라는 두 가지 극으로 향하는 분화는 이러한 라캉의 남성 측 도식과 여성 측 도식 각각의 논리와 더없이 유사하다. 들뢰즈와 가타리가 말하는 '여성으로의 생성 변화'가 정관사가 붙은 여성, 즉 슈레버와 같이 '신의 여자'라는 *예외*적인 존재가 되는 것이 아니라 "다른 방식이 되는 것, 새로운 존재의 구조를 취하는 것", 즉 'n개의 성'이라는 형태로만 존재하는 것이라고 한다면, 우리는 현대 라캉주의의 시점에서 또다시 후기 라캉과 들뢰즈(와 가타리)의 대결이라는 문제를 재고할 필요가 있을 것이다(마쓰모토 2015). 이 점은『너무 움직여서는 안 된다』가, 마찬가지로 남성 측 도식(부정신학 시스템)과 여성 측 도식(우편=오배달 시스템)을 대치시켰던『존재론적, 우편적』의 후계적 위치를 차지하고 있다는 사실을 입증해 준다.

어찌 되었든, 근대 정신의학에서 출발하여 프로이트와 라캉을 거쳐 현대 라캉주의에 이르기까지의 발걸음을 개관했던 우리는 마침내 원래 있었던 자리에서 멀리 떨어진 곳까지 오게 되었다.

정신분석을 근대 이후에 나타난 '인간'의 시대가 가진 한계와 연관되는 것으로 보고 그 성립의 역사적 조건을 명확하게 밝혔던 푸코(1966)는 그 '인간'의 시대가 멀지 않은 장래에 종언을 맞이할 것이라고 예고했다. 그의 예언으로부터 50년이 지난 현재, 정신분석의 고전적인 논의 모두를 새로이 덧칠하고 있는 현대 라캉주의의 논의는 '인간'의 시대의 종언을 드러내는 듯한 불길함마저 풍기면서 우리에게 다가오고 있다.

현대 라캉주의의 일련의 작업은 '인간의 종언'에 대한 최후의 *몸부림*은 아닐까? 그렇지 않다면 그들은 '포스트 정신분석적 인간'의 시대에 대응하는 정신분석을 발명하려는 것은 아닐까? 아마도 후자일 것이다. 하지만 광기보다는 건강과 손을 잡으려고 하는 작금의 정신의학이나 정신요법에 대하여 그러한 논의가 얼마나 충만한 가능성을 가졌는지는 아직 미지수이며, 앞으로의 임상적 검토와 더불어 서서히 그것들과의 차이를 어떻게 확보할 것인지가 과제가 되지 않을까 생각한다.

제2장 4(+1)개의 디스쿠르에 대하여
마르크스에서 자본주의 디스쿠르로

1. 디스쿠르discours란 무엇인가?

이번 장에서는 라캉이 1968-73년에 걸쳐서 '디스쿠르(말을 주고받음, 대화, 쓰인 것)'라는 개념을 사용하여 다양한 사회적 관계를 분석하려고 했던 시기의 논의를 중심으로 라캉의 디스쿠르 이론의 개략과 자본주의와 노동의 관계, 그리고 현대적인 '우울'과의 관계에 대하여 논하고자 한다.

먼저 이 시기 라캉의 발자취를 개관해 보자. 라캉은 1968-69년 세미나 16권 『어떤 타자로부터 타자로D'un Autre à l'autre』에서 카를 마르크스의 잉여가치론을 다루는데, 이것이 디스쿠르 이론의 기반이 된다. 뒤이어 이듬해 세미나 17권 『정신분석의 이면』에서 디스쿠르는 주인 디스쿠르, 대학 디스쿠르, 히스테리증자 디스쿠르, 분석가 디스쿠르라는 "네 가지 디스쿠르quatre discours"로 크게 구분되어 정신분석과 그 주변 담론의 양태가 가진 패턴을 유형화한다. 이들 디스쿠르를 이해함은 사회 속에서 어떠한 대화가 이루어지는가를 밝히고, 그것을 뒤집어 정신분석의 현장에서는 어떠한 대화가 이루어지고 있으며 어떠한 대화가 이루어져야 하는가에 대한 탐구로 이어진다.

1972-73년(『이탈리아에서의 라캉』 외)에는 다시금 현대적인 자본주의 분석이 시도되어 새로이 다섯 번째 디스쿠르인 '자본주의 디스쿠르'가 추가된다. 뒤에서 설명하겠지만 '+1'로 추가된 이 디스쿠르는 우리가 살고 있는 현대 자본주의 사회의 구조, 또한 거기에서 귀결되는 "자본주의 속의 불만"(Sauret 2009) 혹은 현대적인 '우울'의 문제에 접근하는 하나의 관점을 제시해 준다.

그렇다면 라캉이 말하는 '디스쿠르'란 도대체 무엇일까? 라캉은 "모든 주체의 결정, 그리고 사고의 결정은 디스쿠르에 의존한다"(S17, 178)고 말한다. 결국 그는 이 술어를 사용하여 "사회를 지배하고 있는 것, 다시 말해서 언어(langage, 언어 활동)의 실천"(S17, 239)이 무엇인지를 밝혀내려 하고 있다.

하지만 디스쿠르 이론은 사회학에서 담화discours 분석처럼 각각의 인간이 어떤 식으로 말하고 있는가(실제로 언어가 사용되는 방법)만을 문제 삼지는 않는다. 라캉이 디스쿠르라는 술어를 사용하여 논하려고 한 것은 그저 실제의 발화만이 아니라 교육이나 경제 활동 또는 다른 상징적 행위, 더 나아가서는 (타자를 향한) 신경증자가 가진 증상의 모습이기도 하다. 이 모두가 언어를 사용하여 타자와 어떠한 방식으로 관련을 맺으려고 하는 것이기에 디스쿠르란 개인을 사회에 연결시키는 사회적 유대lien social이기도 하다 (S19. 42/S20, 21). 라캉은 이러한 광의의 언어활동이 진리나 지식과 어떠한 관계를 맺으며 다양한 주체를 사회 안에서 어떤 식으로 위치시킬 수 있는지를 문제시하고 있다.

오해를 감수하고 말한다면, 라캉의 디스쿠르 이론은 정신분석을 *사회*에 응용한 것이라고 할 수 있으리라. 실제로 '68년 5월'에 학생운동이 확산되면서 노동자가 일제히 파업을 일으켰을 때 소르본 대학의 칠판에 "구조는 거리를 행진하지 않는다"라는 말이 쓰여 있었다는 사실이 상징하듯이, 이 시기의 사상가들은 실제 사회나 정치 상황에 관하여 어떤 식으로든지 태도를 표명해야 한다는 요구를 받고 있었다. 1968년 11월에 개강한 세미나 『어떤 타자로부터 타자로』, 그리고 이듬해의 세미나인 『정신분석의 이면』은 '68년 5월'에 대한 라캉 나름의 대답이라는 측면도 있는 셈이다.

2. 잉여가치와 잉여향락

세미나 『어떤 타자로부터 타자로』의 논의를 살펴보자. 디스쿠르 이론은 마르크스(잉여가치설)에 대한 독자적인 독해로 시작한다.*

---

* 라캉이 의대생이었던 20세 때 지하철에서 『자본론』을 읽었고, 그때 마르크스의 잉여가치설에 감명을 받았다고 한다(S16. 64).

마르크스의 논점은 다음과 같다. 자본주의 경제에서 모든 상품은 등가교환이 이루어진다. 즉, 어떤 상품과 다른 상품이나 화폐의 교환이 이루어질 때 양자의 가치는 동등하다고 생각된다. 마찬가지로 노동자는 자신의 노동력을 상품으로서 자본가에게 매각하여 그 대가(임금)를 받는다. 이 매각은 통상 노동자 자신의 자유의지에 따라 행해지는 등가교환임에도 불구하고 노동자는 착취당한다. 왜냐하면 노동력의 사용가치인 노동으로 만들어지는 가치는 노동력의 가치보다도 커지기 때문이다. 이렇게 증식된 부분의 가치가 잉여가치plus-value라고 한다. 노동력이라는 상품은 그 사용가치를 넘어서는 잉여가치를 생산할 수 있는 특수한 상품이며, 자본가는 그 잉여가치를 노동자로부터 착취하고 그것으로 자본을 증식시켜 나가는 것이다.

라캉은 이러한 잉여가치의 논리로부터 그가 잉여향락plus-de-jouir이라고 부른 것을 도출해 낸다.

주체란 어떤 시니피앙에 의해 또 다른 시니피앙이 대리 표상되는 것입니다. 이는 마르크스가 독해한 내용 안에서, 다시 말해 경제적 현실 안에서 교환가치의 주체가 사용가치를 대리표상하고 있다는 사실을 모방하고 있는 것이 아닐까요? 이런 (교환가치와 사용가치의) 부정합faille 안에서 잉여가치라 불리는 것이 생산되어 떨어져 나갑니다. 우리의 수준에서 이런 상실 이외의 것은 생각할 수 없습니다. 자기 자신과 동일하지 않은 주체는 더 이상 향락을 하지 않습니다. (여기서는) 무엇

　　　　　　　　　　　　　　제1부 이론

인가가 상실되어 있으며, 그것을 잉여향락이라고 합니다. 이것은 그 이후의 사고 전체를 결정하는 것이 작동하기 시작하는 것과 긴밀히 관련되어 있습니다(S16, 21).

　여기서 라캉은 마르크스의 잉여가치론을 자신의 용어를 사용하여 바꾸어 읽고 있다. 주체(S)가 노동시장(상징계)에 참여하기 위해서는 학력이나 체력을 어필함으로써 자신(S)을 노동자라는 사용가치(S_1)로 나타낼 수밖에 없다. 그러나 노동자로서의 사용가치(S_1)가 실제 노동 생산 성과물로서의 상품의 교환가치(S_2)가 되지 않는다면 자본가에게는 아무런 의미가 없다. 또한 사용가치와 교환가치로 대체되는 주체는 자신이 노동으로부터 만들어 낸 잉여가치(α)를 착취당한 *빗금이 그어진 노동자*($\$$)가 되는 운명에 처한다. 결국 노동력을 매각한 노동자가 매일매일의 노동에서 잉여가치를 착취당하는 양상과 마찬가지로 우리 인간은 상징계에 참여하여 어떤 시니피앙으로 대리 표상됨으로써 향락에 속하는 무엇인가를 결정적으로 상실하고 만다. 라캉은 이러한 상실을 잉여향락이라고 부르며, 그것이 인간의 모든 사고나 행위를 결정한다고 말한다. 예를 들어 증상이란 이러한 상실에 대한 관계 안에서 개개인이 각각의 방식으로 고통받는 방법에 불과하다는 것이다(S16, 41).

　마르크스의 잉여가치론에서의 착취는 임노동에서 발생했다. 그렇다면 라캉의 이론에서 상실(잉여가치)은 언제 발생할까? 그것은 앞서 인용한 부분이 시사하는 바와 같이 향락이 더 이상 불

가능해지는(향락할 수 없게 되는) 때이다. 라캉은 이것을 "향락의 단념renoncement à la jouissance에서 잉여향락이 생긴다"(S16, 40)라고 표현하고 있다.

$$\frac{S_1}{\$} \quad \overset{\rightarrow}{/\!/} \quad \frac{S_2}{\alpha \,(\text{잉여향락})}$$

$$\frac{\text{사용가치}}{\text{노동자}} \quad \overset{\rightarrow}{/\!/} \quad \frac{\text{교환가치}}{\text{잉여가치}}$$

잉여가치와 잉여향락

그렇지만 이는 향락의 부정(단념)으로 향락이 완전히 없어져 버리는 것이 아니라 오히려 *향락의 부정이 다른 종류의 향락을 만들어 낸다*는 의미이다(여기서는 A에 대립하는 비非A가 A를 지워버리는 것이 아니라 A'를 낳는다는 헤겔적 논리를 취할 수 있을 것이다). 라캉은 이러한 논리를 설명하기 위해 '파스칼의 내기'에 대한 독자적인 독해를 개진하는데, 상당히 복잡한 논의이기에 생략하고* 여기에서는 그 요체만을 파악하려고 한다. 잘 알려졌듯이 파스칼의 내기는 신의 존재를 믿지 않는 무신론자가 신의 존재를 믿도록 설득하려는 이야기이다. 설득을 위해 파스칼은 내기에서 기

* 하라原(2002)(특히 5장)는 이 점에 대하여 상세하게 해설하고 있다.

대치 이론에 도움을 받고 있다. 신이 존재하지 않는 쪽에 걸었을 경우 신이 존재하든 존재하지 않든 인간은 사소한 것을 잃을 뿐이다. 그러나 신이 존재한다는 쪽에 걸었는데 실제로 신이 존재하는 경우에는 무한한 행복을 얻을 것이다. 때문에 기대치라는 관점에서 본다면 신이 존재하는 데에 거는 것이 *이득이다.* 파스칼은 이렇게 하여 신의 존재를 믿을 것인가 말 것인가라는 신앙의 문제를 수학적인 절차에 따르는 득실의 문제로 바꾸어 버린다. 이 내기의 레토릭은 교활하다. 문답[디스쿠르] 안에서 '이미 내기가 시작되었다'는 점이 강조되어 있음을 봐도 알 수 있듯이, *내기를 하지 않을 수도 있다는* 선택지는 처음부터 제외되어 있다. 이 점은 *시니피앙과 관련 없이 살아간다라는* 선택지가 우리에게 처음부터 제외되어 있다는 점과 몹시 닮았다.* 이런 식으로 우리가 원하든지 말든지와는 별개로 '타자(파스칼의 내기에서는 '신')'를 존재하게 하려는 시도인 셈이다.

그런데 이러한 내기의 논리에 의해 얻은 설득의 결과로부터 파스칼이 제시하는 논점은 중요하다. 파스칼에 따르면, 신이 존재한다는 것을 믿는 쪽에 건 인간은 한편으로는 "불쾌한 쾌락이나 허영, 향락délices에 빠지지 않을 수 있"지만, 다른 한편으로 "*그러한*

---

* 만약 시니피앙을 거절한다면 디스쿠르의 외부에 머무는 수밖에 없다. 이것은 어떤 의미에서 정신병자의 모습이다. 라캉은 정신분열이 "기성의 어떠한 디스쿠르에도 포착되지 않는다"고 주장하면서 정신병자를 디스쿠르의 외부에 있는 존재라고 생각한다(AE490). 다만 이것은 정신병자(혹은 자폐증자)에게 시니피앙이 완전히 개입하지 않는다는 것을 의미하지는 않는다.

*것과는 다른 것*을 더 부여받을 수 있게" 된다(파스칼 2013, p. 298.
강조는 인용자). 여기서는 향락을 단념함으로써 이와는 다른 종류
의 향락(잉여향락)이 생긴다고 하는 라캉의 논리가 확실하게 나타
나고 있다.* 라캉이 파스칼을 "자본주의의 개척자pioneer"(S16, 396)
라고 부른 것은 분명 여기에서 볼 수 있는 향락의 착취 구조에 기
반한 것이리라.

『정신분석의 이면』에서 라캉은 잉여향락에 대해 설명하며 또
다른 바리에이션Variation을 추가한다. 앞선 인용에서 볼 수 있듯이
인간이 시니피앙과 관계를 맺고 주체로서 탄생하는(대리 표상되
는) 순간에 잉여향락이 생긴다. 라캉은 이 순간에 대해서 "시니피
앙이 향락의 장치로 도입될 때, 엔트로피(=열이 손실되는 것. 라캉
은 이 단어를 '상실'의 의미로 사용하고 있다)와 연관된 무엇인가가
출현한다"(S17, 54)라고 말한다. 무슨 뜻일까.

그 설명을 위해 라캉은 다음과 같이 다소 인간을 경시하는 듯
한 예시를 끌어들인다. 80킬로그램의 짐을 지고 500미터의 계단
을 내려갔다가 다시 원래의 장소로 가기 위해 500미터의 계단을
오른다는 단순한 작업을 생각해 보자. 라캉은 시니피앙의 수준에
서 볼 경우 여기에 노동은 전혀 존재하지 않는다고 말한다. 이는
정확하게 '-500×80+500×80=0(작업량 제로)'라는 등식으로 표현될
수 있을 것이다. 그러나 실제로 이 노동은 막대한 피로(상실)를 가

---

*   또한 슬라보예 지젝(Zizek 1989, p.81)은 파스칼이 아니라 칸트를 참조하여 이
       것을 설명하고 있으며, 칸트의 윤리학에서 광적인pathological 내용을 배제하는
       것(향락의 단념)으로 잉여향락이 산출된다고 주장하고 있다.

져올 것이 분명하다(이런 점에서 이 작업의 작업량은 *제로가 아니다*). 잉여향락이란 이 예시서 나타나는 *상실*과 같은 것이다.

이러한 라캉의 논점은 마르크스가 화폐와 상품의 유통 속에서 잉여가치를 추려 내는 과정의 서술과도 닮았다. 마르크스에 따르면, 시장에서 G(화폐)-W(상품)-G'(화폐) 라는 운동, 즉 화폐를 가지고 상품을 구입하고 그 상품을 팔아 다시 화폐를 얻는다는 경제 활동은 내용이 없는 것처럼 보인다. 이는 "우회적인 경로를 밟아 화폐를 화폐와, 동일한 것을 동일한 것과 교환하는 것은 아무런 목적도 아무런 의미도 없는 일인 것처럼 보이기"(마르크스 1869, p. 261)* 때문이다. 하지만 어찌 보면 이처럼 무의미한 경제 활동은 개별 노동이라는 상품의 특수성으로부터 얻어진 잉여가치를 포함하고 있으며, 그런 과정을 거쳐서 화폐의 양은 증대한다 (G-W-G').

따라서 지금까지의 기술에서 알 수 있는 것처럼 라캉은 잉여향락을 '상실'과 동일시하고 있다. 그러나 상실, 즉 *무엇인가를 잃어버렸다*는 것과, 불완전하기는 하지만 향락의 일종이자 인간의 *즐거움*이 될 수 있는 잉여향락이 동일하다는 점은 다소 이해하기 어렵다. 여기서는 잉여향락이 상실과 쾌의 추구라는 두 가지 측면을 갖는다고 생각하면 이해가 쉬울 것이다. 이때 작동하는 것이 대상 α의 기능이다. 잉여향락에 의해 장소에 할당된 대상 α는 '상실되

---

* 한국어판은 마르크스, 김수행 역, 『자본론 제1권 상』, 비봉출판사, 1995, 188 쪽.—옮긴이

어 버린 대상'임과 동시에 '욕망의 원인 대상'이기도 하다. 결국 한 편에는 향락의 상실이 있고, 다른 한편에는 그 상실을 메우기 위한 다른 종류의 향락이 발생한다고 볼 수 있다(밀레 1999). 잉여향락이 갖는 이러한 두 가지 측면은 잉여향락plus-de-jouir이라는 말 자체가 '*더 이상 향락하지 않는 것*plus de jouir'과 '*조금 더 향락하는 것*plus-de jouir'이라는 두 가지 의미를 갖는 것과도 관계가 있다.* 요컨대 인간은 더 이상 향락 그 자체에 접근할 수 없지만, 여전히 잉여향락의 회로를 통해 '좀 더 향락하는 것'을 희구한다. 향락을 둘러싼 이와 같은 배치는 필연적으로 '문명 속의 불만' 안에서 살아가도록 우리에게 지워진 숙명일 것이다(S16, 40).

3. 잉여향락의 막다른 길—'68년 5월'과 대치했던 라캉

잉여향락의 이와 같은 기능은 프로이트의 '무의식의 형성물'을 라캉이 재해석한 것이기도 하다. 왜냐하면 무의식의 형성물, 즉 꿈이나 실수 행위, 위트, 증상 같은 것은 분명 주체가 자기도 모르는 사이에 (*무의식적으로*) 의미를 생산한 결과 만들어진 것이기

---

*   불어 표현에서 plus는 철자는 똑같지만, 부정을 의미('플뤼'라고 발음)하기도 하며, '좀 더'(플뤼스라고 발음)라는 의미를 갖기에 두 가지 해석이 가능하고, 라캉이 이를 이용하여 잉여향락을 적절히 표현하고 있는 것이다. 잉여향락이 더 이상 가능하지 않다면 '상실'인 것이고, 향락이라면 본래의 것과는 다른 것으로 대리 표상되어 나타나는 향락이기에 대상 α로서 향락이라고 하는 것이다.—옮긴이

때문이다. 무의식은 의미를 생산하고 우리의 입이나 신체의 다른 부분을 사용하여 제멋대로 이야기를 하지만 우리는 일반적으로 이를 눈치 *채지 못한다*. 결국 무의식은 "혼자서 말하는 지식"(S17. 80)으로서 어느 누구에게도 알려지지 않고 말하는 지식이다. 반대로 무의식의 형성물이 가진 의미가 타자에게 알려질(이해될) 때 여기서 웃음이 생긴다(유머의 경우가 특히 그렇다). 마르크스 이론에서 자본가는 노동자가 알지 못한 채로 생산하는 잉여가치를 착취하지만, 라캉 이론에서는 자본가를 위시하여 주인의 위치를 차지하는 자가 지식을 착취한다. 어떤 경우인들 웃는 것은 자본가(주인)이다. "무의식은 이상적인 노동자"(AE518)라고 라캉이 말한 것은 바로 이러한 점 때문이다.

이 시대의 라캉에게 지식이란 향락에 속하는 것으로 접근하기 위해 우리가 사용할 수 있는 유일한 수단으로 기능하고 있다(S17, 57). 바로 이 점을 통해서 라캉 이론의 본격적인 전개가 이루어진다. 다소 전문적인 이야기가 될지 모르겠지만, 당시까지의 라캉 이론에 잉여향락이라는 개념이 도입됨으로써 어떤 변화가 이루어졌는가를 살펴보도록 하자. 1959–60년의 세미나인 『정신분석의 윤리』에서 라캉은 시니피앙과 향락이 서로 독립적이어서 양자는 서로 접근시킬 수 없는 이율배반적인 관계라고 말한다. "욕망은 타자로부터 오고, 향락은 '사물Chose' 쪽에 있다"(E853)*고 말하

---

* 한국어판 『에크리』의 번역(『에크리』, 1008쪽)을 수정하여 반영하였다.—옮긴이

는, 거의 같은 시기의 라캉 이론에서 대략 *시니피앙과 향락의 관계의 불가능성*이 표명되었다고 이해해도 무리가 아니다. 고전적인 라캉 이론에서 향락이 언제나 법(시니피앙의 체제)에 대한 침범(transgression, 위반)이라는 관계에서 고찰되었다는 점도 역시 이와 관계가 있다. 그러나 『정신분석의 이면』에서는 법에 대한 침범이라는 생각 자체가 '음란lubrique'한 것으로서 가치가 저하된다(S17. 23). 이와 동시에 향락 역시도 인간이 시니피앙과 관계를 맺으며 주체로 탄생할 때 상실로서 발생하고, 그 이후에는 지식을 통해서 접근할 수 있는 것, 즉 잉여향락으로서 포착할 수 있게 된다. 이와 같은 생각은 *시니피앙과 향락의 관계*를 문제시할 수 있는 전망perspective을 개척한다(한때 라캉이 잉여향락과 대상 α를 피보나치Fibonacci 수열과 황금비golden ratio로 나타내는 일에 열중했음은 이와 무관하지 않다). 디스쿠르 이론에서 향락은 더 이상 침범이 아니다.

다만 잉여가치의 개념으로 시니피앙과 향락의 관계를 다룰 수 있게 되었다고 할지라도 그 향락은 시니피앙의 구조에 의하여 안전판이 마련된 기반 위의 향락에 지나지 않는다.* 이런 의미에서 일찍이 침범으로서의 향락(불가능한 향락) 개념이 일종의 혁명성을 가지고 있었던 것과는 반대로, 잉여향락이라는 개념은 쉽사리

---

* 라캉이 다시금 이러한 막다른 길에서 벗어나 시니피앙의 질서에 속하는 외관이 아닌 향락의 가능성을 발견하기 위해서는 1972-73년 세미나 『앙코르』에서 전개했던 "'다른' 향락"의 논의를 기다려야 한다(이 점에 대해서는 다음 장에서 논할 것이다).

막다른 길로 뛰어드는 향락이 되고 만다. '68년 5월'의 잘 알려진 표어로 "장애물 없이 향락하라Jouissez sans entrave"라는 말이 있듯이, 이는 잉여향락이 가지고 있는 폐색감을 타파하고자 하는 말로 해석할 수 있다. 하지만 라캉은 모든 인간에게 향락이 "잉여향락이라는 잔여의 영역에서만 분절화될 수 있다"면 "장애물 없는 향락을 열망하기만 해서는 충분하지 않다"라고 하면서 '68년 5월'에 대해 일종의 비판을 가하고 있다(S16, 93).

라캉은 1969년 2월 22일 열린 미셸 푸코의 강연 「작가란 무엇인가?」에 참석했을 때도 이와 같이 비판한 적이 있다. 라캉은 자신을 포함한 이른바 '구조주의'가 주체를 배제하는 비-혁명적인 사상이 아니며, 그러하기에 더욱더 "구조는 거리를 행진하지 않는다"라는 말로 비난받아서는 안 된다고 주장했다. 오히려 자신의 이론이 주체와 그 종속 관계를 문제시함으로써 '68년 5월'로 상징된 막다른 길에 바람구멍을 낼 수 있을 것이라 라캉은 말하고 있다(푸코 2001). 결국 라캉은 혁명을 요구하며 행진하는 학생들이 어떠한 디스쿠르에 속해 있는지를 분명히 밝히고 그들 방식으로는 혁명이 불가능하다는 점을 지적했던 것이다.

예를 들어 마르크스를 배운 학생들이 운동을 일으킨다고 하자. 이는 마르크스 이론을 하나의 권위로 삼아서 행동한다는 점에서 대학 디스쿠르(후술)라고 할 수 있다. 그렇다면 현대의 주인을 타도하기를 열망하는 그들이 혁명가로서 운동을 일으킨 뒤에 또다시 주인이 나타날 뿐이다(S17. 239). 마르크스에 기반한 대학 디스쿠르 운동이 오히려 주인 디스쿠르의 안정화에 기여해 버리는 것이다. 대학의 디스쿠르가 '도착된 주인 디스쿠르'(S17, 212)라고 불리는 것은 이런 까닭에서였다. 반대로 주인의 전제로부터 도피하기 위해서는 분석가 디스쿠르를 사용해야 한다.

이러한 논의들을 이해하기 위해 네 가지 디스쿠르와 자본주의 디스쿠르의 독해에 들어가도록 한다.

4. 네 가지 디스쿠르

라캉의 네 가지 디스쿠르는 도식 좌측 상단에 동인agent, 좌측 하단에 진리vérité, 우측 상단에 타자autre, 우측 하단에 생산물production이라는 네 가지 위치와 각각의 관계로 구성되어 있다. 이들 네 가지 위치에 주인 시니피앙(S₁), 지식(S₂), 빗금이 그어진 주체($), 대상 α(α)라는 네 가지 항목이 어떻게 배치되는가에 따라서 각각의 디스쿠르가 규정된다. 기본적인 법칙은 '진리'에 의하여 지지되는 '동인'이 '타자'에게 명령을 내리고, 그 결과물로서 '생산물'이 생긴다는 것이다. 이때, '진리'와 '생산물' 사이에는 차단선(//)이 있다는 점이 중요하다.*

* 우에오 마사미치上尾真道에 따르면 네 가지 디스쿠르의 도식에서 상단의 화살표는 '불가능impossible'에 관련되며 하단의 차단선(//)은 '불능impuissance'을 의미한다고 말한다.. 또한 대학 디스쿠르, 주인 디스쿠르, 분석가 디스쿠르는 프로이트가 「끝이 있는 분석과 끝이 없는 분석」에서 주장한 세 가지 불가능성—교육하는 것, 통치하는 것, 치료하는 것이라는 불가능성(GW16, 94)—에 대응한다고 말한다. 라캉은 여기에 추가하여 히스테리증자 디스쿠르에서 '욕망하도록

이어서 이러한 구조가 각각의 디스쿠르에서 어떻게 작동하는지를 살펴보자.

동인	→	타자
진리	//	생산물

디스쿠르의 기본 구조

S2	→	α
S1	//	$

대학 디스쿠르

(1) 대학 디스쿠르

이 디스쿠르는 대학과 학생의 관계를 염두에 두고 있다. 과학적 진리가 탐구되는 장소인 대학에서는 보편적인 지식(S_2)이 이야기되는 것처럼 보인다. 하지만 사실 이 지식(S_2)은 권위로서의 진리(S_1)에 의해 지지되고 있다. 예를 들어 대학에서는 "프로이트에 의하면―", "마르크스에 의하면―" 식의 화법이 빈번하게 사용되는데, 이는 지식(S_2)을 어떤 식의 권위(S_1)에 의해 성립시키는 것에 불과하다. S_2와 S_1을 격리시키는 가로선은 대학 디스쿠르를 지지하고 있는 권위의 존재가 억압되고 망각되어 있음을 보여 준다.

하는 것'의 불가능성을 덧붙이고 있다(S17. 201)(上尾, 2017. p. 256).

이처럼 지식(S_2)이 말을 건네는 저편에 있는 대상은 학생(α)이다(S17, 172). 대학 디스쿠르는 대상으로서의 나(학생)에게 말을 걸고 있다. 대학 디스쿠르 안에서 학생이 대상(α)의 위치를 차지하는 것에 관하여 라캉은 '대상 α 학생astudé'이라는 조어를 부여하고 있다. 이것은 예를 들어 어린아이가 언어를 배울 때를 상기하면 이해하기 쉬울 것이다. 아이들은 기존의 지식(S_2)이 말을 걸게 됨으로써 언어를 기억하게 되지만, 그 사이에 어린아이는 지식에 의하여 대상(α)의 위치에 놓이게 된다. 이러한 교육의 결과 인간은 사선이 그어진 주체($)로서 생산되며 진리로부터는 멀어진 존재가 되어 버린다.

대학 디스쿠르에서 동인인 지식(S_2)은 학생(α)을 움직이게 한다. 예를 들어 학생에게 연구를 시켜서 지식을 증가시킬 것을 명령하는 일(혹은 학생이 *자주적*으로 공부하게 만드는 일)이 이에 해당된다. 하지만 이 노동을 통하여 주체($)로서 탄생한 학생에게는 이러한 지식($S_2$) 자체를 생산한 성립 근거($S_1$)를 의문시하는 일이 허용되지 않고 '지식을 함양하라'는 명령에 복종하는 수밖에 없다(S17, 120). 이러한 점에서 앞서 살펴보았듯이 대학 디스쿠르는 주인 디스쿠르의 동인(S_1)을 온전하게 보존하는 비-혁명적인 것이다.

$$\frac{S_1}{\$} \quad \xrightarrow{\quad} \quad // \quad \frac{S_2}{\alpha}$$

주인 디스쿠르

(2) 주인 디스쿠르

주인 디스쿠르는 시니피앙에 의하여 주체가 대리 표상됨으로써 잉여향락이 발생한다는 앞에서 말한 구조를 나타내고 있다. 어떤 시니피앙(S_1)이 다른 시니피앙(S_2)에 대하여 주체($\$$)를 대리 표상하고 그 결과로 잉여향락이 생산된다. 이렇게 하여 주체($\$$)와 대상 α 사이에 환상의 구조($\$ \Diamond \alpha$)가 생긴다.

다만 이 디스쿠르는 실제로 존재한다기보다는 오히려 현대의 디스쿠르를 사고하기 위한 전제가 된다. 왜냐하면 현대에서는 "눈에 띄게 변형된 형식으로만 주인 디스쿠르를 알 수 있기" 때문이다(S17, 203). 이 디스쿠르에서는 헤겔적인 주인(S_1)과 노예(S_2)의 관계가 상정되어 있으며, 이른바 프롤레타리아는 이 디스쿠르 안에서 지식을 착취당하는 측인 S_2의 위치를 차지하고 있다(S17, 173-4). 결국 주인은 "노예로부터 그의 지식을 탈취하여 그것을 주인 자신의 지식으로 삼는"(S17, 21) 방식으로 노예를 착취한다.

$$\frac{\$}{\alpha} \quad \xrightarrow{} \quad \frac{S_1}{S_2} \qquad //$$

히스테리증자의 디스쿠르

(3) 히스테리증자의 디스쿠르

이 디스쿠르는 히스테리증자와 정신분석가(내지 의사)의 관계를 염두에 두고 있다. 히스테리증자는 분열된 주체($\$$)다. 즉, 그녀가 자신의 증상이 왜 생겼는지를 의사와 같은 주인(이상적인 아버

지상)을 체현하는 인물(S_1)을 향하여 묻는 것으로, 주인에게 그 해답을 요구하지만 그녀가 찾는 주인은 그녀가 통치할 수 있는 것으로서의 주인에 지나지 않으며, 그 주인의 입장에서도 그녀를 통치할 수는 없다. 단적으로 말해 히스테리증자는 "자신이 통치할 수 있는 주인을 찾고 있는 것"(S17, 150)이다. 결과적으로 주인은 그녀의 증상에 대하여 이러저러한 지식(S_2)을 생산하지만, 그러한 지식(S_2)은 그녀의 증상이 비밀스러운 진리로서 간직하고 있는 잉여향락(α)과는 연결되어 있지 않기에 주인(S_1)은 주인으로서의 위치에서 추락하게 된다.

그렇지만 이 히스테리증자의 디스쿠르는 다음에 이어지는 분석가 디스쿠르를 도출하기 위한 열쇠가 된다. 히스테리증자와 그 이외의 모든 신경증자의 분석에서 "히스테리증자 디스쿠르를 인위적인 조건으로 삼아 구조적으로 도입하는 것(S17, 35–6)", 즉 디스쿠르의 히스테리화가 필요한 것은 이 때문이다.

(4) 분석가 디스쿠르

이 디스쿠르는 분석가와 분석 주체의 관계를 염두에 두고 있다. 분석가 디스쿠르에서 분석가는 대상 α인 것처럼 행동하면서 그 배후에 지식(S_2)을 가지고 있다고 상정되는 존재로서 분석 주체($) 앞에 나타난다. 즉, 분석 주체(환자)는 분석가(α)가 자신에 관하여 어떠한 지식(S_2)을 가지고 있다고 상상하고 있다. 예를 들어 이러한 지식은 오이디푸스 콤플렉스처럼 정신분석이 가지고 있는 기존의 이론을 말한다(S17, 38). 이와 같은 지식—자신의 증상의 의미를 설명해 줄지도 모른다고 생각하는 지식―을 분석가가 가지고 있다고 상정하는 것이 '알고 있다고 가정된 주체'으로서의 전이이다(다만 분석의 과정 속에서 분석가는 최종적으로 대상 α=쓰레기로서 버려지게 된다).

$$\frac{\alpha}{S_2} \quad \xrightarrow{} \quad \frac{\$}{S_1}$$
$$//$$

분석가 디스쿠르

분석가는 분석 주체의 자유연상을 중단시키며 분석 주체의 이야기가 분열되어 있다는 점($)을 보여 준다. 그 결과 최종적으로 "주인의 시니피앙의 또 다른 형식"(S17, 205)이 분석된다. 이것은 다른 시니피앙(S_2)에서 떨어져 나온 무의미한 시니피앙(S_1)이다. 분석 주체는 이 시니피앙(S_1)과의 관계로부터 구성 작업을 통하여 공상(환상)을 횡단할 수 있게 된다. 이렇게 하여 분석가 디스쿠르는 대학 디스쿠르처럼 주인을 온전하게 유지시키는 것이 아니라 오히려 새로운 주인의 시니피앙(S_1)을 출현시킬 수 있도록 해 주고, 나아가서는 분석 주체가 새로운 사회적 유대를 맺을 수 있도록 한다.

5. 자본주의 디스쿠르

지금까지의 논의를 통해서 알 수 있듯이, 라캉은 '68년 5월'의 사건을 배경으로 삼아 자본주의 체제를 염두에 두고서 디스쿠르 이론을 만들어 냈다. 즉, 마르크스가 자본주의에서 임노동의 양상을 통해 우리들의 '불만'의 원인을 드러내 주었다고 한다면, 라캉은 자본주의에서의 향락의 양상에서 그 불만을 발견했다고 할 수 있을 것이다. 이런 시점에서 본다면 우리는 자본주의의 노예인 것과 마찬가지로 잉여향락에 대해 일종의 노예가 되었다고 할 수 있을 것이다. 다음의 말은 이와 같은 라캉의 발상을 잘 보여 주고 있다.

> 역사의 진전이 노예를 무엇으로부터 해방시켰는지는 잘 알 수 없지만 분명한 사실이 하나 있습니다. 그것은 (역사의) 모든 단계에서 노예는 쇠사슬로 엮여 있었다는 점입니다. 어느 시대라도 구원은 있었지만 노예는 언제나 잉여향락에 얽매여 있습니다(S16, 116).

노예제는 현대에 잉여향락이라는 눈에 잘 띄지 않는 형태로 존속되어 있다. 잉여향락은 *주체가 알지 못한 채*로 활동하고 있는 것이다. 이는 정확히 마르크스의 논의 안에서 노동자가 스스로의 노동력을 등가교환한다고 믿고 있지만 여전히 잉여가치의 존재를 *알지 못한 채*로 착취가 발생하는 것에 대응한다. 라캉이 말하는 것처럼 프롤레타리아는 "지식의 기능이 박탈되어 있"(S17, 174)기 때문이다.

하지만 주인 디스쿠르로 현대 자본주의를 논하자면 다소 무리가 따른다. 라캉에 의하면 주인 디스쿠르는 보다 현대적인 것으로 다시 쓰여야만 하기 때문이다(S17, 34). 『정신분석의 이면』에서 라캉은 자본주의를 논할 디스쿠르를 실제로 고안하려고 하는데, 그 논점은 크게 두 가지이다.

첫 번째 논점은 수치화의 문제이다. 주인 디스쿠르에서는 역사 안의 어떤 시점에서 변화가 생기고, 그 변화 이후 "잉여향락은 계산할 수 있게 되며, 헤아릴 수 있게 되고, 전체화되어" 감으로써 "자본의 축적이라는 것이 시작된다"(S17, 207)고 말한다. 라캉은 자본주의 디스쿠르라고 불릴 수 있는 것은 과학과 교접하고 있다(S17, 126)고 하는데, 이것이 계산 가능성에 의거한 시장 원리에 가려진 현대의 글로벌 자본주의에서 보다 뚜렷하게 목격할 수 있는 특징임은 말할 필요도 없을 것이다.

두 번째 논점은 소비사회의 문제이다. 라캉은 대량 소비를 위해 균질화된 공업 제품이 범람하는 시대의 소비 양상을 "위조된 것으로서의 잉여향락plus-de-jouir en toc"이라고 불렀다(S17, 93). 이는 신제품이 출시될 때마다 속속 그것을 따라잡아야 하는, 끝없는 소비에 농락당하는 현대인의 향락의 모습이다.

자본주의에 대한 라캉의 고찰은 1972년 5월 12일 이탈리아에서 가졌던 강연에서 거의 완성되었다. 그때 네 가지 디스쿠르에 추가된 다섯 번째 디스쿠르로서 '자본주의 디스쿠르discours capitaliste"* 도식이 제시되었다.

$$\downarrow \quad \frac{동인}{진리} \quad \unicode{x2928} \quad \frac{타자}{생산물} \quad \downarrow \qquad \frac{S_1}{\$} \quad \overset{\rightarrow}{/\!/} \quad \frac{S_2}{\alpha}$$

자본주의 디스쿠르(좌)와 주인 디스쿠르(우)

자본주의 디스쿠르는 주인 디스쿠르의 좌측($S_1/\$$) 상하를 역전시킨 것이다. 이와 더불어, 주체와 대상 α는 실선으로 연결되어 있다. 이는 무엇을 의미하는 것일까? 피에르 브뤼노Pierre Bruno(2010)에 따르면, 자본주의 디스쿠르에서는 고전적인 주인 디스쿠르에서 문제시되었던 잉여향락의 두 측면, 즉 *상실*과 그로부터의 *회복*이라는 두 측면에서 상실의 측면이 사라져 버린다고 한다. 다시 말해서, *자본주의 디스쿠르에서는 상실이 존재하지 않는다.* 이는 자본주의 디스쿠르에서 새로운 상품이 계속해서 주체에게 다가감으로써 주체의 욕구나 요구가 즉각 만족되어 버리며, 욕구의 피안에 뚫린 결여를 통해 나타나야 할 욕망의 영역이 더 이상 나타나지 않음을 의미한다. 이와 같은 체제에서는 주체를 구성하는 존재 결여를 향해 접근할 수 없다. 즉, 여기에서는 *상실 없이 향락의 복원이 가능하다*는 공상(환상)이 주체에게 주어지는 것이다. 라캉이 세미나 『정신분석가의 지식』에서 "자본주의 디스

---

* 이 디스쿠르는 다른 곳에서는 '자본주의자의 디스쿠르discours du capitalisme'나 '자본주의의 디스쿠르discours du capitaliste'로 표기되어 있는데, 이 책에서는 일괄하여 '자본주의 디스쿠르'라고 표기한다.

제1부 이론

쿠르는 거세를 배제한다"(라캉 2011a, p. 96)고 말했던 것은 이를 의미한다고 여겨진다.

분명 라캉은 이와 같은 현대적인 욕망의 양태에 대해 "욕망의 착취, 그것은 자본주의 디스쿠르의 위대한 발명이다"(라캉, 1978b)라고 말했던 것이리라. 과거 한때 일본에서도 그의 욕망론 ("인간의 욕망은 타자의 욕망이다")을 소비사회 예찬('[남들이] 원하는 것을 원해')으로 독해하는 식의 수용이 이루어졌지만 이는 잘못되었다. 실제로 라캉은 자본주의 디스쿠르가 "무서울 정도로 교활하고" 또한 "파멸으로 운명 지어진", "버거운/지속 불가능한" 것이며 이는 "너무나도 빨리 나아가 버리는" 것이라고 한탄하기도 했다(라캉 1978a).

자본주의 디스쿠르에서 $, S1, S2, α 각각의 위치 관계에 대하여 살펴보자. 좌측 상단(동인의 위치)에 주체가 있는 것은 히스테리증자와 동일하다. 좌측 하단(진리의 위치)에 S_1이 있는 것은 대학 디스쿠르와 마찬가지이다. 우측 상단(타자의 위치)에 S_2가 있으며 우측 하단(생산물의 위치)에 α가 있음은 주인 디스쿠르와 같다. 이러한 점에서 자본주의 디스쿠르는 주인 디스쿠르를 기초로 하고, 여기에 히스테리증자 디스쿠르와 대학 디스쿠르의 특징을 조합한 것임을 알 수 있다. 즉, 우리 현대의 노동자($)는 히스테리 주체와 같이 매일매일 삶에 대하여 불평불만을 늘어놓지만 이 불만(족)은 알고리즘에 의하여 지배되는 과학의 지식(S_2)이라는 타자에게로 회수되어 버린다. 우리의 불만(족)은 마케팅에 의하여 통계학적으로 처리되고 그곳에서는 끝없이 평균화된 공업 제품의 소비가 이어진다. 그리하여 우리는 무한한 '엔조이enjoy'가 한없이 부여된, 자본주의 경제의 바퀴를 '돌리는' 동력 역할만을 맡게된다. 다른 디스쿠르가 차단선(//)으로 인해 1회전 할 때마다 정지하는 데 반하여, 자본주의 디스쿠르는 정지하지 않고 계속 돌아간다. 그리고 잉여향락(α)과 지식(S_2)의 착취 시스템은 유지되며 또한 은폐되어 간다…….

라캉은 정신분석을 "자본주의로부터의 출구"(AE520)로 보았다. 이것은 자본주의 디스쿠르와 분석가 디스쿠르는 공통적 특징이 전혀 없다는 사실에서도 시사되고 있다. 정신분석가 마리 장 소레Marie-Jean Sauret(2009)에 따르면, 정신분석이 자본주의로부터의 출구를 제공할 수 있다는 것은 자본주의 디스쿠르가 배제한 거세, 즉 시니피앙과 향락의 양립 불가능성을 또다시 주체 안에 새겨 넣기 때문이다. 분석가 디스쿠르에서는 분석가 자신이 쓰레기로서의 대상 α의 자리를 차지하고 욕망의 원인인 역겨움abjection을 제시하면서 분석 주체가 구조 안에서 스스로의 자리를 알 수 있는 기회를 제공할 수 있다(AE520). 라캉은 이와 같은 과정을 거침으로써 비로소 자본주의로부터 탈출할 수 있다고 보았다.

6. 현대의 '우울'과 자본주의 디스쿠르

분석 주체가 "구조 안에서 스스로의 위치를 안다는 것s'y retrouver dans la structure". 이 말은 단지 자신 자신을 잘 이해하라는 말이 아니다. 오히려 이것은 욕망의 원인과의 관계에서 주체를 다시 묻는 것을 의미한다. 라캉은 이것을 "잘-말하기bien-dire"라는 말로 표현하고 정신분석적인 의미에서의 *윤리*의 문제로 다룬다.

자본주의 디스쿠르가 범람하는 시대, 우리는 스스로의 욕망의 대상에 직접적으로 도달할 수 있다는 환영에 유혹당하고 그로부터 일종의 강제된 소비를 반복하게 된다. 이것은 욕망의 원인을 묻지 않는 것, 혹은 나아가 주체를 배제시켜 버리는 것으로 이어진다. 즉, 자본주의 디스쿠르 하에서 우리는 '잘-말하기'가 불가능하며 윤리적인 양태로부터 벗어나 버린다.

정신분석가 신치아 크로살리 코르비Cinzia Crosali Corvi(2011)는 『우울증―현대의 중심적 정동』에서 '우울dépression'과 자본주의 디스쿠르에 밀접한 관계가 있음을 지적한다. 자본주의 디스쿠르가 범람하면서 "소비하라!"는 엔조이enjoy의 명령이 우위에 서고 욕망하는 주체가 사멸한다. 과거에는 욕망의 원인=대상으로서의 대상 α에 의하여 구동되었던 주체의 배치가 크게 변하고, 이제는 "욕망에 관하여 양보하지 않는ne pas céder sur son désir" 것이 불가능해졌음이 '우울'과 강한 상관성을 갖는다는 것이다. 이러한 논의는 라캉 자신이 '우울'에 관하여 다음과 같이 말한 것에서 유래한다.

예를 들어 비탄tristesse은 우울dépression로 불릴 수 있습니다. (…) 그러나 이것은 하나의 심리 상태가 아니라 단테가 표현했던 단순한 도덕적 과오faute morale, 나아가서는 스피노자가 말한 죄péché입니다. 즉 그것은 도덕적 비겁함을 의미하며, 최종적 사고에 의해서만, 즉 잘-말하는bien-dire 행위라는 의무, 혹은 무의식 안에서, 구조 안에서 스스로의 위치를 안다는 의무를 통해서만 위치가 결정되는 것입니다(AE525-6).

물론 이 우울은 정신병적 상태가 되기도 하는 멜랑콜리(대체로 정신의학에서 말하는 내인성 우울증에 해당한다)를 말하는 것이 아니다. 오히려 최근 다양한 영역에서 화제가 되고 있는 가벼운 현대적 '우울'의 확산, 혹은 보도 매체에서 '신형 우울' 등이라 불리는 것으로 다루어야 한다.

우리는 라캉적 관점에서 다음과 같이 말하고자 한다. '신형 우울' 등으로 불리며 개인의 측면에서 '나태함'나 '응석'으로 다루어지는 '병'은 현대 글로벌 자본주의 디스쿠르의 도착성이 낳은 것이라고. 이때 질문을 던져야 하는 것은 개인의 인격personality이나 뇌의 취약성이 아니라 직장 그리고 광의의 경제 시스템과 연결되는 사회적 유대의 양상이다.

이와 같은 '우울'이 '우울증'으로 불리고 개인의 '뇌'가 치료의 대상이 되는 것에 아무런 의문도 갖지 않으려는 의학 담론은 자본주의 디스쿠르가 행하는 교활한 '욕망의 착취'를 더 이상 의문시하지 않고 은폐해 버린다. 현대의 '우울'을 일종의 노동 문제로 다루는 것의 가치는 분명 우리가 살고 있는 향락사회의 문제를 드러내 준다는 점에 있다.*

---

*   보다 상세한 논의는 5장을 참조할 것.

"구조 안에서 스스로의 위치를 아는" 것이 가능하도록 '우울'한 환자에게 주체적 계기를 기다릴 시간이 주어져야만 할 것이다. 그러한 시간은 수치에 의한 측정과 단조로움으로 지배되는 자본주의 디스쿠르의 내부에서 어떻게 하면 이 디스쿠르에 저항할 것인지를 사고하고 활동하는 시간이다. 이와 같은 치료적 실천이야말로 '우울'한 환자가 스스로의 인생을 특이한 것으로서 살아갈 수 있도록 도울 것이 분명하다.

제3장 성별화 도식

키르케고르는 어떻게 남성 측 도식의 한계를 극복했는가?

1. 키르케고르의 사랑은 궁정풍 연애였던가?

이번 장에서는 주로 1972-73년의 세미나 20권 『앙코르』를 다루며, 그곳에서 전개된 '성별화 도식'을 주의 깊게 검토하고자 한다.

이에 앞서 잠시 우회하여 우리는 『앙코르』(와 이듬해 세미나인 『속지 않는 자는 방황한다Les non-dupes errent』)에서 전개되었던 키르케고르론을 실마리로 삼으려 한다. 왜냐하면 라캉이 보기에 키르케고르는 "프로이트 이전에 영혼에 대하여 가장 예리한 질문을 던졌던 인물"로서 찬사를 받을 만한 인물이기 때문이다. 결론을 먼저 말하자면, 키르케고르에 대해 라캉이 이렇게 평가한 것은 키르케고르와 한때 그의 약혼자였던 레기네의 관계가 '성별화 도식'에서 '남성 측 도식'과 '여성 측 도식'을 대비적으로 볼 수 있도록 해 주었으며, 더불어 남성 측에게 팔루스 향락에서 빠져나올 출구 또한 제시해 주고 있기 때문이라 생각된다.

그런데 키르케고르는 과연 어떤 인물이었을까? 그의 탄생 200 주년을 기념하여 『정신의학의 역사』지에 게재된 키르케고르의 병적학적 연구 총론에 따르면, 그에게 장염과 간질, 비뇨 장애, 반복성 변비, 각혈 등의 증상이 있었다는 점을 일기 등을 통해서 엿볼 수 있다고 한다(Schioldann & Søgaard, 2013). 그렇다면 키르케고르에게 어떤 진단을 내릴 수 있을까? 유명인에 대한 병적학적 연구에서 항상 지적되는 측두엽 간질설(단기간에 상당수의 저작을 남긴 과잉 글쓰기나 종교적인 초월 경험이 이를 설명해 준다는 설), 또는 멜랑콜리설(창조자는 모두 멜랑콜리였다고 하는 아리스토텔레스 이래의 설을 답습하는 것)에 특별히 주목할 만한 것은 없다. 신체 의학적인 견지에서 나온 결핵, 척추결핵설, 혹은 만성 척수염설이나 선천성 광선 과민증porphyrin설에는 그 나름대로 설득력과 근거가 있어 보이지만, 이러한 것들을 적용한다고 해도 키르케고르의 사상에 관해서는 어떠한 해명도 제공해 주지 않는다.

우리에게 흥미로운 것은 키르케고르가 매독과 같은 성 매개 감염병에 걸렸던 게 아닐까라는 설이다. 이 설을 취할 경우, 그가 레기네와 약혼을 파기했던 것은 성 매개 감염병의 영향을 두려워해서가 아닐까라고 추론해 볼 수도 있다. 있을 수 없는 이야기는 아니다. 다만 아마도 살면서 단 한 차례 사창가에서 성관계를 가졌을 뿐인 키르케고르가 매독에 감염되었는지는 의심스럽다. 연구자 중에는 집안 내에서 부친으로부터 감염된 것이 아닌가 하는 설을 제기하는 사람도 있다. 그러나 우리로서는 그가 매독에 감염되었는지에 대한 *사실*은 중요하지 않다. 그가 스스로 신체적 이상을 성 매개 감염병에 의한 것이라고 *믿고* 있기만 했다면 그것이 그에게 약혼 파탄에 대한 충분한 이유가 되기 때문이다. 보다 정확히 말하자면, 키르케고르가 약혼 파기에 대해 이야기할 때 빈번하게 나타나는 "어떤 장애가 있어서 결혼할 수 없다"라는 논리, 즉 그가 자신의 약혼을 파기한 이유를 사랑과 성에 밀접히 관련된 "육체의 가시the thorn in the flesh"에서 찾는다는 점이 중요하다고 생각된다.

실제로 키르케고르는 다음과 같이 쓰고 있다.

> 만약 내가 참회자가 아니었다면, 내게 과거의 경험(사창가에 드나듦)도 없었고, 우울한 성격도 아니었다면 ─ 그녀와 함께 있었을 때, 그것은 그때까지 몽상조차 못했을 만큼, 얼마나 나를 행복하게 해 주었던 것일까.(『그녀에 대한 나의 관계』)(橋本 1985, p. 54)

여기에는 죄와 과거의 경력, 자신이 우울한 체질이라는 그의 '육체의 가시'가 거론되고 있으며, 그러한 *장애가 있었기 때문에* 레기네에게 다가갈 수 없다는 논리가 분명하게 서술되어 있다. 레기네를 향한 그의 사랑은 이러한 접근 불가능성 때문에 더욱더 강하게 타올랐다. 또한 이러한 사랑이 키르케고르에게 생기 있는 저작이라는 결실을 가져다주었음을 우리는 잘 알고 있다.

제1부 이론

그런데 그와 같은 *불가능한 사랑*의 논리는 라캉이 궁정풍 사랑 amour courtois이라 논한 것과 무척 닮아 있지는 않은가. 궁정풍 사랑이란 12세기 유럽에서 시작된 시의 한 장르에서 노래된 사랑의 형식으로, 통상 어느 고귀한 여성(대부분 남편이 있는 기혼 여성이다)을 대상으로 삼아 시적으로 노래한 사랑을 가리킨다(츠이키 2016). 다만 사랑을 노래하되 그 사랑은 기사도적인 사랑이었으며 그 사랑의 대상인 여성을 육체적으로 접촉하는 것은 완전히 단념한다. 즉 이는 정의상 충족될 수 없는 사랑으로, 그런 만큼 정신성이 최대한으로 표현된다.

라캉은 1959–60년의 세미나 7권 『정신분석의 윤리』에서 궁정풍 사랑을 승화의 형식 중 하나로 위치시킨다. 그러나 이는 일반적으로 말하는 승화, 즉 충족되지 않은 욕망(귀부인에 대한 사랑)을 사회적으로 용인된 것(시와 같은 문학작품)으로 고양시킨다는 의미로서의 '승화'만을 지칭하는 것은 아니었다. 라캉적 의미에서 승화는 "대상을 '사물'의 존엄으로까지 끌어올리는"(S7, 133) 것으로 여겨진다.

무슨 뜻일까? 좀 더 간단히 풀어서 설명해 보자면 '사물das Ding/ la Chose'이란 인간이 시니피앙과 관련된 언어의 세계(상징계)에 참여하게 될 때 더 이상 돌이킬 수 없는 형태로 잃어버리고 마는 원초적인 대상을 가리킨다. 이미 언어의 세계를 살아가고 있는 우리가 아무리 강렬하게 원한다고 할지라도 절대로 도달할 수 없는 수준(실재계)에 있는 대상 — 이것이 '사물'이다. 반대로 경험적(상상적) 세계 안에 존재하는 여성은 결코 '사물'이 될 수 없다. 궁정풍 사랑은 후자의 여성을 전자의 '사물'로 끌어올리려 한다. 즉, 궁정풍 사랑이란 접근 가능한 상상계의 여성을 '사물'이라는 접근 불가능한 실재계의 존재로 여김으로써 그 여성의 가치를 무한대로까지 끌어올리려는 사랑을 가리킨다(S7, 178).

그리하여 경험적(상상적) 세계에서 대상이었을 실재의 여성은 마치 *끝없는 경쟁*에 부쳐진 것처럼 실재계의 대상('사물')으로 고양되고 더 이상 누구의 손에도 들어갈 수 없는 존재가 되어 버린다. 라캉에 따르면 이는 프로이트가 『성욕에 관한 세 편의 에세이Drei Abhandlungen zur Sexualtheorie』에서 "성 대상의 과대평가Überschätzung"라고 부른 것을 여성에게 실천한 것이다.

그러나 이처럼 무제한적으로 가치를 끌어올리는 것에 대한 반작용으로 궁정풍 사랑의 시 안에서 노래된 여성상은 지극히 "획일적"(S7, 154)이 되어 감을 관찰할 수 있다. 그러한 여성상은 실재의 여성으로서 사랑받아 마땅한 특징이나 개성이 모두 사상되어 있어서 여성은 단지 "시니피앙으로서", "비인간적"인 존재로 사랑받게 되는 경우도 종종 있다(S7, 254). 극단적으로 말하면, 궁정풍 사랑에서는 사랑이 무한의 장벽을 갖게 된다는 구조 그 자체가 중요한 것이지 여성이라는 개체 그 자체는 더 이상 중요하지 않게 되고 만다. 이와 같은 사랑은 그 문학적 가치는 둘째 치더라도 어쩐지 자위적이고 해학적인 느낌을 준다고 할 수 있을 것이다.

『정신분석의 윤리』를 *다시 썼다*고 평가받는 『앙코르』에서 라캉은 궁정풍 사랑을 또다시 거론하고 있다. 여기서 궁정풍 사랑은 다음처럼 재평가된다.

우리 자신이 그곳에 장애물이 있는 것처럼 가장하는 것은
성관계의 부재를 보충(suppléerà)하기 위한 고도로 세련된 방
식입니다. / (…) 궁정풍 사랑은 남성에게 있어, 귀부인에게
완벽하게—가장 노예적인 의미에서—예속된 남성에게 있어
성관계의 부재로부터 우아하게 벗어나기 위한 유일한 방법
입니다(S20, 65).

잘 알려져 있듯이 『앙코르』에서 시작되는 후기 라캉 이론에서
"성관계는 없다il n'y a pas de rapport sexuel"(S20, 17)라는 말이 회자되
고 있다. 이와 관련하여 "여성적인 것La femme"도 존재하지 않으
며, 이는 정관사에 빗금이 그어진 "여성적인 것L̸a femme"으로 쓸
수밖에 없다. 성관계에는 하나의 난점aporia이 존재한다. 그렇지만
사람은 그러한 성관계나 여성적인 것이 *없음*을 덮어서 감추고 그
부재에 직면하지 않은 채로 지낼 수 있다. 어떻게 이런 일이 가능
할까? 성관계가 부재하게 만든 것은 다름 아닌 바로 자기 자신으
로, 그 자신이 성관계에 장벽과 같은 것을 세우지만 않았다면 성
관계는 존재할 수 있을 거라고 몽상함으로써 가능하다. 그런 방법
중 하나가 궁정풍 사랑임은 분명하다. 즉, 『정신분석의 윤리』의
궁정풍 사랑이 접근 가능한 실재 여성을 접근 불가능한 '사물'로
간주함으로써 여성을 무한히 멀리하는 행위였다고 한다면, 『앙
코르』에서 전개된 궁정풍 사랑은 존재할 수 없는 '여성적인 것'을

마치 존재할 수 있는 것으로 보이게 하는, 성관계의 부재에 대한 은폐 장치이다.

『앙코르』의 '성별화 도식', 특히 그중에서 남성 측 도식으로부터도 동일한 것을 볼 수 있다. 먼저 이 식을 살펴보자.

① $\exists x \, \overline{\Phi x}$: 팔루스 함수의 영향을 받지 않는($\overline{\Phi x}$) 인물이 적어도 한 사람 존재한다($\exists x$).
② $\forall x \, \Phi x$: 모든 남성($\forall x$)은 모두 팔루스 함수의 영향 아래에 있다(Φx).

설명의 편의상 먼저 ②의 식부터 살펴보자. 이 식이 표현하는 바는 "모든 남성은 팔루스 함수에 종속되며, 그들 남성이 얻을 수 있는 향락은 팔루스 향락뿐이다"라는 *보편*에 관한 명제이다. 팔루스 함수(Φx)란 "절대적 향락jouissance absolue"(S17, 91)이라고 해야 할 향락을 금지하고 남성 향락을 신체 기관(페니스)에 한정하는 기능을 말한다. 『앙코르』의 전년도 1971–72년 세미나 19권 『…혹은 더 나쁜』에서 라캉은 팔루스 함수를 거세의 기능과 동등한 것으로 보고 있다(S19, 33). 상징계에 들어간 이후에는 '사물'로의 접근이 불가능해지는 것과 마찬가지로, 이 팔루스 함수가 갖는 거세의 기능으로 인해 모든 남성은 '절대적 향락'으로 접근할 수 없게 되고 그들의 향락은 언제나 뭔가 미흡한 것이 될 운명에 처한다. 또한 '절대적 향락'을 대신하여 그들은 팔루스 향락을 얻을 수 있다. 말하자면 모든 남성은 팔루스 향락을 가지지만 완전한 향락은 거세되어 있다.

다른 한편 ①의 식에는 "그렇지만 이 세계의 어딘가 *다른* 곳에 팔루스 함수에 종속되는 것을 면한 *예외*(자)가 존재한다"는 예외자를 향한 신앙이 표현되어 있다. 이러한 예외자는 오직 혼자서만 완전한 향락으로부터 거세되지 않고 결코 미흡하게 끝나버리지 않는 향락, 즉 팔루스 향락이 아닌 '다른' 향락을 얻고 있다고 가정된다.

여기서 말하는 거세되지 않은 유일한 인물이란 프로이트가 『토템과 터부』에서 언급한 원초적 아버지(원시 부족 안에서 모든 여성을 소유하고 있는 강력한 힘을 가진 남성, 즉 "모든 여성을 알고 있는 남성")를 가리킨다(S19, 36). 하지만 남성에서 오직 원초적 아버지만 '예외'로서 기능할 수 있는 것은 아니다. 맹인 예언자 테이레시아스Τειρεσία 의 가르침으로부터 비속한 이야기에 이르기까지, 여성은 성교를 할 때 남성으로서는 결코 도달할 수 없는 강렬한 향락(질膣의 향락)을 얻는다는 신화가 종종 이야기된다. 이와 같은 언설은 여성을 거세된 모든 남성의 '예외'로서 인식하고 있다. 마찬가지로 궁정풍 사랑에서는 팔루스 함수에 종속된 보통 남성의 연애로는 결코 도달할 수 없는 높이까지 고양된 여성 역시도 '사물'로서, 예외자로서 기능한다. 그러하기에 라캉은 사선이 그어지지 않은 "여성적인 것La femme"을 "'아버지'의 다른 버전version du Père"이라고 말한다(AE563).* 이처럼 '여성적인 것'을 향한 사랑

---

* 다음 단락에서 간단히 언급하겠지만, 이상적인 여성이 아닌 것을 알면서도 현

은 예외자만이 향락할 수 있는 '사물'의 향락의 사랑을 *가정시켜* 주기는 한다.* 그러나 이는 실제로 남성이 품고 있는 환상의 스크린 위에서의 사랑, 바꿔 말하면 팔루스 향락에 복종하는 사랑이며, 남성 측 도식에 있는 보편과 예외의 관계 안에서 움직이고 있다.

라캉은 『앙코르』에서 팔루스 향락에서는 "타자가 대상 α로 환원된다"(S20, 131)고 하면서 그 환원이 갖는 도착성을 지적했다. 즉, 남성의 팔루스 향락이란 여성 신체의 일부를 페티쉬함으로써 합법적으로 향락하는 것이다. 그러나 다시 한 번 말하자면 이러한 향락은 언제나 미흡한 것에 그친다. 이러한 미흡함(성관계의 부재)의 원인, 즉 '여성적인 *것*'에 대한 접근 불가능성을 자기 자신이 설치한 '장애물'으로 전환시켜 버림으로써 여기서 궁정풍 사랑이 성립하게 된다. 이 '장애물'은 '그것만 없었더라면, 미흡하지 않은 성관계가 있었을 것이고, '여성적인 *것*'에 도달할 수 있을 텐

실을 부인하는 이러한 기제가 도착증의 기본 구조인데, 라캉은 도착이라는 불어 perversion(페르베르시옹)을 아버지(팔루스)에 대한 다른 버전(베르시옹(뒤)페르)의 도착이라고 말한다. 이러한 말장난을 이용해, (도착이 뒤집힌 것을 가리킨다면, 이 경우에는 앞뒤의 발음이 뒤집혀 있다) 도착의 한 특성을 표현하고 있는 것이다.—옮긴이

* 『앙코르』와 거의 같은 시기의 라캉은 남성이 "'오해를 해서 한 명의 여성과 만났다'"라고 말한다(AE538). 즉, 남성은 어떤 여성과 경험적인 수준에서 만날 때, 그 여성이 존재할 리가 없는 여성La femme[여성적인 것]이라고 착각에 빠져 사랑을 한다는 것이다. "'덮여 있는 것은 공허의 장소에만— 존-재(외-재)로 나타나고, 여기에서 나는 여성적인 것La femme을 놓는다. 이 점에서 나는 여성은 존재하지 않는다고 하지는 않는다'"(AE563). 궁정풍 사랑과 '오해'의 사랑에 관해서는 츠이키(2016)를 참조하기 바란다.

데…'라는 몽상을 가능하게 해 준다. 분명 이러한 사랑은 어떤 면에서 레기네를 향한 키르케고르의 사랑을 잘 보여 준다고 생각된다.

하지만 키르케고르의 사랑을 단지 궁정풍 사랑으로, 즉 남성 측 도식 위에서 끝난 것으로서 이해해서는 안 된다. 왜냐하면 『앙코르』에서 키르케고르의 사랑에 대해 언급되는 것은 여성 측 도식이 집중적으로 논의되는 「신과 여성적인 것의 향락」이라는 제목의 강의였으며, 그 문맥도 여성의 향락을 찬미하는 것이었기 때문이다.

거듭 확인하는 의미에서 해당 강의의 논조를 간단히 추적해 보자. 라캉은 팔루스 향락밖에 얻지 못하는 남성에 대하여, 여성은 "어떤 추가적supplémentaire인 향락을 갖는다"(S20, 68)고 말한다. 다만 여성의 향락은 팔루스 향락에서 결여된 것을 보완하는 complémentaire 향락이 아니다. 무엇인가를 보완한다는 것은 어떠한 전체(모두)tout를 전제해야 하는데, 여성 측 도식은 '비-전체(모두가 아닌)pas-tout'이기 때문이다. 즉, 여성 역시 팔루스 향락과 관련이 있기는 하되, 이에 더하여 추가en plus적으로 여성은 그 이상의 향락을 얻을 가능성이 있다고 라캉은 말했다.

이와 같은 여성 향락의 양상은 다음과 같이 쓸 수 있는 성별화 도식의 여성 측 도식으로부터도 도출된다.

① $\overline{\exists x}\ \overline{\Phi x}$: 팔루스 함수의 영향을 받지 않는 여성은 존재하지 않는다.[예외적 존재는 없다]

② $\overline{\forall}x\ \Phi x$: 모든 여성이 팔루스 함수의 영향을 받지는 않는다.

결국 여성에게 모든 향락이 팔루스적이지 않은 것은 아니지만, 이는 팔루스적이지 않은 향락이 있을 수 없다는 뜻은 아니다. 팔루스 향락이 아닌 '다른' 향락은 이야기되지 않을 뿐 존재한다. 즉, 이것은 외外-재在ex-sister한다.

다만 라캉은 이러한 추가적인 향락을 손에 넣을 가능성이 여성에게만 있는 것이 아니라 *신비주의자*에게도 있다고 주장한다.

> 그것[신비주의]은 성실하며, 우리들은 몇몇 사람을 통해서 이에 대한 정보를 얻을 수 있습니다. 여성이 가장 많지만 십자가의 요한San Juan de la Cruz처럼 재능을 타고난 사람들도 그렇습니다. 왜냐하면, 남성이라도 $\forall x\ \Phi x$[남성 측 도식의 보편명제]의 편에 강제로 스스로를 위치시켜야 하는 것은 아니기 때문입니다. 사람은 '전체가 아닌'[여성 측 도식] 편에 스스로를 위치시킬 수 있습니다. 여성과 비슷할 정도로 훌륭한 남성도 있습니다. 있을 수 있는 일이지요(S20, 70).

여기서 라캉은 기독교의 신비주의자를 위시하여 유명한 남성 중에서도 여성의 향락을 얻을 가능성을 지닌 이가—즉, 궁정풍 사랑처럼 남성의 자위적=팔루스적 향락이 *아닌* 향락을 취할 가능성을 지닌 이가—있다고 말한다. 『앙코르』에서 키르케고르에 관해 가장 명확한 언급이 이루어지고 있는 지점은 바로 이 문맥이다. 그렇다면 키르케고르의 사랑을 단지 궁정풍 사랑으로만 받아들일 수는 없다. 그의 사랑은 라캉이 칭찬한 신비주의자들의 향락에 필적할 만한 사랑으로서 독해되어야 할 것이다. 그러지 않는다면 "프로이트 이전에 영혼에 대하여 가장 예리한 질문을 던졌던 인물"로서의 키르케고르는 어딘가로 사라져 버리리라.

2. '사물das Ding'과 시니피앙, 그리고 불안

키르케고르와의 관계에서 앞선 논의를 좀 더 자세히 살펴보자.

앞서 세미나 7권 『정신분석의 윤리』를 다루었을 때 시니피앙이 도입되면서 우리들은 결정적으로 '사물'을 상실해 버린다고 했다. 이는 프로이트의 유명한 심적 장치의 도식을 통해 이해할 수 있다.

인간은 외적 세계로부터 다양한 자극을 '지각 말단(W)'으로 받아들인다. 또한 이렇게 접수된 자극은 여러 층으로 이루어진 '기억 조직(Er)'을 통과하고, 그때마다 형태를 바꾸어 가면서 여러 차례에 걸쳐 각인된다. 이러한 각인의 어느 특정한 층이 '무의식(Ubw)'이나 '전의식(Vbw)'이다. 그래서 전의식에서 각인, 즉 시니피앙은 사람의 의식으로 떠오르고, 그 결과가 자극에 대한 반응으로서 '운동 말단(M)'으로 방출된다. 이런 과정을 통해 인간은 외부 세계로부터 오는 자극을 *기호화함으로써만 파악할 수 있다는* 점을 알 수 있다.

어떠한 만족 체험이 각인된 시니피앙을 재현하고 또다시 만족을 얻으려고 시도한다면, 인간은 그 시니피앙을 무의식→기억 흔적→지각 말단으로 되돌릴(퇴행Regression) 수밖에 없다. 이와 같은 퇴행에 의해 꿈에서 나타나는 것 같은 환각적 만족이 가능케 된다. 그러나 이러한 방법으로는 인간은 지각 말단 이전의 외적 세계의 현실에 대해 알 수 없다. 이 현실 — 이미 잃어버린 불가능한 현실 — 이 '사물'이다. '사물'은, 그 정의에서 본다면 시니피앙이나 이미지로써는 포착할 수 없으며 실재계에 속한다.

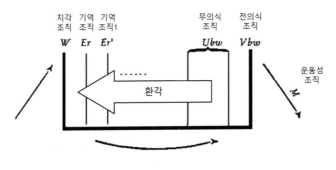

프로이트의 심적 장치와 환각

사람은 '사물'을 다시 한 번 찾아내려 하지만 그것은 "이미 사라져 버린 것에 대한 애도일 뿐이다"(S7, 65). 말하자면 이것은 정의상 접근 불가능한 것에 접근하려는 것에 지나지 않는다. 이 불가능한 운동은 금지되어 있다. 즉, 인간은 '사물'로의 무매개적인 접근이 금지되어 있는데, 이는 그 접근이 가능하기 때문에 금지되어 있는 것이 아니다. '사물'로의 접근을 금지하는 '법'은 오히려 인간

제1부 이론

이 '사물'을 향해 접근하는 것이 불가능하기에 요청된다. '법'의 도입은 그 '법'을 침범한다면 금지된 '사물'에 접근할 수 있지 않을까 하는 착각 — 궁정풍 사랑은 바로 이 착각을 이용하고 있다 — 을 일으키면서 사람들에게 '법'에 대한 침범을 공상(환상)하는 데 따르는 죄의식을 가져다준다.

한편 라캉의 이러한 논의는 바로 키르케고르가 『불안의 개념 Begrebet Angest』(1944)에서 『창세기』의 원죄를 통해 이야기했던 것이 아니었을까.

말할 필요도 없는 일이지만, 『창세기』에서는 에덴동산에서 창조된 아담이 신으로부터 "선악과만은 결코 먹어서는 안 된다"라는 금지의 명령(법)을 받게 된다. 그러나 뱀의 속삭임에 넘어가 이브는 그 과실을 먹었고 이어서 아담도 그것을 먹어 버린다. 이러한 신의 '법'에 대한 침범을 원죄라고 말한다. 보통 이 논리는 다음의 3단계를 통해 이해된다.

① 일찍이 선악의 구별을 몰라도 되는 이상적인 '무구無垢의 상태'가 존재했다.
② 하지만, 인간은 '법'이 금지한 죄를 범하고 만다.
③ 때문에 인간은 이상적인 '무구의 상태'를 상실해 버렸다(=원죄).

키르케고르는 바로 이와 같이 원죄를 직접적으로 다루려는 생각을 비판했다. 그에 따르면, 이와 같은 생각은 하나의 공상적인 전제를 가정하는 실수를 저지르고 있다. 왜냐하면 선악의 구별이 선악과를 먹은 결과로서 비로소 이해되는 것인 이상, 선악과를 먹기 전의 무지한 인간에게 선악의 구별이 이해될 리가 없으며, 죄의 반대 개념인 '무구의 상태'와 같은 원초 상태를 전제로 삼을 수는 없기 때문이다(키르케고르 1979, p. 39). 즉, '무구의 상태'을 전제로 삼으려는 사고는 철학적인 사고가 아니라 이미 환상에 지나지 않는다.

여기서 키르케고르가 말하는 논리는 '법'과 '사물'을 둘러싼 라캉의 그것과 중첩되고 있다. '무구의 상태'란, 먼저 최초에 그것이 존재하다가 훗날 선악과를 먹은 결과로서 [최초에 있었던 것을] 잃어버리는 것이 아니라, 선악과를 먹은 후에야 비로소 (잃어버린 것으로서의) 그 존재를 깨닫게 된 것이다. 이와 마찬가지로 '사물'이란 먼저 그것이 존재하고 나중에 '법'이 도래하여 접근 불가능해지는 것이 아니라 '법'이 도래함으로써 비로소 상실물로서 표시될 수 있는 것에 지나지 않는다. 그것은 이른바 *처음부터 존재하지 않았던 것에 대한 향수*nostalgia이다. 원초적인 이상理想 상태 같은 것은 애당초 존재하지 않는다. 우리가 더없이 단순히 "'사물'은 시니피앙 도입의 결과로 인해 접근 불가능해진다"고 말하는 것은, 이른바 *사후적인 상실*이라고 부를 만한 이 역설을 도외시할 때만 가능하다.

제1부 이론

	① 사후적인 전제	② 중간 규정 (무의 계기)	③ 결과
『불안의 개념』	무지 무구	불안	앎 죄(성적 욕망)
『정신분석의 윤리』	'사물'	('법')	욕망
『불안』	향락	불안(…대상α)	욕망

키르케고르와 라캉의 불안의 위치 설정

이어서 1962-63년의 세미나 10권 『불안』을 검토하면서 거기서 드러나는 '사후적인 상실'의 논리를 『불안의 개념』에서 전개된 키르케고르의 원죄론과 관련 지어 보고자 한다. 『정신분석의 윤리』에서 '사물'-('법')-욕망의 세 조합이 이룬 관계를 다루었다고 한다면, 이 세미나에서는 향락-불안-욕망이라는 세 조합이 다루어지고 있다. 좀 더 자세히 이야기하자면, 키르케고르는 『불안의 개념』에서 무지-불안-지식, 그리고 무구-불안-죄라는 셋의 조합을 문제시했다. 이 세 조합들의 대응 관계를 위의 표로 정리했다.

먼저 키르케고르부터 시작해 보자. 선악의 구별을 알지 못하는 인간은 무지無知하며 죄 또한 알지 못하기에 무구하기도 하다. 되풀이하자면, 무지 내지 무구라고 말할 수 있는 것은 이들의 대립항인 지식/죄가 산출된 이후다. 키르케고르는 이러한 무지-지, 무구-죄의 양극을 연결하는 '중간 규정'이 불안이라고 생각했다.

그렇다면 그가 생각하는 불안이란 무엇인가? 불안의 출현은 신으로부터 받은 "선악과만은 결코 먹어서는 안 된다"라는 금지의 명령에서 이해할 수 있다. 이 명령을 받았을 때 아직 선악을 알지 못했던 아담은 그것이 무엇을 의미하는지 알지 못했다. 다시 말해 아담은 이른바 일종의 수수께끼로 가득한 말을 받은 것이다. "그 말을 무구(한 아담)는 당연히 이해할 수 없다. 그러나 불안은 이른바 그 최초의 사냥감을 낚아챈 것이다. 무無 대신에 무지無知는 어떤 *수수께끼로 가득한 말*을 받아들였다." 이처럼 무엇을 의미하는지 알 수 없는 수수께끼로 가득한 말은 아무것도 의미하지 않는다. 그러나 동시에 이것은 *무 그 자체*를 의미한다. 이리하여 '무' 그 자체가 돌출하는데, 그것은 아담을 막연한 불안감으로 끌어들여 그를 붙잡고 놓아 주지 않는다. 이제 아담은 그 불안으로부터 도망치려고 해도 도망칠 수 없는 상태에 놓이게 된 것이다. 그리고 선악과를 먹은 아담은 선악을 알게 되지만 그와 동시에 일찍이 무지했던 자가 된다. 또한 그는 죄를 등에 진 자가 되며, 이브와 함께 서로의 나체를 보고 부끄러워하는 자가 된다. 즉, 성적인 욕망을 지닌 인간이 되며 그와 동시에 *일찍이 무구했던 자*가 된다(키르케고르 1979, pp 71–3).

라캉이 『정신분석의 윤리』에서 말한 '사물'과 욕망의 이론은 분명 '사후적 상실'이라는 모티브를 키르케고르와 공유하지만 이 '중간 규정'으로서의 불안(무)을 제시하지는 못했다. 다른 한편 『불안』에서 라캉은 향락과 욕망 사이에 있는 불안을 문제시한다. 다음의 도표는 이 점을 나타낸다(S10, 203).

제1부 이론

A	S	향락
a	$\mathcal{X}$	불안
$		욕망

향락-불안-욕망의 관계

앞의 표에서 가로로 나란히 놓인 향락-불안-욕망이라는 세 조합이 여기에서는 세로로 나란히 놓여 있다.

맨 윗단, 즉 향락의 행에 있는 'S'는 이러한 일련의 조작이 시작되기 전에 존재한다고 가정된 신화적인 주체이며, 라캉은 이것을 "향락의 주체sujet de la jouissance"라고 부른다(S10, 203). 마찬가지로 'A' 역시 빗금이 그어지지 않은 타자이다.*

두 번째 단은 불안의 행이다. 키르케고르에서 불안은 사후적 전제인 무지와 지식, 그리고 무구와 죄의 '중간 규정' ─ 이 말은 불어로 'intermédiaire'라고 번역된다 ─ 이었는데, 마찬가지로 라캉은 불안을 "향락과 욕망의 중간항terme intermédiaire"이라고 하며, 여기에도 키르케고르에 대한 암묵적인 참조를 볼 수 있다(S10, 204). 그런데 불안은 "그(타자)는 나에게 무엇을 원하는가Que me veut-il?"라는 의문($\mathcal{X}$)과 함께 발생한다. 이때 욕망을 지탱해 주는 존재 결여(-φ)가 존재해야 할 장소에 결여가 아닌 무엇인가가 출현하여 결여가 결여된다(S10, 53). 여기서 나타나는 *무엇인가*, 즉 키르케

---

* 이 표에서 '향락'이라고 쓰인 부분은 이 표의 다른 버전에서 'x'로 표기되어 있고, "사후적으로만 이름이 부여되는" 것으로 간주된다(S10, 190).

고르가 무라고 말한 불안의 대상이 대상 α이다. 이런 의미에서 라 캉이 말하는 불안은 "대상을 가지지 않지는 않은 것l'angoisse n'est pas sans objet"(S10, 105)이다.

세 번째 단은 욕망의 행이다. 여기서 주체는 빗금이 그어진 주체($)가 되어 있으며, 둘째 단에 있는 대상 α와의 사이에서 환상($ ◇ α)의 구조를 만들고 이 환상이 욕망을 지탱해 준다(S10, 203). 이러한 환상과 욕망으로부터 어떠한 사랑이 가능할까? 그것은 타자를 대상 α로서, 즉 페티시로서 향락하려는 사랑이다. 또한 여기서도 궁정풍 사랑과 마찬가지로 승화가 문제가 된다는 점에서 알 수 있듯이,『불안』에서는 어떤 의미로는 당연하겠지만 남성의 팔루스 향락에서의 사랑, 그리고 환상의 스크린 위에서 전개되는 사랑이 다루어지고 있다(S10, 210). 자크 알랭 밀레(2004a)가 예리하게 지적하듯이『불안』에서 대상 α는 시니피앙이라는 *보편*에 대한 *예외*로서 등장하고 있다. 즉,『불안』에서 시니피앙과 대상 α의 논리는『앙코르』에서 말하는 남성 측 도식의 보편과 예외의 논리를 선취하고 있다. 이것은『불안』에서 시니피앙과 대상 α가 이질성hétérogénéité을 가진다는 점, 즉 시니피앙은 *모두 속*이지만 오직 불안(대상 α)*만은 속이지 않는다*는 것과 관련이 있다.

그렇지만『불안』의 단계에서 '전부는 아니다'라는 여성 측의 문제가 라캉의 시야에 들어오지 않았던 것은 아니다.『불안』의 제14차 강의에서 "남성보다 여성이 더 불안하다"는 키르케고르의 말을 참조하면서 여성의 향락 문제가 남성과 여성 모두의 향락을 알고 있었던 테이레시아스 혹은 여성의 마조히즘, 여성을 향한 돈 주앙의 관계 등을 참조하면서 다루어지고 있다. 거기에서는 결여에 의거하지 않는 여성의 활동상economy이 제시되기는 했어도 논의가 그만큼 심화되지는 않았다. 이러한 논점은 앞서 살펴본『앙코르』의 성별화 도식, 특히 여성 측 도식에서 진전을 보인다.

3. 또다시『앙코르』를 향하여

『앙코르』의 성별화 도식 중 남성 측의 도식에서 문제가 되었던 것은 보편($\forall$x Φx)과 예외($\exists$x $\overline{\Phi}$x)의 논리였는데, 키르케고르 역시 1843년에 쓴『반복』에서 보편과 예외에 대하여 열심히 언급하고 있다. 예를 들어 다음과 같은 구절이 있다.

> 예외는 보편자와 자기 자신 모두를 설명합니다. 여기서 보편자를 진정으로 규명하려고 한다면, 정당한 권리를 지닌 예외를 찾을 수만 있다면 순조롭겠지요. 그러한 예외는 보편자 자신보다 모든 것들을 훨씬 분명하게 해 줍니다. / (…) 이러한 예외가 시인이지요. 시인은 본래의 귀족적인 예외, 종교적인 예외를 향한 가교 역할을 할 수 있습니다. 무릇 시인이란 일반적으로 예외[자]입니다(키르케고르 1983, pp 194–5).

이와 같은 논의에서 '전체'를 포섭하는 상징 시스템이라는 *보편*이 그 시스템에서 *예외*적인 존재에 의해 안정화된다는 것은 일본의 논단에서 말하는 이른바 '부정신학 시스템'을 방불케 한다.* 또한 시인이 예외로의 가교 역할을 한다는 논점은 다시금 우리에게 궁정풍 사랑을 연상하지 않을 수 없게 만든다.

이와 더불어 키르케고르는 『일지日誌』에서 레기네에 대한 사랑에도 예외의 논리를 적용하고 있다.

> 하지만 실제로 그녀는 결혼을 했다. 나는 진심으로 동의를 표하며 신에게 감사했다. 거기까지다. 만약 그녀에게 성실함이 있었다면 다른 일이 벌어졌을 것이 분명하리라. 그랬다면 그녀는 그러한 일에 대하여 나에게 한마디 하지 않은 채로, 그녀 자신과 신의 관계에서 자발적으로 결혼하지 않겠다고 결심했을 것이다. 아마도 그녀는 그렇게 해야 옳았다. 그러나 (…) *그녀는 신과 직접적인 관계를 맺은 것이 아니고, 단지 신과 간접적인 관계밖에 갖지 않았다. 신과의 직접적인 관계를 갖지 않는 사람은 예외가 될 자격이 없다.* 그녀는 정열을 다하여 나와 맺어지기를 원했다. (…) 그녀는 신과의 관계를 갖지 않았고, 나에 대한 일종의 플라토닉한 사랑의 관계에 만족하고 있었기 때문이다. 하지만 이러한 관계는 종교적이지 못하며 따라서 허용될 수 없다. 단지 신과의 원시적인 관계만이

---

* 남성 측의 도식을 둘러싼 라캉의 논의는 분명 이러한 '부정신학 시스템'과 같다. 예를 들어 다음과 같은 구절을 보자. "'[거세되지 않은 '아버지'〕가 홀로 존재하는' 것에서 출발하여, 이러한 예외를 참조함으로써 비로소 다른 모든 것이 기능할 수 있습니다."(S19, 36)

제1부 이론

예외를 정당화할 뿐이다(桝田, 1996, pp. 388-9, 강조는 인용자).

『앙코르』에서는 분명히 키르케고르의 이 서술과 관련된 논의가 이루어지고 있다. 다만 그것은 라캉 자신이 아니라 세미나 안에서 구두 발표를 맡은 프랑수아 르카나티François Recanati를 통해서 이루어진다. 르카나티에 따르면, 키르케고르는 남성 측 도식에서 대중($\forall$x Φx)/예외자($\exists$x $\overline{\Phi\text{x}}$) 중에서 어느 쪽을 택할지를 두고 고뇌했다고 한다. 즉, 대중의 한 사람으로서 레기네와의 결혼을 몽상하는가, 예외자의 위치를 차지하고 레기네를 단념하여 신에 대한 사랑의 길로 나아갈 것인가라는 양자택일(『이것이냐, 저것이냐Enten-Eller』) 앞에 그가 서 있었다는 것이다. 한편, 키르케고르가 볼 때 레기네에게 그러한 양자택일은 처음부터 존재하지 않았다. 키르케고르는 이 점을 비난했다고 여겨진다(S20, 183A).

여기서 남성 측 도식에서의 예외와 키르케고르가 사용하는 예외의 차이에 주목해야 한다. 전자의 예외는 남성이 보편 쪽에, 즉 팔루스 향락에 만족하면서 팔루스 향락이 아닌 '다른' 향락이 *자신 이외의 누군가*(=예외자)에게 존재함을 믿는다. 이에 반하여 후자의 예외에서 키르케고르는 더 이상 보편의 편에 서기를 그만두고 *스스로가 예외의 위치를 차지해* 버린다. 이렇게 생각함으로써 우리들은 『앙코르』에서 라캉이 키르케고르에 대해 언급하는 다음의 구절을 이해하게 될 것이다.

키르케고르가 유혹자의 연애에서 실존l'existence을 발견한 것은 우연이 아닙니다. 키르케고르는 스스로를 거세하여 사랑을 포기함으로써만 실존에 다가설 수 있었다고 생각합니다. 하지만 결국 레기네 또한 존재했던existait 것입니다. 제2단계[이면의 의미]au second degré에서 선(善, bien)을 향한 욕망, *작은[대상] α로 인해 원인이 뒷받침되지 않는 선을 향한 욕망*, 그는 레기네의 중개를 통해서 그 차원에 도달했습니다 (S20, 71, 강조 인용자).

여기서는 키르케고르가 최종적으로 도달한 사랑 또는 욕망이 타자(레기네)를 대상 α(페티쉬)로 환원함으로써 얻을 수 있었던 팔루스 향락이 아님을 명백히 하고 있다. 물론 이 사랑은 바로 손에 넣을 수 있는 성질의 것이 아니었으며, 필경 약혼 파기 이전의 키르케고르는 레기네를 대상 α로서 사랑하는 팔루스 향락 단계, 즉 궁정풍 사랑의 단계에 있었다. 하지만 그는 약혼 파기 이후의 사색 속에서 제1단계의 사랑의 포지션을 스스로 버렸다. 그 점을, 라캉은 "스스로를 거세하여 사랑을 포기했다"고 표현하고 있다.

좀 더 자세히 살펴보자. 팔루스 향락은 남성의 향락을 기관(페니스)에 집약함으로써 남성이 여성의 신체를 향락하는 것을 불가능하게 만들어 버린다(S20, 13). 이런 의미에서 키르케고르는 이미 사랑의 제1단계 포지션에서 '절대적 향락'으로부터 거세되어 있었다. 여성을 대상 α로 환원하는 팔루스 향락의 사랑은 팔루스 함수를 경유하지 않고는 불가능하다. 이 제1단계에서 그는 다른 남성과 마찬가지로 보편($\forall x \, \Phi x$)의 편에 서서 여성과 관계하려 한다. 이것은 여성을 대상 α로 환원한 후에 이루어지는 주체($)로부터 대상 α로 향하는 사랑이다. 이러한 사랑의 관계에서는 도달 가능한 '여성적인 것'(La)으로서 레기네와의 관계는 필연적으로 무한히 연기될 수밖에 없으며, 만약 이 간격(성관계 없음)을 환상적으로 메우려고 한다면 그것은 궁정풍 사랑이 될 것이다.

이어서, 레기네에 대한 팔루스 향락을 포기함으로써 키르케고르의 사랑이 제2단계로 이동할 때 그는 보편($\forall x \ \Phi x$) 쪽에 있는 자신을 스스로의 손으로 *또다시* 거세한다. 라캉에 따르면 여기서 말하는 '거세'는 팔루스 함수 그 자체가 가지고 있는 거세의 기능이 아니라 오히려 팔루스 함수(Φx)에 대하여 '아니다'라고 말하며 그것을 무효화하는 것이다(S20, 67). 이 '거세'를 통해 그는 궁정풍 사랑처럼 보편($\forall x \ \Phi x$)의 편에 서면서 예외의 존재($\exists x \ \overline{\Phi x}$)를 믿는 것이 아니라, 팔루스 함수의 영향을 받지 않는 *예외 그 자체*가 된다. 여기서 그는 여성을 대상 α로 환원하기를 포기한다. 즉, 그는 대상 α의 사랑, 팔루스 향락을 희생시켜서 이를 초월한 신의 사랑, 즉 '다른' 향락을 얻으려고 하고 있다.*

키르케고르의 사랑이 제2단계에 도달했을 때 그는 예외자가 된다. 예외의 위치에 도달한 키르케고르는 레기네 — 이제 그것은

---

* 로돌프 아담Rodolphe Adam(2005)의 논의를 참조한 것이다. 또한 브루스 핑크(2004)는 남성과 여성의 차이에 대하여, 남성은 팔루스 향락과 '다른' 향락 중에서 어느 하나를 선택해야 한다고 하며, 결국 한편의 향락을 위해서는 다른 한편의 향락을 단념*(이것인가 저것인가)*해야 한다고 하는 반면에 여성은 어느 한쪽을 단념하지 않고 이 둘을 향락할 수 있다고 지적한다.

레기네가 아니라 신이라고 불러야 할 것이다 ― 와의 관계에 들어
간다. 이 차원에 도달한 후에야 비로소 '여성적인 것은 존재하지
않는다La femme n'existe pas'를 초월하지만, "레기네도 역시 존재했다
Régine elle aussi existait"(S20, 71)고 표현할 수밖에 없는 신의 사랑, '다
른' 향락의 가능성이 열린다. 라캉은 이 점을 분명히 하고 있다.

　제2단계의 거세를 통해서 팔루스 향락을 소멸시키며 '다른' 향
락의 자리에 도달하려는 것. 이것은 키르케고르에게만 일어난 사
태가 아니다. 여성 측 도식에서 '다른' 향락의 패러다임이 *신비주
의*였다고 한다면, 여기서 검토하고 있는 남성 측 도식에서 제2단
계의 거세 패러다임은 대지모신大地母神/Cybèle,[지식의 보호자를
의미함] 숭배와 스코푸치Skoptzy[18세기 러시아의 이교] 등과 같
은 이교에서 나타나는 *금욕주의*가 될 것이다. 대지모신인 키벨레
의 아들 아티스Attis는 결혼 직전에 어머니의 질투를 사서 황홀경
속에서 자신의 성기를 절단하고 죽고 말았다고 한다. 라캉주의의
관점에서 성전환증을 연구한 카트린 미요Catherine Millot(1983)에
따르면, 키벨레는 아티스에게 스스로의 욕망을 희생할 것을 바랐
다고 한다. 스스로의 욕망을 희생하고 거세한 인간은 '다른'(=타
자) 향락의 대상이 되는 것이다. 키벨레 숭배나 스코푸치 신자에
게서 볼 수 있는 금욕주의는 키르케고르와 마찬가지로 욕망을 거
절하고 수수께끼 같은 '타인'의 향락을 다루고자 하는 시도였다.

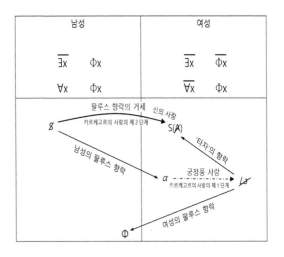

덧붙이자면, 남성 측 도식의 영역 안에 있는 자가 이와 같은 방법으로 '다른' 향락을 향한 접근 가능성을 확보하게 될 때 그(의 섹슈얼리티)가 여성 측 도식으로 이행한다는 것은 아니다. 키르케고르나 금욕주의 방법은 남성 측 도식에 내재하는 보편으로서의 장애물(팔루스 향락)을 파괴하며 스스로 예외의 장소에 도달한다는 점에서 이른바 남성 측 도식의 한계를 나타낸다고 할 수 있으리라.

현대 라캉주의—특히 밀레—의 해석을 믿는다면 팔루스 향락을 거세하고 도달하게 되는 이러한 향락은 '일자—者'의 향락, 즉 다른 누구와도 공약共約할 수 없는 '단 하나뿐인' 향락과 같다고 한다. 1장에서 인용한 구절을 다시 읽어 보자.

이렇게 알 수 없는['일자'의, S_1의] 향락을 라캉이 엿볼 수 있게 해 준 것은『앙코르』세미나에서 전개된 여성의 섹슈얼리티 연구였습니다. 그 후 라캉은 그러한 향락을 남성에게서도 발견하게 됩니다. 말하자면 그 향락은 팔루스 향락이라는 허세 속에 감추어져 있는 것이었습니다. *이 향락은 팔루스 향락을 통과하지 않기로 선택한 남성에게도 명확히 나타납니다. 예를 들면 이것은 신비주의적인 남성에게서 볼 수 있는 금욕의 결과입니다.* 이런 향락은 조이스와 같은 사례에서도 나타나고 있습니다(밀레 2011a: 2011년 3월 23일 강의. 강조는 인용자).

이러한 향락은 라캉이 조이스의『피네간의 경야』를 평하며 말했듯이 "정신분석의 종결에 대하여 기대할 수 있는 최고의 것에 직접 도달한"(AE11) 주체에게 비로소 문제시될 수 있는 향락이다.

4. 『사랑의 역사』에 대한 라캉적 독해

『앙코르』다음 해의 세미나인『속지 않는 자는 방황한다』의 1973년 12월 18일 강의에서 라캉은 또다시 키르케고르를 언급하고 있다.

키르케고르가 쓴 『사랑의 역사Kjerlighedens Gjerninger』를 읽어 보시기 바랍니다. (…) 꼭 읽어 보시기 바랍니다. 왜냐하면 그 이상 냉정한 논리가 존재하지 않기 때문이며, 사람이 사랑에 대하여, 즉 신의 사랑에 대하여 결코 이 이상으로 잘 말할 수 없기 때문입니다(S21, 69A).

이 구절에 이어서 바로 신의 사랑과 궁정풍 사랑의 차이에 관한 논의가 전개된다. 라캉은 이 강의에서 사랑의 형태를 보로메오의 매듭과의 관계에서 규정한다. 먼저 I(상상계)의 고리와 R(실재계)의 고리라는 두 개를 연결하는 S(상징계)의 고리가 '신의 사랑'이라고 규정하고 있다(S21, 68A). 이 구조에서는 I와 R의 중간에서 S가 기능하고 있다. 한편으로 궁정풍 사랑이나 그 주변에서 전개되는 이야기는 S와 R 사이에서 I가 기능하고 있다(S21, 71A). 다만 이 도식화의 위상학적 함의에 대해서는 일단 불문에 부치도록 하자. 우리의 논의에서 더없이 중요한 것은, 라캉이 신의 사랑을 "욕망을 쫓아 버리는" 것으로 생각했다는 것이다.

만일 욕망 대신에 기독교적인 사랑의 승천Ascension을 관장하기 위해서 궁정풍 사랑이 자신의 자리를 제거당했다고 한다면, 이는 욕망이 교환되었다는 의미가 아닙니다. 욕망은 다른 장소로 쫓겨난 것입니다(S21, 71).

신의 사랑은 욕망을 쫓아 버린다. 아니, 오히려 라캉이 말하는 것처럼 욕망은 세례를 받고서 신의 사랑이 된다(S21, 70). 이는 궁정풍 사랑을 제거하는 것이기도 하다. 라캉 자신이 구체적으로 지적하지는 않았지만, 이와 같은 신의 사랑의 논리야말로 분명 키르케고르가 1847년에 쓴 『사랑의 역사』에서 말했던 것이다.

『사랑의 역사』(특히 제1부 세 번째 강화講話)에서는 그리스도적인 사랑, 즉 이웃 사랑은 자기 부정의 사랑이라는 테제가 반복된다. 다시 말해서 감각적인 단계에 있는 사랑(팔루스 향락)을 자기 부정하여 이를 정신의 사랑, 즉 신의 사랑으로 고양시킬 것을 설파하고 있다. 나아가 여기서 키르케고르는 시인이 노래하는 사랑과 그리스도적인 사랑의 차이를 주장한다. 그는 "시인인 이상 그리스도인은 아니다"라고 잘라 말하고 있다(키르케고르, 1964, p. 80). 여기서 상정하고 있는 시인이란 사랑을 노래하는 시인을 말하는데, 여기서도 우리는 궁정풍 사랑의 시인을 생각해 볼 수 있다. 궁정풍 사랑은 그리스도교적인 사랑과는 전혀 다르기 때문이다.

키르케고르에게 레기네와의 약혼 파기는 "신과의 성스러운 약혼"이었다고 말한다. 이는 일반적인 시민으로서의 행복에서 벗어나 예외자가 됨을 의미함을 우리는 이미 확인했다. 『사랑의 역사』는 그의 사랑이 궁정풍 사랑으로부터 신의 사랑으로 완전히 이행했음을 나타내는 자료라고 할 수 있으리라.

5. 예외를 공상하는 것이 아니라, 예외가 되어 버리는 것

키르케고르는『반복Gjentagelsen』(1843)에서 "인간의 삶이 최초의 순간부터 사라져 버렸다는 것은 진리임이 틀림없지만, 또한 이 죽음을 살해하고서 이것을[이 살해를] 생으로 바꿀 만한 생명력이 있어야 한다"(키르케고르, 1983, p. 20)고 쓰고 있다. 이 말의 앞부분에는 사후적 상실, 즉 처음부터 상실된 '사물'의 논리가 진술되어 있다. 다른 한편 그 뒷부분에는 살해된 '사물'을 *한 번 더 죽이는 것*, 즉 제1단계의 거세(로 얻게 된 팔루스 향락)를 또 *한 단계 거세하는 것*, 이렇게 함으로써만 생을 얻을 수 있다는 강한 메시지를 이제 우리도 읽어 낼 수 있다.

1855년 10월 2일 키르케고르는 코펜하겐의 프레데리크 병원에 입원하여 같은 해 11월 11일 세상을 떠났다. 입원 기간 동안 면회는 한정된 사람에게만 허용되었다고 한다. 10월 18일 입원 중이던 키르케고르를 병문안 온 친구였던 목사 에밀 뵈젠Emil Boesen은 몇 마디 대화를 나눈 뒤 그 외에 뭔가 말해 두고 싶은 일이 없느냐고 물었다. 그러자 키르케고르는 다음과 같이 말했다고 한다.

없습니다. 아니, 있군요. 모든 이에게 감사했다고 전해 주십시오. 나는 그들 모두를 좋아했습니다. 그러니 이렇게 전해 주세요. 나의 인생에는 누구도 알 수 없는 커다란 고뇌 하나가 있었다고 말입니다. 그것은 자존심이나 허영심으로 보였을지도 모르겠지만, 그런 건 아니었지요. 나는 다른 사람보다 전혀 뛰어나지 않았고, 그 얘기밖에 하지 않았답니다. 나는 육체의 가시를 지니고 있었지요. 그래서 결혼도 할 수 없었고 공적인 지위에 앉을 수도 없었습니다. 나는 결국 신학 학사였으며 공적인 칭호를 지녔고, 아는 사람들 사이에서만 이해를 얻었습니다. 나는 원했던 것을 손에 넣은 것이죠. 하지만 그 대신에 나는 예외가 되었습니다. 일과 흥분으로 날이 저물면, 밤에는 홀로 한쪽에 놓여 길道을 벗어나는 것이죠—이것이 바로 예외였다는 이야기입니다(Hannay 2003, p. 414, 강조는 인용자).

어딘가에 예외가 있다는 공상을 넘어 스스로가 예외 그 자체가 되는 것. 이리하여 키르케고르는 남성 측 도식의 긍정풍 사랑적인 한계limit를 넘어섰던 것이다. 이는 분명 팔루스 함수 아래에 있는 남성이 이룰 수 있는 최상의 사랑이 아니었을까.

제2부

임상

제4장 DSM은 무엇을 배제했는가?

라캉주의 정신분석과 과학

1. '의도치 않은 결과'

노골적이라 할 수 있겠지만, 오늘날 정신의학의 중심은 미국에 있다. 이는 분명한 사실이다. 제약 기업과 주요 학술지가 집중되어 있고, 또한 이를 지탱해 주는 '글로벌'한 언어로서 영어와 거대 자본이 이 체제를 유지시키는 정세情勢는 분명 앞으로도 당분간 계속 이어질 공산이 크다.

그러나 역사를 조금만 되돌아보면 미국이 가지고 있는 패권은 오히려 예외적임을 알게 된다. 왜냐하면 근대 정신의학이 프랑스의 필리프 피넬Philippe Pinel로부터 시작되었다고 한다면 18세기부터 20세기 초엽까지 그 중심이 프랑스와 독일이었음은 부정할 수 없으며, 현재도 쓰이고 있는 정신장애의 여러 범주category는 대부분이 이 시대에 발견되어 등재되었기 때문이다. 그런 의미에서—

오늘날에는 누구도 이런 사실을 지적하지 않지만—미국은 정신의학에서 틀림없는 *후진국*이었다.

하지만 미국의 정신의학 역사에서 잠깐이기는 했지만 정신분석이 그 패권을 구가했던 시기가 있었다. 이는 제2차 세계대전 후에 미국으로 되돌아온 병사들에게 빈번하게 나타났던 PTSD(Post-traumatic stress disorder, 외상 후 스트레스 장애) 증상에 대하여 정신분석이 괄목할 만한 효과를 가져다주었기에 신대륙의 실용주의자들에 의하여 정신분석이 '역동정신의학'이라는 명칭 아래서 환영받은 1950–60년대를 말한다. 실제로 이 업계에서 최대의 권위를 갖는 미국정신의학회가 만든『정신장애의 진단 통계 매뉴얼Diagnostic and Statistical manual of Mental Disorders』(이하 DSM으로 표기)은 저 유명한 칼 메닝거Karl Menninger의 동생인 윌리엄이 작성한 미군용 진단 기준 메디컬 203을 기반으로 한 것으로, 그 초판은 1952년『DSM-I』부터 제2판인 1960년『DSM-II』까지는—현재는 그 흔적조차 느낄 수 없을 정도지만—'방어 기제defence mechanism', '갈등conflict', '투사projection', '현실 검증reality testing' 등과 같은 많은 정신분석 개념을 이용하여 작성되었다.

하지만 1970년대가 되면서 이러한 역동정신의학적 진단에 대한 낮은 신뢰성(평가자들 사이에서 진단이 일치하지 않는다, 바꿔 말하면 다른 정신과 의사가 면접을 할 경우 다른 진단이 내려진다는 것)이 문제시되기에 이르렀다. 정신과 진단에 대한 연구에서 같은 언어를 쓰는 영국과 미국에서조차도 진단이 일치하지 않았고, 특히 영국에서는 조울증이라는 용태가 미국에서는 정신병으로서 취급된다는 점이 부각되었다. 그리하여 DSM 3판을 위한 개정 작업은 이전까지의 작성 위원을 전부 배제하고 이루어졌으며, 정신의학적 진단을 균질하게 만드는 것을 목표로 삼게 되었다.

그리하여 1980년에 간행된 DSM-III는 그 이전까지 '고전적'인 정신의학에서는 전례가 없던 특징을 가지게 되었다. 첫 번째 특징은 질환disease이 아니라 장애disorder를 다룬다는 기본 방침이었다. 고전적 정신의학에서는 당시 이미 그 원인이 특정되어 있던 진행마비general paresis를 모델로서 '원인-증상-경과-전귀(転帰, 병이 진행되어 어떤 상태에 이른 것)-뇌 병리 소견'이라는 다섯 가지 조건이 갖추어진 질환 단위Krankheitseinheit를 찾고자 시도했다가 수없이 좌절을 맛보아 왔다. 이는 정신 질환의 원인을 어떠한 기질적인 이상에서 찾으려는 한 기질적(물질적)인 이상異常에서 정신적인 이상으로의 비약이 항상 문제가 되었기 때문인데, 특히 신체원인('외인exogenous')과는 다른 '내인endogenous'이라는 개념을 불충분하게나마 유지해 왔던 고전적 정신의학에서는 이 점이 커다란 장벽이 되어 가로막았기 때문이다. 두 번째 특징은 DSM-III가 '무이론적atheoretical'임을 스스로 표방하고 정신분석(역동정신의학)의 병인론을 철저히 배제한 점이다. DSM-III가 생각하는 정신장애란 더 이상 방어 기제나 심적 반응으로 진단되는 것이 아니라 진단을 위한 체크리스트에 열거된 증상을 몇 개나 충족시키느냐에 따라 계량적으로 진단되는 것으로 변모했다. 즉, 진단은 더 이상 역동정신의학을 배운 숙련된 정신과 의사가 특권적으로 실시하는 것이 아니라 매뉴얼만 외우면 의사가 아닌 연구자나 교육,

복지 관계자도 실시할 수 있게 되었다. 물론 이러한 발상에 많은 이점이 있다고 하더라도 여기에는 분명 알고리즘화의 욕망이 비친다. 실제로 DSM-III의 작성위원장이었던 로버트 스피처Robert Spitzer는 1968–74년에 걸쳐서 논리 계통도에 의거하여 진단을 결정하는 컴퓨터 프로그램 'Diagno'를 만들었는데, 여기에서 제3판 이후의 DSM이 갖는 알고리즘화의 욕망을 확인하는 것은 결코 어려운 일이 아니다. 오히려 이 나라는 정신의학의 영역 전체에 균질화와 알고리즘화의 사상을 주입함으로써 그 패권을 손에 쥔 것이다. 이리하여 탄생한 미국형 정신의학의 대명사가 된 DSM은 그 후 순식간에 임상과 연구에 있어서 '표준'이 되었다.

그렇다면 그 결과 어떤 일이 일어났을까? 제3판 이후의 DSM 작성에 깊이 관여한 미국의 대표적인 정신과 의사인 낸시 안드레아슨Nancy Andreasen(2007)은 「DSM과 미국에서 정신 증후학 phenomenology의 죽음—의도치 않은 결과의 한 사례」라는 제목의 논고를 발표하며 DSM-III 이후 정신의학이 산출한 어두운 측면을 회고하고 있다. 그녀의 주장은 이렇다. DSM의 진단 기준은 어떤 정신장애가 노출하는 다채로운 증상 중에서 극히 일부의 증상만 포함하고 있다. 그러나 DSM으로 교육받은 의대생이나 의사들은 DSM의 진단 항목에 기재된 증상밖에 알 기회를 갖지 못한다. 그리하여 정신 의료의 질을 담보한 상세한 병력 청취가 경시되었으며, 그 결과 '정신 증후학의 죽음'이라고 불리는 사태(*의도치 않은 결과*, unintended consequence)가 일어나고 말았다는 것이다. 그녀는 이와 같은 현재 상황에 대해 정신병리학의 복권을 부르짖고 있지만, 공교롭게도 DSM의 추진자였던 그녀의 DSM 비판은 이미 때늦은 감이 있다.

제3판 이후의 DSM이 갖고 있는 균질화와 알고리즘화의 욕망은 본래 각국에 있어서 제각각이었던 진단을 통일하여 *통계적인 연구*에 유리하다는 당초의 목표에 관해서는 일정한 평가를 얻을 것이다. 하지만 안드레아슨이 지적하는 것처럼 DSM이 *임상 진단*에서 사실상의 표준de facto standard으로 서서히 전용되어 갔을 때 우려해야 할 타락이 찾아온다. 이러한 사태는 현대의 다른 영역에서도 수없이 발견할 수 있다. 예를 들어 '고용한 노동자에게 지급할 임금은 비용으로 생각한다'라는 *회계상*의 원칙이, "당신들 노동자는 사회의 재산이 아니라 비용이다"라는 말을 통해 노동자를 향한 폭력적인 언어로 전용되는 모습을 종종 목격한다. 여기에서는 명백한 범주 오해category mistake가 존재하는데, 자본의 논리와 숫자의 전제 아래서 "노동자의 임금은 비용이다"라고 우기는 경영자에게 저항하기란 더없이 곤란하다. 혹은 대학이나 연구 기관에서 연구자의 실적 평가를 피인용지수(impact factor, 어떤 학술지 논문의 영향력=피인용 횟수의 지표)의 합계를 중심으로 이루어지는 최근의 경향에서도 똑같은 범주 오류가 발생하는 것을 볼 수 있다. 본래 특정 학술지의 *게재 논문 전체*에 대한 피인용 횟수(그 학술지의 영향력)의 지표였던 피인용지수를 연구자 *개인*의 평가로 유용할 경우, 사실상 연구자가 집필해 온 논문의 가치를 대학이나 연구 기관이 주체가 되어 평가하기를 포기하고 알고리즘에 의한 평가에 내맡기는 꼴이 되고 만다. 이를 '숫자'를 페티시로 삼는 도착적 시스템이라고 부르지 않을 수 있을까. 안드레아슨이 "의도치 않은 결과"라고 부른, 이러한 균질화와 알고리즘화에 대한 욕망이 유발하는 파멸적 타락을 현대의 우리는 주변 곳곳에서 목도하고 있다.

거대 자본과 결탁한 이러한 숫자의 전제專制는 라캉주의 정신분석가들이 최근 "통계학적 초자아"(Brousse, 2009)라 부르고 있는 것에 해당한다고 볼 수 있다. 상징적 질서를 통제하는 대문자로 쓰일 수 있을 '아버지'가 소멸한 시대에는 통계학과 같은 알고리즘이 '아버지' 대신에 작용한다.* 이 같은 시대의 도래를 자크 라캉은 이미 1970년대 중반에 예상하고 이를 "파멸적 퇴폐"로 평했다 (S21, 158A). '아버지의 이름'이 기능 부전에 빠진 시대에는 "강철의 질서order de fer"가 "실재계에서 아버지의 이름의 회귀"로서 출현하여 일종의 *더욱 나쁜 아버지*로 기능하는 것이다. 현대의 우리는 이와 같은 라캉의 예언이 우직하게 실현되는 모습을 목도하는 것이 아닐까.

2. DSM에 의한 신경증의 소멸

라캉주의는 DSM-III 이후의 변화를 어떻게 파악하고 있을까? 잘 알려져 있듯이 제3판 이후의 DSM은 '신경증neurosis'이라는 용

---

* 이 논점에 대해서는 츠이키立木(2013)가 상세히 논하고 있다.

어를 전혀 사용하지 않는다. 그러한 결정에는 원래 역동정신의학적인 색채를 강하게 지녔던 DSM으로부터 정신분석 이론을 배제하려는 의도가 있었다는 점은 앞에서 말한 바와 같다. 정신분석이 등장한 이후 '신경증'이란 어떠한 심적 갈등으로 생기는 심인성 질환이며 정신요법으로 치료될 수 있는 것으로 이해되었으나, 어떠한 병인론도 전제하지 않는 DSM-III의 방침에서는 '신경증'이라는 단어가 갖는 이러한 병인론적, 치료론적 함의를 도저히 받아들일 수 없었기 때문이었다.

이는 단지 '신경증'이라는 *진단명*이 소멸했다는 것이 아니라, 우리의 생각으로는 DSM-III 등장 이후에 대륙적인 지식으로서 *주체*의 이론이 정신의학으로부터 배제되고 말았다는 점이 보다 중요하다고 생각된다. 진단 매뉴얼인 DSM과 주체라는 철학적 개념을 관련 짓는 것이 기묘해 보일지도 모르지만 정신분석―적어도 라캉주의 정신분석―에서 진단은 기실 *주체에 의한 진단*이다.* 예를 들어 자크 알랭 밀레는 아르헨티나에서 가졌던 진단을 주제로 한 강연에서 다음과 같이 말한다.

정신의학의 진단은 객관성objetividad의 수준에서 만들어진

---

*   라캉은 만년에 이르기까지 고전적 정신의학의 감별 진단을 중시했다. 1970년대 프랑스에서 반정신의학이 고양될 때 진단이라는 행위를 정신의학의 권력이라고 단죄했지만, 라캉은 반정신의학을 "[환자가 아니라] 정신과 의사의 자유화 운동"이라고 말하면서 고전적인 정신의학의 진단 카테고리(프로이트 이론을 변형한 것이지만)를 옹호한 인물 중의 한 사람이다. 이 점과 라캉의 '진단'의 문제에 대해서는 마쓰모토 다쿠야松本卓也(2015)를 참조할 것.

'기계적인' 것이라고 생각합니다. 한편 분석의 영역에 있는 우리들은 반대로 주체sujeto의 편에 있습니다(밀레, 1998a).

일반적으로 정신의학은 신체의학과 마찬가지로 환자가 드러내는 증상을 *객관적으로*(객체로서) 포착하여 그 증상의 몇 가지 집적에 대해 '정신병'이나 '불안장애'라는 진단을 내린다. 반대로 정신분석은 *주체*라는 관점에서 진단이 이루어진다. 라캉의 이론은 주체를 고려하지 않는 레비-스트로스Lévi-Strauss류의 구조주의가 아니라 주체를 중시하는 구조주의이며 라캉주의 정신분석에서는 임상 진단에서도 주체가 중시된다. 때문에 DSM으로 대표되는 조작적 진단과 라캉주의의 진단은 대조적이라고 말할 수 있을 정도로 크게 달라진다. 실제로 정신 증상을 신체 증상과 같은 수준에서 다루는 구조화 면접은 주체를 무시하는 면접이다. DSM이 신경증을 사장시켜 버렸다는 말이 갖는 의미는 질환 카테고리인 '신경증'을 소멸시켰다는 점뿐만이 아니라 신경증에서 가장 현저하게 나타나는 '지식知'의 주체적 수준을 버리고 말았음을 의미한다.

DSM에 의거한 구조화 면접은 임상 진단이라는 행위를 미리 결정된 질문과 이에 대한 답변으로 이루어진 앙케이트 수준으로 환원하고 만다. 하지만 만약 라캉주의 정신분석의 방향 제시orientation로부터 벗어났다고 할지라도 다소나마 경험을 쌓은 임상가라면 모두 숙지하고 있듯이 물음과 답변 *이외*의 부분에도 임상 진단에서 중요한 사항은 산더미같이 많다. 예를 들어 대기실에 앉아 있는 상태에서 이름이나 대기 번호로 호명될 때 의자에서 일어나는 모습이나 진찰실에 들어설 때의 발걸음에서 얼마나 많은 정보를 얻을 수 있는가. 질문에 대한 답변만 보더라도, 어떤 특정한 사안에 접어들 때 흐려지는 말끝이나 말실수, 그때의 시선이나 신체의 움직임 등, 표출되는 세부에서야말로 중대한 사항이 나타나고 있다. 혹은 자신의 증상을 이야기할 때 같이 온 가족에게 어떤 식으로 대응하는가. 예를 들어, 언제나 가족에게 확인을 받으면서 이야기를 한다거나 마치 그 자리에 가족이 없는 것처럼 이야기하는 등 주목해야 할 사항은 얼마든지 있다. 이어지는 라캉의 말로 충분할 것이다.

나는 청진ausculter이 아니라 듣는entendre 길을 택한다. 그래서 나의 듣기가 향하는 것은 디스쿠르 너머au-delà이다. 이를 나는 누구보다 잘 안다. 그러므로 내가 듣는 것은 (사람들이 말하듯) 보다 강한 자아를 재구성하는 저항, 긴장, 오피스토토노스opisthotonus(몸이 뒤쪽으로 비틀어지는 위축 현상), 창백함, 아드레날린 방출(말해지는 그대로) 등이 아니다. 나는 들려오는entendement 것을 듣는다.

듣는 것은 나에게 이해를 강요하지 않는다. 그럼에도 내가 듣는 것은 여전히 디스쿠르다. 그것이 감탄사[일본어의 '앗'과 같은]처럼 거의 디스쿠르적이지 않더라도 말이다. 그러나 감탄사는 언어의 질서에 속한다. 표현적 고함이 아니라. 특정한 언어의 구문론적 효과에선 감탄사에 필적할 것이 없다

(E616).*

DSM-III 이후의 정신의학은 청진으로 얻을 수 있는 객관화 내
지 측정된 소견 이외 것을 마치 존재하지 않는 것으로 취급한다.
또한 이렇게 객관화된 소견이라는 것은 주체의 분열이나 지식에
대한 주체의 태도를 전혀 고려하지 않는다. 라캉주의 정신분석만
이 이와 같은 현대 의학에 비판을 가하는 것은 아니다. 예를 들어
마르코바Marková와 베리오스Berrios(2009)는 조작적 진단에서 '객관
적 증상'이라는 것은 실제로 환자의 장애나 생활이라는 문맥에 의
거해 있으며 이를 생물학적인 기반과 직접적으로 연결하기 어렵
다고 하고 있다. 하지만 이러한 비판의 목소리는 큰 반향을 일으
키지 못하고 있다.

나아가 DSM의 최근 경향은 이와 같이 주체를 보다 완벽하게
무시하려 하는 것처럼 보인다. 예를 들어 2000년에 간행된 개정 4
판(DSM-IV-TR)에서는 '신경성 무식욕증anorexia nervosa'(이른바 '거
식증')의 진단 기준이 다음과 같은 항목으로 구성되어 있다.

A 연령과 신장에 비하여 체중을 최소한의 정상 수준이나
그 이상으로 유지하기를 거부한다(예: 기대 체중의 85퍼센트
이하의 체중을 유지하려는 체중 감소, 혹은 장기간에 기대되는
체중 증가가 아니라 기대하는 체중의 85퍼센트 이하를 요망).

* 한국어판을 참조, 수정하여 반영했다. 『에크리』. 724-5쪽.—옮긴이

B 낮은 체중임에도 불구하고 체중 증가와 비만에 대한 극심한 *두려움*이 있다.

C 체중과 체형을 보는 방식이 왜곡되고, 체중과 체형이 자기 평가에 지나친 영향을 미치며, 현재의 낮은 체중의 심각함을 *부정*한다.

D 월경이 시작된 여성이 무월경, 즉 적어도 3회 연속적으로 월경 주기가 없다.(만일 월경 주기가 에스트로겐과 같은 호르몬 투여 후에만 나타날 경우 무월경이라고 간주된다) (American Psychiatric Association 2000, 강조 인용자).

DSM-IV-TR의 기술에는 체중이나 무월경이라는 *객관적*인 데이터와 '거부', '공포', '부인'이라는 *주체*의 관여가 전제된 항목들이 같은 수준에서 다루어지고 있다. 이처럼—마치 푸코가『말과 사물Les mots et les choses』의 초반부에서 소개한 저 유명한 "어떤 중국 백과사전"의 동물 분류와도 흡사한—둘을 병렬로 둔다는 것은, 정신이라는 것에 대한 우리들의 현대적 시각이 주체를 객관적인 측정과 동일한 수준으로 환원시키고 있다는 사실을 여실히 보여 주고 있다. 덧붙여 말하면, 2013년에 간행된 최신판 DSM-V에서는 "체중을 최소한의 정상 수준이나 그 이상으로 유지하기를 *거부*한다"는 표현이 삭제되어 있다(물론 일관되게 '주체를 무시'한다고 평가된다).* 이는 현대의 신경성 무식욕증자의 말에서 드러나

---

* 참고로 본문에서 언급된 DSM-V 한국어판의 진단 기준 A항은 다음과 같다.

는 '먹고는 싶지만 식욕이 없다', '토하고 싶지 않지만 자연스레 토하게 된다' 같이 '식사에 대한 거부 아닌 거절'의 호소를 자주 듣게 된 점이 반영되었다고 이해해야 할 것이다. 그러나 '먹고 싶지만 식욕이 없다'라는 발언이야말로 주체(의 분열)를 확실히 보여 주고 있음은 다시 말할 필요도 없을 것이다.

총괄하자면, DSM을 필두로 하는 조작적 진단의 기본적인 태도는 '보이는 것만을 보려고 한다'이다. 그렇다. DSM-III 이후의 정신의학은 무의식(의 주체)에 대하여 "억압이라는 의미에서는 아무것도 알려고 하지 않았다."* 라캉이 이 "억압이라는 의미에서는……"이라는 표현을 "폐제Verwerfung"와 관련 지었듯이, 우리도 DSM-III 이후의 정신의학에 대하여 '무의식의 폐제'라는 진단을 내려야만 할 것이다.

필요한 양에 비해 지나친 음식물 섭취 제한으로 연령, 성별, 발달 과정 및 신체적인 건강 수준에 비해 현저하게 저체중을 유발하게 된다. *현저한 저체중*은 최소한의 정상 수준보다 체중이 덜 나가는 것으로 정의되며, 아동과 청소년의 경우, 해당 발달 단계에서 기대되는 최소한의 체중보다 체중이 적게 나가는 것을 의미한다.(APA, 권준수 외 역, 『정신 질환의 진단 및 통계 편람 제5판』, 학지사, 2018, 364쪽)—옮긴이(강조는 옮긴이?)

* 이는 프로이트가 '늑대 인간der Wolfsmann' 사례(1918)에서 사용한 표현이다. 다만 한국어판 『전집』에서는 이를 "(그가 그것[거세]을 부정했다는 것은) 그것과는 전혀 상관을 않겠다는, 즉 그것을 억압했다는 뜻이다"로 번역하고 있다. 이와 같은 한국어 번역은 저자 마쓰모토(와 라캉)의 의도와 부합된다고 보기 어렵다. 따라서 본문에서는 한국어판 『에크리』에서 새로이 번역된 것을 인용했다.(프로이트, 김명희 역, 『늑대 인간』, 열린책들, 2011, 295-6쪽/『에크리』, 458쪽) 원문은 "(daß) er von ihr nichts wissen wollte im Sinne der Verdrängung."—옮긴이

3. 주체를 배제하는 것으로서의 '과학'

좀 더 시야를 넓혀 보자. 앞 절에서 보았듯이 '보이는 것만을 본다'라는 심리 상태mentality를 라캉은 보다 광범위하게 '과학'에서 찾고 있다.

먼저, 1959–60년의 세미나 7권인 『정신분석의 윤리』에서 과학을 '사물'을 배제하는 디스쿠르라고 간주한다. '사물'이란 상징화 이전에 있었다고 추정되는 원초적인 상태로, 언어의 세계에서 살아가는 우리들은 '사물' 그 자체를 다룰 수 없다. 하지만 '사물'은 기회가 된다면 가령 기분 나쁜 것(das Unheimliche/the uncanny)이나 죄책감, 숭고의 감각으로서 우리들의 삶으로 침입할 수 있다(임상에서 '주체'의 순간적인 나타남도 이와 관련된다). 이 '사물'의 존재(=회귀)를 애당초 인정하지 않고 마치 그것이 처음부터 존재하지 않았던 것처럼 행동하는 태도야말로 라캉이 "'사물'의 배제"라고 부른 것이다(S17, 157).

그렇다면 왜 이러한 태도가 바로 과학적인 특징이라고 하는 것일까? 이는 과학에서 '모든 것은 이성적이다'라는 신념, 즉 '모든 세상사의 인과관계를 논리적으로 설명할 수 있다'는 신념에 따라 그 외부를 전혀 인정하지 않기 때문이다(이 점을 라캉은 "과학 디스쿠르에서 절대지의 이상이 모습을 드러낸다"고 표현하고 있다). 하지만 1964년 세미나 11권인 『정신분석의 네 가지 근본 개념』에서 라캉이 명확히 밝혔듯이, 인과관계에서 '원인'이라고 불리는 것에는 본래적으로 어떠한 '균열'이 있다고 말한다. 사과가 나무로부터 떨어지는 원인으로서 중력, 중력 그 자체의 원인, 그 원인의 원인……으로 무한 후퇴하는 것처럼, 이러한 '균열'로서의 원인은 상징화 불가능한 것으로서 실재계에 위치하며, 그러한 규정이 정신분석에서는 중요한 초점이 된다(S11, 25/27). 반대로 "과학은 원인으로서의 진리에 대해 아무것도-알기를-원치-않는다"(E874)고 말한다. 이 점을 라캉은 과학에서의 '폐제'라고 불렀다.

나중에 라캉은 과학이란 "주체를 인멸하는 이데올로기"이며, 분석가 디스쿠르가 상기시키는 주체의 분열을 마치 없는 것으로 만들고 소거해 버리는 장치라고도 말하고 있다(AE437). 이처럼 전체를 인멸하는 이데올로기의 모델로서 라캉은 비트겐슈타인이 창시한 논리실증주의에 주목했다. 다음 구절을 살펴보자.

> 논리실증주의라고 불리는 학파 전체는 우리가 귀에 못이 박히도록 아주 재미없고 평범한 반철학antiphilosophie적 고찰을 들려주고는 있지만, 비트겐슈타인 씨의 행보가 헛된 것이라고는 생각하지 말기 바랍니다. *모든 주체의 존재를 없는 것으로 만드는 논리학*의 고찰로부터 귀결되는 것을 분절화하려는 그의 시도를 상세하게 추적할 필요가 있기 때문에 일독을 권합니다(S14, 149A. 강조는 인용자).

라캉은 논리실증주의 전반에 대하여 비난하는 한편 비트겐슈타인에 대해서는 비판을 삼가고 있다. 물론 주체를 소거하려는 이론과 실천은 라캉이 생각하는 정신분석의 정반대편에 있기는 하지만, 라캉은 비트겐슈타인처럼 주체를 철저하게 배제하려는 급진적인 모습에 주목하고 있었다. 또한 몇 년이 지난 후 라캉은 이러한 비트겐슈타인의 배제를 "정신병적 잔인함férocité psychotique"이라고 부르며 이를 정신병과 관련시키고 있다(S17, 69).

> 비트겐슈타인은 진리의 구원을 원하는 것이 아닙니다. 그는 진리에 대해서 아무것도 말할 수 없다고 말하지만, 이는 확실하지 않습니다. 왜냐하면, 우리는 매일 진리를 다루고 있기 때문입니다. 그런데 프로이트는 제가 여러 번 인용한 적 있는 편지에서 정신병의 위치를 어떻게 정의하고 있을까요? 기묘하게도 그는 불신Unglauben이라고 정의했습니다. 이것은 진리에 관한 것에 대해 아무것도 알려고 하지 않는다는 사실을 의미합니다(S17, 70-1).

진리를 다루는 정신분석과 반대로 진리를 배제하는 비트겐슈타인이나 논리실증주의(혹은 과학)가 정신병적이라고 하는데, 그것은 무슨 말일까? 분명 단순하게 그처럼 단언하기는 어려울 것이다. 왜냐하면 이때 라캉은 정신병의 하위분류인 정신분열을 정신분석의 기능과 연관 지으며 오히려 호의적으로 평가하고 있기 때문이다. 분열증자는 상징계의 본질적인 무근거('타자'의 '타자' 결여, 메타언어의 부재에 직면하고 그 결여에 그대로 머무르려는 존재이며, 상징계의 결여를 계속해서 부인하는 신경증자에게 이데올로기로서 기능할 수 있다. 정신분석이 신경증자에 대하여 수행할 수 있는 기능이란 이러한 아이러니ironie(상징계의 무근거함)를 신경증자에게 회복시키는 일이라고 라캉은 주장한다(AE209).

비트겐슈타인을 위시한 논리실증주의나 현대의 DSM과 같은 조작적 진단 모두는 무의식과 주체, 진리를 배제하고 '사물'과 관계가 없는 공허한 논리를 전개하고 있는 것처럼 보인다. 그렇다면 여기에는 어떤 병리가 있을까―만약 이것이 라캉의 말과 달리 정신병이 아니라면?

실제로 라캉주의(그리고 여타 현대사상)의 영향을 받은 일본의 정신병리학은 이미 그러한 진단을 내리고 있다. 여러 정신병리학자는 제로 세대*이후 세계가 *자폐증화(발달장애화)*되어 가고 있는 것이 아닌가라는 시대 진단을 내려 왔다. 예를 들어 우즈미 다케시內海健(1955-2012)는 현대의 심적 시스템을 일종의 자폐증자가 보이는 "현실적인 것의 보증을 잃어버린 합리성"이라 보고 있다. 이것은 단지 데이터베이스를 따르는 계산기로서의 합리성이고, 여기에는 결단의 계기가 없으며 근대적인 의미에서의 자기가 제대로 형성되지 않았다고 말한다.

또한 스즈키 구니후미鈴木國文(1952-2011)는 2000년대 후반의 언설에 "분명 올바르기는 하지만, 어쩐지 이상하다", "그렇게 말할 수 있게 되는 '자기 자신에 대한 물음'이 던져지지 않은 채로 말이 오고 간다"는 특징이 있다고 지적한다. 예를 들어 '자유'에 관하

* 2000년 이후의 대중문화와 사회 풍속을 지칭하는 카테고리를 말한다.―옮긴이

여 생각해 보자면, 현대에는 신자유주의로 대표되듯이 인간의 자유로움이 더 이상 증명이 불필요한 전제가 되었다. 여기서는 이제 '자유란 원래 무엇이었던가?', '자유는 가능한 것인가?'라는 근본적인 의문이 결코 던져지지 않는다, 스즈키는 이와 같이 "자기 자신에 대한 물음"이 부재하는 풍경이 자폐 스펙트럼, 특히 아스퍼거 증후군의 임상 풍경과 상당히 유사하다고 지적하고 있다. 왜냐하면 아스퍼거 증후군 환자에게서 잘 드러나는 '문자-말 그대로 해석'은 우리로 하여금 "말하고 있는 것이 분명 올바르기는 하지만, 어쩐지 이상하다"는 감각을 일으키기 때문이다.

더불어 가토 사토시加藤敏(1949-)는 보다 직접적으로 현대의 '사회적 아스퍼거화'를 지적하고 있다. 고도로 정보화된 현대사회에서는 타인과 눈을 마주치지 않고도 일을 할 수 있으며, 여기서도 최소한의 커뮤니케이션만 이루어진다고 한다. 또한 이미 결정된 메뉴얼이나 가이드라인에 맞추어 획일적으로 따르는 것이 "효율적"이라고 지적하고 있다. 이러한 사회는 칸트적인 계몽의 주체, 즉 자신의 이성을 자신이 이용하여 판단하는 주체가 오히려 살기 힘들어진다. 때문에 현대사회를 살아가기 위해서는 차라리 아스퍼거적인 인간이 새로운 적응자가 되지 않을까라고도 생각하게 된다. 강대한 '아버지'가 잘 기능하지 않게 되었을 때 최적의 해결책이 아스퍼거인 셈이다. 우리들은 이것을 '스키조 키즈'(아사다 아키라淺田彰)를 흉내 내어 '아스퍼거 키즈'라 불러야 하지 않을까?

분명 자폐증이나 아스퍼거 증후군은 결코 부정적인 의미에서의 '장애'는 아니다. 오히려 그것들의 특이성＝단독성singularité은 우리가 지금까지 세계를 보아 왔던 방식을 완전히 바꿔줄 가치를 가졌을 수도 있다. 하지만 이번 절에서 검토한 것과 같은 과학의 모습을 자폐증—이를 현대 라캉주의는 '사물'의 단편인 대상 α를 껍질 구조로 파악하고 신체 기관의 가장자리[접점]에서 확보함으로써 자신의 신체를 외부로부터 지키고 독자의 논법logic을 최고도로 전개시켜 합성 타자Autre de synthèse를 만들어 가는 자로서 이해할 수 있을 것이다—이 드러내는 심적 구조를 이른바 표면이라고 간주할 수 있지 않을까(松本卓也, 2017).

4. 현대 정신의학을 넘어서

하지만 현대의 정신의학이 DSM-V 일색으로 물들어 있는 것은 아니다. 로버트 스피처Robert Spitzer에 이어 DSM-III의 작성위원장직을 이어받아 DSM-IV 작성에 주도적인 역할을 수행한 앨런 프랜시스Allen Frances(2013)는 최근 저서인 『정신병을 만드는 사람들Saving Normal』*에서 DSM-V을 엄격히 비판하고 있다. 그는 DSM-V이 지나치게 확산됨으로써 장애의 개념이 협소해졌으며, 정신의학에 의한 의료화의 범위를 적절한 범위 안에서 규정함으

---

* 한국어판은 앨런 프랜시스, 김명남 역, 『정신병을 만드는 사람들』, 사이언스북스, 2014.—옮긴이

로써 '정상'을 되찾아야 한다고 제언한다.

미국 국립정신건강연구소(National Institute of Mental Health) 소장을 지낸 토마스 인셀Thomas Insel은 더욱 급진적인 시책을 제시하고 있다. 그는 DSM-V의 출판 전후로 명확하게 반反DSM의 자세를 보여 주었다. 그의 주장은 다음과 같다. 정신의학 이외의 분야에서는 다양한 바이오마커Biomarker의 발견을 통해 최근 50년 동안 진단학이 완전히 바뀔 정도의 진보를 이루었지만 정신의학만은 이러한 진보를 이루지 못했다고 한다. 여기서 인셀은 유전자나 바이오마커, 또한 인지 기능의 평가를 중심으로 만들어질 수 있는 새로운 정신과 진단학인 '연구영역기준Research Domain Criteria'(종종 'RDoC'로 약칭)을 제창하고 있다. 이 기준에서는 '정신병'이나 '우울증'이라는 현재의 질환 카테고리는 완전히 해체된다. 또한 모든 정신 병리에 대하여 정상으로부터 병리까지 이어지는 것으로 취급하는 차원 모델Dimensional Model,次元模型을 채용하여 화상 검사, 생리 검사, 행동 평가, 증상의 자기 기술 등의 복수의 평가 단위unite을 사용한 진단 모델이 고안되었다. 나아가 그는 자신이 소장으로 재직했던 NIMH 관할하에서 행해진 정신의학 연구에서 DSM-V를 사용하지 않는다는 방침을 정하고, 나아가 최근에는 신경생리학적인 메커니즘을 해명하는 것을 목표로 하지 않는 임상 연구에는 연구 자금을 제공하지 않기로 결정했다. 결국 그는 DSM-V의 피상성을 비판하면서 그에 대한 반발로서 지금까지의 정신의학을 신경생리학적인 접근으로 진지하게 해체하려고 했던 것이다. 그리고 NIMH을 퇴직한 그는 2015년에 구글Google의 모회사인 알파벳Alphabet사의 라이프사이언스 부문에 입사했다. 이는 정신 건강 상태를 24시간 감시하면서 모든 이상의 징후를 추적하는 웨어러블 센서wearable sense의 개발을 위해서였다고 한다……

분명 멀지 않은 미래에 정신 건강mental health의 세계는 완전히 변하게 될 것이다. 왜냐하면 인셀의 기준Criteria이나 그와 같은 사상(주체의 완전한 섬멸)이 이 세계를 점거하게 될 때 '사물'의 차원을 인정하지 않는 과학의 이데올로기는 마침내 절대지의 단계에 올라서서 지적인—동시에 기괴한—구조물로서 체계화된 환상처럼 결실을 맺을 것이기 때문이다. 하지만 이와 동시에 우리는 돌이킬 수 없는 파멸적 퇴폐 혹은 푸코가 예견한 '인간'의 완전한 종언을 눈앞에 맞이할지도 모른다. 정신분석은 이와 같은 현대 정신의학 저편으로의 '저항'을 추구한다.

제5장 현대의 질환病으로서 '우울'

'현실 신경증'과 자본주의 디스쿠르

1. 데프레시옹과 멜랑콜리를 둘러싼 정신의학의 역사

'우울(증)'이라는 개념이 지금처럼 혼란스러운 시대는 없었다고 해도 지나치지 않다. 신문이나 TV에서 이 말을 듣지 않는 날이 거의 없으며, '기분의 저하'를 호소하며 정신과를 찾는 환자의 수는 증가 일로에 있다. 게다가 최근에는 매스컴이 주도한 '신형 우울증'이라는 말이 확산되고 있으며 마치 이것이 원래부터 존재하던 의학적 개념이었던 것인 양 논의되는 장면을 마주하기에 이르렀다. 이러한 현황에 대해 프로이트와 라캉을 이론적 지주로 삼는 우리는 어떻게 생각해야 할까?

프로이트가 '우울'을 논하지 않았던 것은 아니다. 우리는 즉각적으로 그의 논문 「애도와 멜랑콜리Trauer und Melancholie」(1917)를 떠올릴 수 있다. 하지만 「애도와 멜랑콜리」는 자책 내지는 죄책

망상delusion of sin을 동반한 중증 내인성 우울증(멜랑콜리)을 대상으로 했기에 요즈음 문제가 되고 있는 '우울'에 관해서 그다지 많은 것을 가르쳐 주지 않을 것이다. 그렇다면 우리는 그의 여러 저작들로부터 현대의 동시대적 요청에 부응하기 위해 또 다른 하나의 '우울론'을 제시할 필요가 있지 않을까. 즉, 잘 알려진 '멜랑콜리론'이 아니라 프로이트의 '우울론'을 전개해 볼 필요가 있다고 생각된다. 그러한 논술의 과정에서 라캉이 '우울dépression'에 관해 말했던 약간의 시사점이 가지는 중요성도 자연스럽게 드러날 것이다.

먼저 프로이트의 논의의 배경에 있는 정신의학사를 간단히 확인할 필요가 있다.

현재의 '우울'을 둘러싼 혼란이 역사적으로 어떻게 성립해 왔는지를 엄밀히 추적했던 오마에 스스무大前晉(2012)에 따르면, 그가 데프레시옹dépression이라고 부른 것과 '우울증'이라고 부른 것은 각각 태생이 다른 질환이다. 이 책에서는 프로이트의 용어법에 가능한 한 근접하기 위해서 오마에가 그의 논의에서 '데프레시옹'이라고 불렀던 것을 그대로 '데프레시옹'으로, '우울증'이라고 부르는 것(내인성 우울증)은 '멜랑콜리'라는 표현을 그대로 사용할 것이다.

그런데, 데프레시옹과 멜랑콜리의 태생이 다르다고 한 것은 전자가 주로 내과 의사에, 후자가 정신과 의사에 의해 기재되고 치료되었다는 역사적 경위를 가리킨다. 전자인 데프레시옹은 '신경쇠약' 혹은 '정신쇠약' 등으로 불리었으며 내과 의사는 휴식이나 대화 요법을 통하여 이를 치료했다. 또한 데프레시옹은 일종의 질환이라기보다는 기본적으로는 스트레스 반응으로 여겨졌다. 이런 의미에서, 나중에 거론하게 될 조지 밀러 비어드George Miller Beard의 '신경쇠약neurasthenia'개념은 데프레시옹의 기준이 된다. 비어드(1869)는 19세기 중반 미국 산업혁명기에 나타난 신경 피폐 현상을 신경쇠약이라고 불렀다. 신경쇠약은 피로와 불안, 두통, 신경증, 우울한 기분 등을 특징으로 하는 상태로, 비어드는 그 원인을 당시의 장시간에 걸친 비인간적 공장 노동에 기인한 것으로 보았다(뒤에서 다루겠지만, 프로이트는 1890년대에 발표한 몇몇 논문에서 비어드의 신경쇠약에 관하여 논하고 있다). 그러나 이 신경쇠약이라는 개념이 무엇을 가리키는지 애매했기에 나중에 폐기되어 버린다.* 또한 신경쇠약과 같은 용태는 오히려 일상적 심리에서 슬픔이라는 감정과 연관된 '우울'로서 다루어지게 되었다.

다른 한편으로 멜랑콜리는 18세기 말 피넬의 '멜랑콜리mélancolie', 그의 제자인 에스키롤Esquirol의 '리페마니lypémanie, 부분망상'에서 시작하여 팔레Falret의 '순환성 광기folie circulaire'나 베야르제Baillarger의 '이상성 광기folie à double forme' 등 흥분 상태와 우울 상태의 주기적인 교대에 주목하는 견해를 경유하여 1899년 독일의 크레펠린Kraepelin이 이를 종합하여 '조울증manisch-depressive Irresein'의 개념으로 정리함으로써 대략적으로 완성되기에 이른다.

---

*   예를 들어 현행 DSM에 신경쇠약은 포함되지 않는다. 또 다른 국제적인 질병 분류인 ICD-10에서는 'F48 그 외의 다른 신경증성 장애' 안에 포함되어 있다.

광기folie/Irresein라는 강렬한 단어를 사용하여 이러한 질환을 표현한다는 사실로부터 알 수 있듯이, 이들 질환은 외래진료로 대응할 수 없으며 대부분이 입원 환경하에서의 치료를 필요로 하는 격렬한 증상을 동반했기에 '정신병'이라고 부르는 것에 상응했다. 실제로 피넬의 멜랑콜리는 망상을 동반하는 경우가 많았고 오늘날이라면 조현병이라고 진단할 만성적인 망상성 정신병도 포함했다고 한다. 또한 당시에는 멜랑콜리가 *감정*이 아니라 *지성*에 일차적인 장애가 있는 질환이라고 생각하는 견해가 일반적이었고 '우울증'을 *기분*이나 *감정*의 질환으로만 이해하는 요즈음과는 크게 달랐다.

그렇다면 데프레시옹과 멜랑콜리라는, 서로 상이한 이들 두 가지 질환이 '기분 장애(감정 장애)' 혹은 그 하위분류인 '우울 장애'로 단일하게 정리되는 이유는 무엇일까. 그 대략의 이유는 '이해verstehen'라는 정신의학의 방법에서 찾아야 할 것이다. 미야모토 다다오宮本忠雄(1977)는 칼 야스퍼스Karl Jaspers(1883-1969)이후의 정신의학에서 이해심리학적 방법론이 도입된 후에 (조)울증이 감정이입할 수 있는 자연적인 심정적 질환으로서 인식되었고, 그 결과 (조)울증의 범위가 확대되었음에 주의를 촉구했다. 오마에는 데프레시옹과 멜랑콜리를 단일한 것으로 보는 관점의 효시가 1921년 미국의 아돌프 마이어Adolf Meyer(1973)와 1926년 영국의 에드워드 매포더Edward Mapother(1926)라고 추측한다. 전자는 일상생활의 심리와 정신질환의 심리의 본질적인 차이를 인정하지 않았고, 후자는 외래 치료가 가능한 신경쇠약(데프레시옹)과 입원 치료가 필요한 정신병성 멜랑콜리 사이에 중증도 이외의 차이를 인정하지 않았다. 때문에 이 둘의 차이가 희박해졌던 것으로 보인다.

데프레시옹과 멜랑콜리의 차이가 무효화된 또 다른 이유는 1950년대 후반에 항우울제 이미프라민imipramine의 등장과 질환 그 자체의 경증화가 거론된다. 이와 같은 변화에 따라 멜랑콜리에서도 외래를 통해 치료할 수 있는 경우가 나오게 되었다. 그렇게 되자 외래를 통해 치료한 데프레시옹과 입원을 통해 치료한 멜랑콜리는 치료 장소 외에는 거의 차이가 없게 되었다.* 그리하여 멜랑콜리와 데프레시옹 사이에서도 중증도 이외의 질적 차이를 인정하지 않고 양자가 본질적으로 같다고 보는 견해가 주류를 이루게 되었다.

이 데프레시옹과 멜랑콜리의 병합은 DSM-II에서 3판으로의 개정에서 가장 날카롭게 나타난다. 1968년의 DSM-II에서는 당시 미국에서 유행했던 정신분석의 이론의 영향이 짙게 반영되어 있었기에 여기저기에서 프로이트로부터 유래하는 용어를 발견할 수 있었다. 하지만 1980년의 DSM-III에 이르게 되면 정신분석을 위시한 모든 이론이 배제되었고 진단에서도 그때까지의 역동

---

* 일반에게도 널리 알려진 '우울증 환자를 격려할 필요는 없다'는 원칙은 이러한 경증 내인성 우울증(경증 멜랑콜리)에 대해 가사하라 요미시笠原嘉(1928–1981)가 제창한 소정신요법小精神療法이 간략화된 것으로—데프레시옹과 멜랑콜리를 구분하는 이원론을 취하는 논자에게는—데프레시옹에 대해서는 들어맞지 않는다고 볼 수 있다.

적 기술이 사라지게 되었다. 그 대신에 미리 준비된 기술적 특징이 환자에게 얼마만큼 해당되는지를 체크하는 식의 진단, 소위 말하는 '조작적 진단 기준'이 도입된다.

DSM-II에서 DSM-III로의 넘어가는 과정을 좀 더 자세히 살펴보자. DSM-II에서는 데프레시옹에 해당하는 경증 우울증 대다수가 '순환성 인격cyclothymic personality', 별칭으로 '감정성 인격 affective personality'으로서 인격 장애에 속하거나, 내적 갈등이나 사건에 대한 반응으로서 생기는 '우울 신경증depressive neurosis'에 위치했다. 순환성 인격은 "우울과 감정 고양이 반복적으로 교대하며 나타나는 행동 패턴"으로 기술*됨으로써 멜랑콜리에 해당하는 '대大감정 장애major affective disorders'와 명확하게 구분된다. 또한 우울 신경증도 현실 검증이나 기능상의 적절함이 정신병 수준에 있는지에 따라 '정신병성 우울 반응psychotic depressive reaction'과 구별되었다. 원래 DSM-II에서 대감정 장애의 다른 이름은 '감정 정신병affective psychosis'으로, "환자의 정신생활을 지배하고 주변 환경과의 접촉 상실의 원인이 되는"**—즉 프로이트가 말했던 현실감 상실Realitätsverlust까지 이르는—분명한 정신병을 의미한다. 하지만 DSM-III가 되면 데프레시옹에 해당하는 병태는 '정동장애affective disorders'에 포함됨으로써 멜랑콜리와 더 이상 차이를 두지 않게 되

---

* American Psychiatric Association, *Diagnostic and Statistical Manual of Mental Disorders 2nd Ed.*, WA: APA, 1968, p. 42.—옮긴이
** 앞의 책, pp. 35-36.—옮긴이

었다.* 그래서 '우울한 기분'이라는 증상이 정동장애(DSM-IV 이후에는 '기분 장애mood disorders')에 직접적으로 연결됨으로써 데프레시옹과 멜랑콜리의 감별 진단을 묻지 않는 임상과 연구가 세계를 석권하게 되었다.

하지만 다른 한편으로 데프레시옹과 멜랑콜리 양자를 감별해야만 했던 고전적 견해도 명맥을 유지해 왔다. 이는 아무리 멜랑콜리가 경증화되어도 양자를 *감별할 수 있기* 때문이다.

이 양자를 감별하기 위한 가장 유용한 특징은 '안헤도니아anhedonia, 무쾌감증'이다. 일반적으로 데프레시옹에서는 어떤 즐거운 일이 있거나 고통스럽게 하는 상황이 호전되거나 한다면 환자는 즐거움을 느끼고 질환 자체도 호전되는 경향이 있다. 다른 한편으로 멜랑콜리에서는 어떤 즐거운 일이 있을지라도, 예를 들어 발병의 원인이었던 상황이 변하더라도 병태는 변하지 않는다. 이사가 원인이 되어 멜랑콜리가 되었던 환자의 경우, 당연하겠지만 원래 집으로 돌아가도 회복되지 않는다. 멜랑콜리증자는 발병 이후에는 더 이상 즐거움을 느낄 수가 없다. 이러한 사태를 안헤도니아라고 부른다.

'즐거움을 느낄 수 없는 것'을 나타내는 이 용어는 심리학자 테오뒬 리보Théodule Ribot가 『감정의 심리학La Psychologie des sentiments』(1897)에서 사용했던 'anhedonie'라는 용어에서 직접

---

* DSM-IIIDSM-III 이후 주요 우울증 장애에 '멜랑콜리형의 특징'이라는 식별자가 준비되었지만, 이 식별자는 그리 크게 주목을 끌지 못했으며 충분한 연구도 이루어지지 않았음을 오마에(2012)가 지적하고 있다.

적으로 유래한다. 하지만 뒤에서 언급하게 될 빌헬름 그리징거 Wilhelm Griesinger처럼 그 이전부터 안헤도니아에 해당하는 특징을 중요하게 보았던 논자도 적지 않았다. 또한 안헤도니아와 유사한 개념도 여럿 있었다. 빌헬름 마이어-그로스Wilhelm Mayer-Gross(1954)는 데프레시옹과 멜랑콜리의 차이에 대해 "기분의 비반응성", 즉 즐거운 일이 있어도 환자의 기분이 그 사건에 반응하지 않는다는 점에 주목했다. 그는 질환의 중증도와 무관하게 이 '기분의 비반응성'이라는 특징을 갖는 것을 멜랑콜리(내인성 우울증), 갖지 않는 것을 데프레시옹(신경증성 우울)로 간주했다. 발터 슐테Walter Schulte(1961)는 '비애 불능=애도가 불가능한 것 Nichttraurigseinkönnen'이라는 개념을 제시했다. 그에 따르면 멜랑콜리 환자는 포지티브한(즐거운) 사건에만 반응하지 않는 것이 아니라 네거티브한(슬픈) 사건에도 반응하지 않는다(=애도 작업이 불가능하다). 이는 환자가 "'심'적이면서 정신적인 감정에서 전혀 동요를 일으키지 않게 되어 버린" 상태를 의미한다. 데프레시옹과 애도가 반응성 슬픔이라면 멜랑콜리는 오히려 더 이상 *슬퍼지지 않는 상태*라고 볼 수 있다. 멜랑콜리가 감정(혹은 기분, 정동)의 질환으로서 규정된다면, 이는 일반적으로 생각하는 것과 같이 감정의 기복 변화라는 의미에서 감정의 질환이 아니라 오히려 감정적이라 할 수 있는 것에 대하여 근본적인 변용 내지는 감정의 '배제'를 나타낸다고 할 수 있을 것이다.

또한 최근에는 멜랑콜리 개념이 다시 회복되는 경향이 있음도 다루어야 할 것이다. 미국 정신의학계의 중진인 막스 핑크

Max Fink와 마이클 앨런 테일러Michael Alan Taylor는 지금까지의 연구 성과를 모은 『멜랑콜리아—우울성 질환의 진단과 병리생리학, 치료Melancholia: the diagnosis, pathophysiology and treatment of depressive illness』(2010)를 발표했다. 이 연구는 주요 우울성 장애(데프레시옹)와 멜랑콜리를 다시 명확하게 분리하는 것을 목표로 하고 있다. 왜냐하면 멜랑콜리는 주요 우울성 장애와는 증후학적으로 다르며, 삼환계 항우울제나 전기 경련 요법이라는 치료가 효과를 보이며 또한 혈액 검사나 뇌파 소견이 양자의 감별 진단에 보조적으로 이용 가능하다는 점을 보여 주는 데이터를 충분히 가지고 있기 때문이다.*

2. 프로이트의 데프레시옹과 멜랑콜리

앞 절에서 확인한 데프레시옹과 멜랑콜리라는 두 계보는 프로이트의 논의에서도 거의 같은 형태로 존재한다. 지금부터는 이 두 가지의 '우울'에 대해서 프로이트가 무엇을 이야기했는지를 확인해 보자.

하지만 그 전에 반드시 지적해 두어야 할 것이 있다. 현대 정신

---

* 약간 수준이 다르지만 게이오 대학의 하마다 히데미치濱田秀伯 그룹은 크레펠린의 '퇴행기 멜랑콜리'라는 개념을 부활시켰으며, 이는 기분 장애와는 완전히 다른 망상성 장애라는 점을 강조하고 있다(게이오기주쿠대학慶應義塾大 정신병리연구 그룹 외, 2008).

의학의 언설이 '우울depression'이라는 감정 또는 기분 변화를 이른 바 특권화하고 그것을 일종의 병으로서 특징지을 수 있는 중심적 상태로 간주하는 점에 비해 프로이트와 라캉은 '우울'을 그다지 중시하지 않았다는 점이다. 조금 뒤에서 확인하겠지만 프로이트 는 현실 신경증에서는 오히려 불안에, 멜랑콜리론에서는 자책에 주목하고 있으며 '우울'은 별로 적극적인 논의 대상이 되지 않았 다. 더욱이 라캉주의의 관점에서 소위 '우울'은 정신분석적인 의 미에서 증상'symptôme으로서 가치를 가지지 않는다고 할 수 있을 정도이다. 왜냐하면 증상이란 그 정의상 시니피앙의 은유에 의하 여 형성되는 무의식의 형성물을 일컫는 것으로, 시니피앙으로 은 유화되지 않는 '우울'은 분석가의 언어적 개입을 벗어나 있기 때 문이다(Menard, 1986).

프로이트의 데프레시옹과 멜랑콜리의 두 계보는 각각 1890년 대의 일련의 논고와 서간에서의 '현실 신경증Aktualneurose'과 1910 년대 이후의 「애도와 멜랑콜리」로 대표되는 멜랑콜리론에 해당한 다. 이제 이 두 가지 논의를 개관하여 보자.

(1) 현실 신경증

1890년대 프로이트는 '불쾌(또는 불만)Verstimmung'*이나 '우울

---

* '불쾌'라고 변역할 수 있는 Verstimmung이라는 단어는 '우울증'의 이미지와 어울리지 않을 수 있다. 하지만 DSM-IIIDSM-III-R 이후 '우울 기분depressive mood'이라고 불리게 된 이 증상은 DSM-IIIDSM-III까지는 주요 우울증성 장애의 진단 기준에서 Verstimmung에 대응하는 '불쾌한 기분dysphoric mood'이라는

Depression'을 신경쇠약과 관련 지었으며, 특히 이들 증상이 신체와 직접적으로 관계를 갖는다는 점을 중시했다.* 앞서 살펴보았듯이 비어드가 신경쇠약이라고 명시한 것은 피로와 불안, 두통, 신경통, 우울한 기분 등과 같은 특징을 가진 병태였다. 하지만 프로이트는 그러한 병태를 취급할 때 기분이나 감정의 변화로서의 '우울'은 결코 주역이 되지 않았다. 오히려 프로이트는 신경쇠약에서도 '우울' *이외*의 부분을 부각시키고 이를 독특한 병태로서 거론하고 있다.

프로이트가 1895년에 쓴 「신경쇠약증에서 '불안신경증'이라는 특별한 증후군을 분리시키는 근거에 관하여」라는 논문**은 오늘날 그다지 주목을 받지 못하고 있다. 하지만 정신의학사의 관점에서 본다면 이는—요즈음 식으로 말한다면—신경쇠약이라고 불렸던 비균질적heterogeneous인, 즉 잡다한 집단으로부터 *진정한 신*

술어로 불렸다. Verstimmung은 Depression과 함께 오늘날의 '우울'의 근본이 되고 있는 셈이다.

* 프로이트는 1890년 논문 「정신 치료(마음 치료)」에서 신체와 정동 상태의 관계에 대하여 다음과 같이 쓰고 있다. "근심, 걱정, 슬픔과 같이 고통스럽거나 소위 '우울한depressiver' 성격을 갖는 정동 상태가 지속되면 육체에의 영양 공급이 대체로 줄어 들고, 머리가 세고, 지방이 줄고, 혈관벽이 병리적으로 변형된다." 뒤에서 살펴보겠지만, 심적인 것이 개입되지 않고 생기는 정동과 신체의 관계가 여기에도 기술되어 있다(GW5, 294-5).[한국어판은 프로이트, 이덕하 역, 『끝낼 수 있는 분석과 끝낼 수 없는 분석』, 도서출판 b, 2004, 171쪽]

** 논문의 제목이 다소 길어 각주로 분리했다: "Über die Berechtigung von Neurasthenie einen bestimmten Symptomenkomplex als „Angstneurose" abzutrennen"(GW1, 313-42).[한국어판은 프로이트, 황보석 역, 『정신병리학의 문제들』, 열린책들, 2012, 7쪽]—옮긴이

경쇠약과 '패닉 장애'을 나누고 후자를 선명하게 드러냈던 역사상 최초의 업적이라고 할 수 있을 것이다.* 프로이트는 신경쇠약에서 보이는 전반적인 자극 감수성irritability[예민하여 약간의 자극만으로도 반응하는 것], 불안한 예감(예기 불안), 불안 발작(심장의 두근거림, 호흡, 발한, 몸 떨림, 식탐, 설사, 현기증, 울혈congestion, 감각 이상), 야간 공포에 의한 각성 등을 주요 특징으로 하는 병태를 '불안신경증Angstneurose'이라 명명하여 신경쇠약으로부터 분리했다. 여기서 지적하고 있는 불안신경증의 여러 특징은 요즈음 말하는 패닉 장애와 거의 일치한다. 이러한 불안신경증의 분리 작업을 통해 진정한 신경쇠약이 남겨지는데, 데프레시옹은 이 진정한 신경쇠약에 여럿 포함되어 있다고 볼 수 있다. 또한 프로이트는 진정한 신경쇠약과 불안신경증을 합친 진단 카테고리를 현실 신경증Aktualneurose이고 불렀다.

당시 이러한 현실 신경증(진정한 신경쇠약)으로서의 데프레시옹은 멜랑콜리와는 구별되어 있었다. 친구였던 빌헬름 플리스Wilhelm Fliess에게 보낸 편지에 동봉된 1893년 2월 8일자 원고 B 「신경증의 병인Die Ätiologie der Neurose」**에서는 "주기성 기분 불쾌

---

* 프로이트는 이 두 가지가 섞여 있을 가능성도 인정하고 있다. 이는 현대 정신의학에서 말하는 '혼합성 불안 우울 장애' 혹은 패닉 장애와 주요 우울증성 장애를 합친 것에 해당할 것이다. 참고로 도널드 클라인Donald Klein의 패닉 장애의 공식公式 발견은 1960년에 이루어졌다.

** 독일어판은 Freud, *Aus den Anfängen der Psychoanalyse: Briefe an Wilhelm Fliess, Abhandlungen und Notizen aus den Jahren 1887-1902*, London: Imago publishing, 1950, p.76-81.[한국어판은 프로이트, 임진수 역, 『정신분석의 탄생』, 열린책들, 2009, 21-30쪽] 한국어판에서는 "periodische Verstimmung"가

periodische Verstimmung와 진정한 멜랑콜리echter Melancholie"는 "심리적 불감증psychische Anästhesie"의 유무로 감별된다고 프로이트는 말하고 있다(Freud, 1950). 여기서 "심리적 불감증"이라고 이름 붙인 것은 프로이트가 상당히 의존하고 있었던 정신의학자 그리징거(1861)가 나중에 안헤도니아에 해당되는 것을 나타내기 위한 술어를 말한다. 그리징거에 의하면 심적 무감각이란 '외부의 자극에 대한 정신적 반응이 약해지거나 둔화되는 것'을 의미한다. 즉, 프로이트는 심적 무감각이 있음, 즉 외부의 자극에 대하여 반응을 보이지 않음을 멜랑콜리의 특징으로 생각했고, 이를 심리적 불감증이 없음(현실 신경증)에서 구별했다. 다른 한편으로 1895년 1월 7일의 초고 G 「멜랑콜리Melancolie」*에서는 멜랑콜리가 중증화된 신경쇠약으로 다루어지고 있다.** 즉, 프로이트는 여기서 데프레시옹과 멜랑콜리의 차이를 인정하지 않고 있다. 또한 「신경쇠약증에서 '불안신경증'이라는 특별한 증후군을 분리시키는 근거에 관하여」에서는 "신경쇠약증—특히 간헐적이거나 주기적 성격의 신

"주기적인 우울증"으로, "echte(r) Melancholie"가 "엄격한 의미에서의 멜랑콜리"로, "psychische Anasthesie"가 "심리적인 불감증"으로 번역되었는데, 이 책에서는 일본어 원문의 맥락에 따라 번역을 약간씩 수정했다. ─옮긴이

* 독일어판은 Freud, *Aus den Anfängen*, pp.111–117[한국어판은 『정신분석의 탄생』, 57–66쪽] ─옮긴이

** 후쿠모토 오사무福本修(2011)는 이 부분과 프로이트의 논고를 참고하여 프로이트가 멜랑콜리를 신경증의 수준 내지 신경증과 정신병의 중간에서 다루고 있다고 주장한다, 하지만 프로이트의 멜랑콜리론이 정신병성 우울증을 문제로 삼았던 아브라함의 논의를 이어가고 있다는 점, 또 프로이트가 멜랑콜리에 '병적인 소질'이 있음을 언급하고 있다는 점에서 멜랑콜리를 포함한 나르시시즘적 신경증은 정신병으로 여겨지고 있다.

경증—이라고 설명되는 증상 가운데 많은 것이 (협의의) 멜랑콜리"라고 말하고 있다(GW1, 316). 정리하자면 크로살리 코르비의 지적대로 그 시대에 프로이트가 사용했던 '멜랑콜리'라는 술어는 데프레시옹과 멜랑콜리 사이에서 유동적이었으며 양자의 경계가 애매했다고 할 수 있을 것이다(Crosali Corvi, 2011, p. 178).

그렇다면 그 병인은 무엇이었을까? 프로이트는 현실 신경증의 병인을 현대적인 관점에서 본다면 기묘하게 들릴 수 있는 논의로 전개하고 있다. 그는 신경쇠약이 자위나 몽정으로부터 생기며, 불안신경증은 금욕이나 성교 중절coitus interruptus로 생긴다고 말한다(GW1, 497).* 이러한 견해는 프로이트 개인과 당시 빈Wien의 결벽주의적 풍조에 기반하고 있다고 비판받기도 했다. 하지만, 여기에서는 유독 신체에 관련되는 사항만이 현실 신경증의 병인으로서 다루어지고 있다는 점에 주목해야 할 것이다. 프로이트에게 현실 신경증은 "억압된 관념에서 비롯되는 것이 아니기 때문에 정신분석으로도 더 이상 줄일 수 없고 심리요법으로도 치료가 되지 않는 것"(GW1, 322)**이며, 더불어 "왜냐하면 신경쇠약의 기본 증상에는 심리적 메커니즘이 전혀 관련되지 않기 때문"(GW1, 72)이라 하고 있다. 신경쇠약은 심적 생활 속에서가 아니라 현실의 성생활 안에서 그 병인을 규명할 수 있다. 또한 "환자도 그러한 병인을 알고 있으며, *현재*에 관계"되었기 때문에 현실 신경증이라

---

* 한국어판 『전집』[프로이트, 임진수 역, 『끝이 있는 분석과 끝이 없는 분석』, 열린책들, 2011, 15–16쪽]에 따라 표현을 수정했다. —옮긴이
** 한국어판은 『정신병리학의 문제들』, 20쪽. —옮긴이

고 불린다(GW1, 496, 강조는 인용자).* 그런 까닭에 현실 신경증은 심적인 것을 언어로만 다루어야 한다는 정신분석으로서는 한계선 바깥의 병리였던 셈이다.

현실 신경증에서 심적인 것은 신체와 관련되는 곳 바로 앞에서 발생한다고 여겨졌다. 프로이트는 '신체적인 성적 흥분의 처리'라는 관점에서 현실 신경증의 메커니즘을 설명하고 있다. 여기서 말하는 '신체적인 성적 흥분'이란 프로이트에 따르면 "내생적으로 일어나는 (성적) 흥분"이며(GW1, 338), "끊임없이 일어나 주기적으로 정신에 자극을 준다"(GW1, 334)는 성질의 흥분을 말한다.** 이러한 흥분은 리비도적 긴장이라고 불리는 긴장 상태를 낳는다. 하지만 몸의 항상성을 유지하기 위해서는 이런 긴장 상태는 불필요하며 이를 풀어 낼 필요가 생긴다. 또한 이러한 신체적 흥분은 어느 일정 정도에 이르면 심적 흥분으로 변화될 수도 있다. 이는 후에 '충동Trieb'이라고 명명되는 것, 즉 *신체 내부로부터 항상적으로 발생하며 그것의 심리적 대리psychische Repräsentanz만이 정신으로 들어올 수 있는 것*의 선구적인 개념이다.*** 현실 신경증의 메커니즘에 관한 신체적인 성적 흥분은 충동과 마찬가지로 프로이

---

* 한국어판은 『끝이 있는 분석과 끝이 없는 분석』, 14쪽. 일본어 원문에 맞추어 번역을 다소 수정했다. ─옮긴이

** 한국어판은 『정신 병리학의 문제들』, 34-39쪽. ─옮긴이

*** '신체적인 성적 흥분'과 '충동'의 개념은 직접적으로는 연결되지 않는다. 다만 『성욕에 관한 세 편의 에세이』에 따르면 성적 흥분을 낳는 기관은 성감대性源域,erogene Zone라고 불리는데, 똑같은 (부분) 충동도 성감대에서 발생한다고 말한다. 나아가 충동의 목표는 성감대로부터 발생하는 흥분을 해소함으로써 이루어지기에 양자는 아주 밀접한 관계에 있음을 시사하고 있다(GW5, 67-8).

트의 이론에서 신체와 정신의 교통로로서 기능한다. 이렇게 신체와 정신을 교통시키는 메커니즘에 의해 신체적 흥분은 심적인 흥분으로 처리될 수 있으며, 또한 히스테리의 전환 증상과 같이 심적인 것이 신체의 수준에서 나타날 수 있게 된다. 반대로 현실 신경증의 경우에는 오히려 신체적인 흥분을 처리하는 문제가 신체의 수준 그 자체에서 나타난다.

프로이트에 따르면, 신경쇠약은 "[신체적인 성적 흥분에 의하여 생긴 긴장 상태에 대해] 적절한adäquate 해소(적절한 행동)가 덜 적절한 것으로 대치되었을 때"에 일어난다. 이는 구체적으로 "가장 바람직한 상황에서 이루어지는 정상적인 성교가 자위나 저절로 이루어지는 사정"(GW1, 335)이다. 결국 신체의 항상성을 유지하기 위해 긴장 상태의 압박을 해제해야 하는데, 이 해제의 방식에 적절한 것과 적절하지 않은 것이 있다는 것이다. 또한 프로이트는 부적절한 방식으로 신체적인 흥분의 압박이 해제되는 것이 신경쇠약의 병인이라고 생각했다. 프로이트는 여기서 말하는 '적절한 압박의 해제'란 정상적인 성교이고, 자위나 몽정은 성교에 비하여 '부적절한 압박의 해제'이며, 다른 한편 불안신경증은 "신체적인 성적 흥분이 심리적으로 작용하지 못하도록 막는 모든 요인의 산물"(GW1, 336)이라 말하고 있다.*

다시 말하면, 신경쇠약을 일으킨다고 보이는 자위**나 몽정은

---

* 이 문단의 모든 한국어 인용은 한국어판 전집 『정신 병리학의 문제들』, 36쪽.—옮긴이

** 자위를 둘러싼 논의는 이후에도 계속되며, 이른바 '수요회'에서 1910년 5

신체적인 성적 흥분을 *부적절하게 처리*하는 것이며, 불안신경증을 일으키는 금욕은 신체적인 성적 흥분의 *처리가 정체되는 것*에 해당한다고 할 수 있다. 우리는 이러한 현실 신경증의 메커니즘에 보다 간략한 용어를 사용하여 '충동의 처리 불능'이라는 명칭을 부여하려고 한다.

(2) 멜랑콜리

프로이트는 1917년의 논고 「애도와 멜랑콜리」에서부터 멜랑콜리를 본격적으로 문제시했다. 이 논문은 1915년 집필되었는데, 그 과정에는 칼 아브라함Karl Abraham이 1913년에 쓴 조울증론이 커다란 영향을 끼쳤다고 한다. 아브라함은 그의 조울증론에서 크레펠린의 조울증manisch-depressive Irresein의 개념을 따르고 있으며, 신경증성 우울과 구별하여 *정신병적* 우울병(조울증)을 문제시하고 있다(Abraham, 1982). 그리고 프로이트는 멜랑콜리에 대한 자신의 이해가 아브라함의 조울증 개념을 이어받았다고 했다. 이러한 점을 고려할 때 프로이트의 멜랑콜리 개념은 크레펠린으로부

월-1912년 4월까지 9회에 걸쳐 이 문제가 다루어진다. 이 회의록에서 프로이트는 이전의 견해를 유지하며 다음과 같이 말하고 있다. "신경쇠약자의 변비, 두통, 피로라는 실효적인 체험이 역사적 내지 상징적으로 환원될 수 없고, (경우에 따라서는 같은 종류라고 볼 수 있는) 정신신경증과는 다르게 성적인 대체만족을 할 수 있으며, 서로 대립하는 충동들 사이에서 힘겨룸에 대한 타협으로 이해될 수는 없다." 나아가 이 회의록에서는 현실 신경증이 치료될 수 없다는 견해는 수정되고 있다. 하지만 프로이트의 이러한 논의와 반대로 다른 많은 회원은 자위를 거의 무해한 것으로 생각하고 있었다는 점도 알 수 있다(GW8, 332-45).

터 아브라함에 이르는 계보 안에서 다룰 수 있다. 이는 프로이트가 조증躁病이나 순환 정신병(조울증)을 멜랑콜리와 동일한 병리 안에서 파악하는 입장을 취했다는 점에서도 알 수 있다. 또한 라캉주의에서는 폐제forclusion 또는 그 등가물인 분리의 실패échec de la séparation라는 특징으로서 규정되는 정신병으로 멜랑콜리를 바라보려는 입장이 비교적 잘 드러난다.

잘 알려진 사실이지만, 프로이트의 멜랑콜리에는 심각할 정도로 고통스러운 낙심, 외부 세계에 대한 관심의 중단, 애정 능력의 상실, 모든 행동의 억제Hemmung에 더해 자존감의 저하가 관찰된다. 마지막에 거론한 것(자존감의 저하)은 애도에서는 볼 수 없는 특징이며, 이 특징의 유무에 따라 애도와 멜랑콜리가 구별된다. 이러한 자존감의 저하란 멜랑콜리 환자가 "자신을 비난하고 자신에게 욕설을 퍼부을 정도"의 자기 비하감을 느끼며, "자신을 누가 처벌해 주었으면 하는 징벌에 대한 망상적wahnhaften 기대를 갖는 것"을 가리킨다(GW10, 429).* 이것은 단순한 죄책감에 머물지 않으며 이제는 죄책 *망상*이라고 할 만한 것을 포함한다. 프로이트의 멜랑콜리론은 기분이나 감정 장애로서 '우울증론'이라기보다는 오히려 '*자책*하는 병'으로서의 멜랑콜리에 관한 논고라고 해야 할 것이다.

이에 더하여 프로이트는 멜랑콜리 환자의 자책을 인간의 무의

---

* 한국어판은 프로이트, 윤희기·박찬부 역, 『정신분석학의 근본 개념』, 열린책들, 2012, 244쪽. 일본어 원문에 따라 한국어판의 번역을 다소 수정하여 적용했다. ―옮긴이

식에 대한 일종의 진리로 다루고 있다. "정신병에서는 무의식이 노골적으로 드러나 있다à ciel ouvert"는 공식, 즉 '신경증에서는 위장되어 나타나는 것이 정신병에서는 노골적으로 드러난다'라는 모티프는 프로이트와 라캉의 논고에서 자주 나타난다.

실제로 정신병 사례를 다룰 경우 (정신분석적이 아닌) 정신의학적 임상에서도 지극히 정신분석적인 사례를 쉽사리 찾아볼 수 있다. 예를 들어 필자가 본 어떤 고령의 망상성 우울증 여성 환자는 열심히 보살피던 손자가 진학을 위해 상경을 한 후로부터 "자신은 더 이상 가치가 없고 아무것도 할 수 없다"고 하게 되었다. 왜 그렇게 생각하게 되었느냐고 묻자, "록소닌Loxonin(진통제의 일종)을 그렇게나 먹다니 최악이다"라는 소리(환청)가 들린다고 환자는 대답했다. 하지만 이 환자 본인은 록소닌을 복용하지 않았다. 이를 가족에게 확인해 보니 록소닌을 자주 복용한 사람은 환자의 손자였음을 알 수 있었다. "정말 듣기 어려운 심한 자기 비난의 말이 실제로는 자기 자신을 향한 것이 아니라 (…) 정말 조금만 달리 보면 그런 비난의 말이 다른 사람, 그 환자가 현재 사랑하고 있거나 아니면 과거에 사랑했던 사람, 혹은 그가 꼭 사랑해야 한다고 생각했던 다른 사람을 향한 비난의 목소리임을 알 수 있기 때문"(GW10, 434)*라는 프로이트의 위 구절 — 즉 멜랑콜리에서 사랑하는 대상과의 동일시 — 은 이처럼 정신의학의 일상적인 임상에 나타나고 있다.

---

* 한국어판은 앞의 책, 250쪽.—옮긴이

또는 자신이 아주 죄가 많고 하찮은 존재라고 말하는 같은 질
환의 여성 환자가 "아주 높은 곳에 있는 사람, 신과 같은 존재가
너는 죄 많은 사람이라고 말한다. 그 사람이 나를 보고 있다"고
호소한 적이 있다. 이 환자가 말하는 "높은 곳에 있는 사람"이란
자아를 감시하고 자아에게 심하게 비판적인 명령을 내리는 초자
아가 현현한 것이 아니라면 무엇이겠는가? 애도와 멜랑콜리 이
후 프로이트가 제2 국소론을 발견한 것은 일종의 임상적 필연이
었다.

현실 신경증 (분석 치료 불가능)	정신신경증 (분석 치료 가능)
신경쇠약, 불안신경증, (+)심기증	히스테리, 강박신경증, 파라노이아

프로이트의 질환 분류 (1)

지금까지 프로이트의 데프레시옹과 멜랑콜리를 정신의학에서
의 질환 분류라는 관계에서 되돌아보고 양자를 각각 현실 신경증
과 멜랑콜리에 연결했다. 이어서 프로이트 자신의 질환 분류에서
데프레시옹과 멜랑콜리의 위치를 확인해 보자.

위의 표는 프로이트가 1890-19년(「나르시시즘 서론 Zur
Einführung des Narzissmus」 이전) 사이에 개진했던 질환 분류이다. 앞
에서 보았듯이, 이 시기의 프로이트는 심적인 분석이 가능한 정신

신경증과 심적 분석이 불가능한 현실 신경증의 차이를 중요하게 보았다. 이 점은 정신분석 치료의 가능성과 관련이 있으며, 정신분석 치료로 정신신경증을 치료할 수 있다고 여겼던 반면 현실 신경증은 주로 생활지도나 신체요법으로 치료된다고 보았다.

그런데 당시까지의 논술으로부터 우리는 세 종류의 '우울'을 구별할 수 있다. 데프레시옹의 우울과 멜랑콜리의 우울, 그리고 그 외의 질환(구조)에 출현할 수 있는 하나의 특징으로서의 '우울 증상'이다. 데프레시옹이 당시 프로이트의 질환 분류에서 신경쇠약에 포함되었음은 앞에서 살펴보았다. 그러나 이 시기 멜랑콜리의 위치는 앞에서 봤던 것처럼 확실하지 않다. 우울 증상—여기서 말하는 '증상'이란 정신의학적 의미로, 무의식의 형성물로서의 증상이 아니다—은 물론 정신신경증에서도 출현할 수 있다. 이것은 『히스테리 연구Studien über Hysterie』(1895)의 몇몇 사례와 도라Dora 사례 에서 '불쾌'와 '우울'이라는 말이 나타난다는 점에서 알 수 있다.

1914년이 되면 현실 신경증에는 신경쇠약과 불안신경증에 추가해 심기증이 편입되는데, 그때 다음과 같은 질병 분류 모델이 등장한다.

다음 표는 대략 1910년대 이후의 프로이트의 질환 분류이다. 이전에 정신신경증이라고 불렸던 것이 나르시시즘적 신경증과 전이 신경증이라는 두 가지로 분류됨을 알 수 있다. 나르시시즘적 신경증이란 외계(대상)로부터 리비도가 철수하여 자아 리비도가 과잉 공급된다는 점이 특징이다. 때문에 나르시시즘적 신경증에서는 통상적인 전이가 발생하지 않기에 분석 치료가 적합하지 않다고 보았다.* 또한 이 분류는 라캉주의에서 말하는 신경증과 정신병의 기준과 거의 같다.

나르시시즘적 신경증	전이 신경증
파라노이아, 정신분열, 멜랑콜리	히스테리, 강박신경증

프로이트의 질환 분류 (2)

쉽게 알 수 있듯이 이제는 신경쇠약이나 불안신경증과 같은 현실 신경증은 이 질환 분류에서 제외되어 있다. 현실 신경증은 이 분류 안에서 존재하지 않는다. 현실 신경증은 분석 치료의 대상이 아니라는 이유로 정신분석의 울타리 밖으로 내팽개쳐진 것일까? 그렇지는 않다. 프로이트는 1925년 「나의 이력서 Selbstdarstellung」에서 현실 신경증의 개념은 누구에게도 계승되지 않았고 잊혀 간다고 회고하고 있다(GW14, 33-96). 그러나 현실 신경증 이론은 1925년 당시의 이론 수준에서 보아도 거의 옳았던 것으로 여겨졌다. 1925년에는 "정신적 갈등과 신경증적 콤플렉스가 신경쇠약증

---

* 조금 지난 1924년에 쓴 「신경증과 정신병 Neurosis and Psychosis」에서 원래의 나르시시즘적 신경증은 멜랑콜리에만 나타나고 파라노이아와 정신분열는 '정신병'이라고 불리게 된다(GW13, 387-91).

에 존재한다는 것을 결코 부정하지 않는다"*고 수정하고 있으며, 현실 신경증이 성생활로부터 생긴다는 견해는 동요하지 않았다.

3. 신경쇠약과 현실 신경증의 복권

최근 새로운 병태를 보이는 '우울증'의 출현 혹은 '우울'의 만성화(이하 이것을 일괄적으로 '우울 현상'이라고 표기)와 더불어 신경쇠약과 현실 신경증을 둘러싼 논의가 조용하게 고조되고 있다. 예를 들어 엘리자베스 루디네스코Elisabeth Roudinesco(1999)는 작금의 우울증은 "프로이트가 버린 신경쇠약이라는 관념이나 피에르 자네가 기술했던 정신쇠약"이며, "신경증도 정신병도, 멜랑콜리도 아님"을 지적하고 있다. 또한 이 '우울'은 20세기 말의 민주주의 사회가 주체 형성의 핵심으로서의 갈등을 더 이상 특별하게 보지 않음을 표현하고 있다고 그녀는 말하고 있다.

'우울 현상'과 현대사회의 강한 관련성을 지적하는 것은 루디네스코만이 아니다. 롤랑 셰마마Roland Chemama(2006)는 『우울병 ― 현대의 최대 신경증Dépression, la grande névrose contemporaine』에서 우울증 환자의 증가가 경제적인 이유만으로 설명될 수는 없다고 하면서 신자유주의 경제가 우울 현상에 악영향을 끼치고 있

---

*   한국어판은 프로이트, 박성수·한승완 역, 『정신분석학 개요』, 열린책들, 2012, 225쪽. ― 옮긴이

음을 지적하고 있다. 그가 "우울증dépression"이라고 부르는 것은 욕망을 표현함으로써 지탱되는 신경증의 일종이 아니라 독자적인 심적 구조이다. '우울증'에서는 욕망을 구동하는 팔루스의 기능이 실추되어 있으며, 주체는 히스테리와 같이 스스로를 대상 α로 드러내지도 않고, 멜랑콜리에서처럼 폐물로서의 대상에 동일시하지도 않는다. '우울증'은 근원적인 무능력이 스스로 드러나는 것이며 이때 주체는 단지 오직 같은 것만 반복함으로써 행동을 회피하고 스스로를 "폐물(똥)처럼 느끼게" 된다. 이는 "폐물(대상 α) 자체에 동일시하는" 병리인 멜랑콜리와는 분명 다르다. 또한 셰마마는 그 후 2010년 우울증을 특집으로 했던 『라캉적 임상 La clinique lacanienne』 잡지의 권두언에서 현실 신경증이나 신경쇠약이 이러한 '새로운 임상nouvelle clinique' 내지 '현대의 신경증névrose contemporaine'의 일부분을 구성하고 있음을 지적했다(Chemama, 2010). 같은 호에서 제라르 뽀미에Gérard Pommier(2010)도 현대의 '우울증'은 다양한 잡동사니로 가득한 질환 카테고리가 되어 가고 있으며, 거기에 신경쇠약이 포함되어 있다고 지적했다.

가토 사토시加藤敏(2013)는 보다 직설적으로 현대형 우울증의 일부를 비어드의 신경쇠약의 현대판으로 간주하고 이를 '직장 결합성職場結合性 우울증'이라고 명명하고 있다. 이 질환은 불안과 초조가 뚜렷이 드러나기에 우울증으로서 진단하기가 어렵고 과호흡Hyperventilation을 포함한 패닉 발작으로 구급 진료를 받아야 하는 경우가 많다. 또한 현대형 우울증은 혼합성 불안 우울 장애에 가까우며 패닉 장애를 동반하는 경우도 많이 보인다. 이러한 일련

제2부 임상

의 병태는 분명 비어드가 기술했던 당시의 신경쇠약과 프로이트
가 현실 신경증이라 부른 병태와 상당히 흡사하다.

가토에 따르면, '직장 결합성 우울증'이라는 신경쇠약성의 병태
가 증가하는 배경에 '직장의 멜랑콜리의 친화형화親和型化'가 있다
고 주장한다. 일반적으로 멜랑콜리 친화형이라고 한다면 꼼꼼함
과 완전주의, 타인에 대한 배려처럼 *개인*이 갖는 성격적 특징을
가리키며, 이러한 성격 유형에 내인성 우울증이 많이 발생한다는
점은 과거에도 지적되었다. 하지만 현대에 멜랑콜리 친화형의 특
징으로 거론되는 것은 더 이상 개인이 아니라 *직장*이다. 예를 들
어 글로벌 자본주의하에서의 과도한 경쟁, '복종compliance'이라는
이름하에 구속되어 충분한 휴식도 없이 열심히 일해야만 하는 오
늘날의 직장 환경은 개인이 어떠한 성격을 가지고 있다 한들 과거
멜랑콜리에 친화적이었던 자에 필적할 정도의 일하는 방식을 모
든 인간에게 요구한다.* 비어드의 신경쇠약이 산업혁명하에서 피
폐였다고 한다면, 직장 결합성 우울증은 세계화 아래서의 피폐라
고 할 수 있을 것이다.

분명 가토가 지적하고 있듯이 현대의 '우울증'을 논할 때 *과로*

---

* 텔렌바흐Hubertus Tellenbach(1914–1994, 독일 정신의학자)의 멜랑콜리 개념이
처음부터 인간학적 배치에서 세계와 인간의 상관관계를 시간과 공간이라는 관
점에서 문제시했음을 고려한다면, 개인이 멜랑콜리 친화형이라는 점과 직장이
멜랑콜리 친화형이라는 것과의 차이는 그다지 크지 않다. 그러나 직장이 멜랑
콜리 친화형이 되어 버리면 치료는 개인에게 전기충격을 시행하는 것이 아니
라 직장에게 전기쇼크를 해야만 할 것이다. 이는 절대로 농담이 아니다. 악화
일로에 있는 노동환경 안에서 기업에게 장기간 저임금 노동의 개선이라는 쇼
크요법은 절대적으로 필요 불가결하다.

라는 요소는 무시할 수 없다. 프로이트 역시 과로와 신경증의 관계를 고찰했다. 하지만 1890년대의 프로이트는 "[육체적인] 일이나 흥분만으로 신경증에 걸리는 사람은 없다. 오히려 정신노동은 신경쇠약에 걸리지 않게 하는 방어 수단이다"(GW1, 501)*고 주장하면서, 일이 가혹한 육체노동이 아니라면 신경쇠약의 예방에 도움이 될 것이라는 낙관론을 펼치고 있다. 그러나 이러한 생각을 단순한 육체의 혹사를 넘어서 인간의 주체성을 빼앗아 버리는 수준까지 도달한 현대의 노동환경에 그대로 적용할 수는 없다. 이미 결정된 매뉴얼이나 가이드라인에 획일적으로 따르는 것을 최고선으로 삼는 관습적인 업무 수행은 자신의 이성을 사적으로 사용하여 판단하는 계몽의 주체를 배제해 버린다. 그런 까닭으로 '과로사 라인'이라고 불릴 정도인 가혹한 노동은 별개로 치더라도, 현실 신경증의 발생에 대해서는 일의 양이 아닌 질을—일에 관하여 개인의 재량이나 주체성의 관여, 일에 대한 환상이라는 관점에서—문제시해야 할 것이다.

나중에 프로이트는 지적인 노동이 왕왕 성적 흥분이 되어 버리기 쉽기에 과중한 노동은 신경증의 원인이 될 수 있다는 견해(GW5, 105)**는 물론 피폐에 의하여 자아의 강도가 저하됨으로써

---

* 한국어판은 『끝이 있는 분석과 끝이 없는 분석』, 20쪽. ─옮긴이
** 한국어판의 내용은 다음과 같다. "성인들뿐 아니라 많은 젊은이들의 경우에도, 지적인 일에 주의를 집중하거나 지적인 긴장이 따르면 대체로 성적인 흥분이 일어난다는 것은 분명한 사실이다. 이것은 신경 장애를 지적인 <과로>로 돌리는, 다른 관점에서 본다면 의심스러운 관행을 정당화할 수 있는 유일한 근거가 되는 것이 분명하다."(프로이트, 김정일 역, 『성욕에 관한 세 편의 에세이』, 열

충동의 움직임이 활성화되어 대리 만족을 추구하게 된다는 견해
(GW16, 70)*를 제시하면서 과로와 신경증 간에 관계가 있음을 긍
정했다. 이러한 프로이트의 논의를 볼 때, 현재의 직장과 관련된
우울증의 문제는 원래대로라면 작동하는 영역에서 그 역할을 담
당해야 할 충동이 아주 부적절하게 처리되고 있다고 다시 생각할
수 있을 것이다. 그런 까닭에 이는 우리가 앞서 살펴본 현실 신경
증에서 신체적인 성적 흥분 충동의 처리 불능과 밀접히 관계되어
있다고 보인다.

4. 충동의 처리 불능不全과 '자본주의 디스쿠르'

자위나 성교에 대한 프로이트의 청교도적인 논의, 그리고 성적
흥분과 노동을 연결하려는 논의는 당시 프로이트의 시대적, 개인
적인 제약을 짙게 남기고 있다. 여기서 우리는 프로이트의 현실
신경증을 둘러싼 논의를 '충동의 처리 불능'이라는 관점에서 다시
다루었다. 이는 그의 논의를 오늘날의 데프레시옹의 논의에 접속
하기 위해서이다. 프로이트 시대의 신경쇠약과 오늘날의 세계화

린책들, 2011, 104쪽) ― 옮긴이
* 한국어판의 내용은 다음과 같다. "만약 병이나 탈진 또는 그와 유사한 어떤 원
  인에 의하여 자아의 힘이 약해진다면, 그때까지 잘 길들여진 모든 충동이 자신
  들의 요구를 다시 개진하면서 비정상적인 방식으로 대리 만족을 얻으려 할지
  모른다."(『끝이 있는 분석과 끝이 없는 분석』, 247쪽) ― 옮긴이

에서 나타나는 새로운 신경쇠약 사이에 일종의 유사성이 있다고 한다면, '오늘날 우리들의 충동은 어떻게 처리되어야 하는가?'라는 질문을 하지 않고서는 지금의 데프레시옹을 생각조차 할 수 없기 때문이다.

다시 한번 확인해 보자. 프로이트는 신체의 내부에서 발생하는 성적 흥분(충동)이 어떻게 처리되는지를 통해서 각종 질환을 이해하려고 했다. 특히 현실 신경증에서는 성적 흥분의 처리 불능이 그 원인으로서 지적되었다. 즉 어떤 충족되지 않음(처리 불능)에서 현실 신경증의 기반을 찾을 수 있었다. 또한 성적 흥분의 처리 불능은 자위나 몽정이라는, 일상생활에서 신체를 다루는 습관과의 관계에서 생김을 프로이트는 이미 지적하고 있었다.

현실 신경증은 *습관에서 발생한다*. 이 지적은 대단히 중요하다. 히스테리가 발병할 때와 같이 사후적인 효과를 가져오는 유아기의 성적 체험 혹은 무서운 체험처럼 한 번 일어났을 뿐인 사건이 아니라 현실 신경증에서는 습관이 문제이다. 프로이트는 이 점을 "*축적된 흥분*angehäuften Erregung"(GW1, 334)이나 "*소모적 영향*erschöpfender Einflüsse"(GW1, 501)이라는 말로 표현하고 있다(강조는 인용자). 또한 프로이트는 자위의 습관에 대하여 이렇게 말하고 있다—"신경쇠약이 된 자위masturbation 행위자들이 보이는 불안 경향은 그들이 오랜 세월 동안 *아주 적은 양의 신체적 흥분까지도 해소시키는 일에*—비록 그 해소가 불완전한 것이기는 해도—*습관*이 들었다가 쉽사리 '금욕' 상태로 접어든다는 사실로 설명된다."(GW1, 337, 강조는 인용자)*. 사소한 신체적인 흥분(불쾌)

을 바로 배출한다는, 어찌 보면 쾌적한 생활이 신경쇠약이나 불안을 초래한다는 그의 말은 우리의 현대 생활에도 충분히 적용된다.

라캉이 1972-73년 사이 이탈리아에서의 강연과 『텔레비지옹』에서 '자본주의(자) 디스쿠르'라고 명시한 도식은, 자본주의에 의한 향락/욕망의 통제contrôle가 우리를 그러한 충동의 처리 불능이라는 습관에 좋든 싫든 빠지게 만든다는 지적으로 이해할 수 있다.

자본주의 디스쿠르란 주인 디스쿠르에 약간의, 하지만 중대한 변경을 가한 것이다. 주인 디스쿠르에서는 상단이 S_1 S_2, 하단이 $\$//a$인 것에 반해, 자본주의 디스쿠르에서는 S_1와 $\$$가 반전되어 있고, $\$$와 a는 비스듬한 직선으로 연결되어 있다(이 책 59쪽 참조). 주인 디스쿠르에서는 주체가 법과 금지에 의하여 욕망의 대상=원인인 대상 α로부터 떨어져서 있음($\$//a$)에 반해, 자본주의 디스쿠르에서는 주체가 대상 α에 직접 접근할 수 있도록 되어 있다. 주체가 대상 α에 직접적으로 접근할 수 있음은, 다양한 상품으로 구현되는 잉여향락을 지치지 않고 추구해 가는 소비사회에서의 소비자의 모습으로 파악할 수 있다. 고쿠분 고이치로國分功一郎(2011)**가 지적하듯이 소비에는 "한계가 없다." 즉 제아무리 소

***

* 한국어판 『전집』의 번역을 약간 수정하여 적용했다.(『정신 병리학의 문제들』, 38쪽)—옮긴이
** 고쿠분(2011)은 '지루함退屈'의 철학을 통해 일종의 소비사회 비판을 전개하고 있다. 지루함이라는 테마 그 자체가 중세의 종교 실천에서 태만(후술)과 깊은 관계를 가지고 있다. 고쿠분은 소비사회에서 '소비'를 통해 사물을 취하는 것이 아니라 소비를 끝나지 않는(=지루하게 하는) 것에 대하여 사물을 받아들일 수

비를 많이 할지라도 주체는 만족하지 못한다. 그래서 주체는 질리지 않도록 언제나 새로운 상품을 소비할 수밖에 없으며, 그 과정은 무한히 이어지게 된다.*

주인 디스쿠르로부터 자본주의 디스쿠르로의 변화가 가져오는 결말은 향락 또는 충동의 수준과 욕망의 수준 양쪽에서 이해할 수 있다.

먼저 충동의 수준을 생각해 보자. 오늘날에는 프로이트처럼 양성의 성기 결합이 성적 흥분의 "적절한 압박의 해제"에 도움이 된다고 볼 수는 없다. 이는 충동이 언제나 어떤 특정한 신체 기관에 관련된 부분 충동이며, 이것들이 전체적으로 통합된 충동으로서의 성기 충동 같은 것은 존재하지 않기 때문이다. 우리는 신체 기관이 관련된 어떠한 대상을 충동의 대상으로서 여길 수 있지만, 이때 충동과 그 대상 사이에는 필연적인 관계가 전혀 존재하지 않는다. 이에 더하여 프로이트는 충동을 "그 목표에 관해 금제되어 있는zielgehemmt" 것으로, 즉 목표에 도달하지 않아도 만족을 얻을 수 있는 것으로 생각했다. 라캉은 이를 충동이 "목표goal"에 도달하는 것이 아니라 "겨냥aim"을 실현한다고 바꾸어 읽는다(S11, 163).** 즉, 충동의 대상에 도달하지 않고서도 향락이 가능하다는

있는 '소비'가 존재한다고 논하고, 그러한 '소비'를 회복해야 한다고 제언하고 있다.

* 피에르 부뤼노는 잉여향락을 마르크스의 잉여가치와 비교하면서, 잉여향락은 '마시면 마실수록 목이 마르다'는 것과 같이 소비를 멈추지 못하는 것으로 규정하고 있다(Bruno, 2010, pp. 212-3).

것이다.

　반대로 자본주의 디스쿠르에서는 상품으로서의 대상 α가 아주 간단히 주체에 부여되어 버린다. 이 디스쿠르에서 향락이란 공통의 상품을 모든 주체에게 평균적으로 공급함으로써 얻어지는 것을 말한다. 라캉이 말하는 잉여향락plus-de-jouir은 '더 이상 향락하지 않는 것plus de jouir'과 동시에 '좀 더 향락하는 것plus-de jouir'을 의미하는데, 자본주의 체제 아래서 주체에게는 잉여향락이 갖는 후자의 의미가 우위를 차지하고 주체는 모조의 상품(대상)에 대한 영속적인 소비만을 하도록 운명이 지워진다. 자본주의 디스쿠르는 이러한 일종의 철저한 착취의 논리를 보여 준다. 사람들의 소비 행동은 측정되어지고, 여기서 통계학적 방법이 도입된 최적의 해답이 사람들에게 상품으로서 공급되는 것이다. 이것이 인간을 수치화하고 평판화하는 이데올로기가 아니면 무엇이겠는가? 라캉은 주인 디스쿠르에서 "역사 속의 어떤 시점에서 변화가 생긴다"고 주장한다. 그 변화 이후에 "잉여향락은 계산 가능하게 되고 셈할 수 있고 전체화"되며, 그리하여 "자본의 축적이라는 것이 시작된다"고 말한다(S17, 207). 프로이트가 신경쇠약의 메커니즘으로 지적했던 "적절한 해소가 덜 적절한 것으로 대치되었을 때"란 이와 같은 잉여향락의 모습과 관련되어 있지 않은가.

　그렇다면 욕망의 수준에서 보았을 경우는 어떠할까. 자본주의

**　한국어판은 라캉, 맹정현·이수련 역, 『정신분석의 네 가지 근본 개념』, 새물결, 2008, 250/397-8쪽.―옮긴이

디스쿠르 안에서 주체의 욕구나 요구는 일시적인 형태로 바로 충족되어 버리고, 욕구의 저편에서 나타나야 할 욕망의 영역은 나타나지 않는다. 즉, 자본주의 디스쿠르에서는 주체를 구성하는 존재 결여로의 접근이 불가능해진다. 분명 라캉(1978b)은 이러한 지배 형태에 관하여 "욕망의 착취, 그것은 자본주의 디스쿠르의 위대한 발명이다"라고 말하고 있다. 라캉의 욕망론("인간의 욕망은 '타자'의 욕망이다")을 소비사회에 대한 예찬('원하는 것을 원해')으로 읽는 풍조가 일본에서 일시적으로 있었지만 그러한 독해는 큰 오류다. 실제로 라캉(1978a)은 자본주의 디스쿠르를 "무서울 정도로 교활한follement astucieux", "벅찬intenable"것으로 형용했으며, 그것이 파멸에 이를 정도로 "아주 빨리 지나갔음marche trop vite'"을 한탄하고 있다.*

크로살리 코르비는 『우울증—현대의 중심적 정동La dépression: Affect central de la modernité』에서 "현대의 우울증은 자본주의 디스쿠르 장치에 새겨진 주체의 이러한 자기 소비/소진에 대한 한 측면이다"라고 주장하며 우울 현상과 자본주의 디스쿠르가 밀접한 관계를 갖고 있다고 지적한다. 즉, 자본주의 디스쿠르가 범람하면서 '소비하라!'는 명령이 우위에 서고 욕망하는 주체가 사멸한다

---

* 그 외에 자본주의 디스쿠르와 현대의 기분의 관계를 지적했던 논자로 콜레트 솔레Colette Soler가 있다. 그녀는 자본주의에서 기분에 대한 진짜 질환은 우울이 아니고 불안이라고 생각한다. 이는 과학적인 자본주의가 기술技術로 주체를 정신분석보다도 근본적으로 탈해임destitution subjective시키기 때문이며, 또한 불안이야말로 주체가 탈해임될 때 출현하는 정동이기 때문이라고 말하고 있다 (Soler, 2011, p. 35).

는 것이다. 크로살리 코르비는 정신병의 "여성으로 몰아대다pousse à la femme"를 풍자하여 "소비로 몰아대다pousse à la consommation"라고 말하고 있다. 이러한 논의를 보면, 충동의 대상/욕망의 원인＝대상으로서의 대상 α를 둘러싼 주체의 배치가 자본주의 디스쿠르에 의해 크게 변화하고 욕망의 영역이 사멸해 버렸다는 것, 즉 이제는 "욕망을 양보하지 말라ne pas céder sur son désir"는 것이 불가능해졌음이 '우울 현상'과 밀접하게 관련되어 있음을 이해할 수 있다.

프로이트는 「신경증의 병인으로서의 성욕」에서 현실 신경증을—요즘 말로 한다면—성에 관한 일종의 생활 습관 병으로 규정한다. 이를 현대의 수준에서 갱신update하자면 데프레시옹은 향락/욕망에 관한 생활 습관 병이라고 할 수 있을 것이다. 하지만 이 생활 습관 병은 고혈압이나 당뇨병처럼 우리의 생활 방식을 바꿈으로써 해결할 수 있는 것이 아니다. 프로이트가 현실 신경증에 대하여 정신분석을 적극적으로는 권하지 않았으며 오히려 성생활을 바꾸기를 추천한 것처럼, 우리는 향락/욕망을 둘러싼 현대적인 통제의 실상을 다시 캐물으면서 자본주의 디스쿠르와 하나의 실체라고 할 수 있는 현재의 노동환경의 변동 가능성을 고려해야 할 것이다.

5. 데프레시옹의 신학—라캉의 데프레시옹론

그런데 라캉 자신은 '우울'에 관하여 무엇을 말했을까. 그가 '우울'에 대해 적게나마 언급했던 『텔레비지옹·Télévision』에서의 다음 구절은 잘 알려져 있다.

예를 들어 비탄tristesse은 우울dépression이라고 합니다. (…) 하지만 이는 하나의 심리 상태가 아니며, 단테가 표현했던 단순한 도덕적 과오faute morale, 나아가서는 스피노자가 말했던 죄péché입니다. 즉, 그것은 도덕적 비겁함lâcheté moral을 의미하며, 최종적인 사고에 의해서만, 즉 잘 말하는bien-dire 행위라는 의무 혹은 무의식 안에서, 구조 안에서 스스로의 위치를 안다는 의무에 의해서만 위치 지어지는 것입니다. (…) / 슬픔의 반대는 즐거운 지식gay sçavoir이며, 이것은 하나의 미덕입니다. (…) 미덕은 누군가의 죄를 용서하는 것이 아닙니다. 이 죄란 누구나 알고 있는 원죄입니다. 제가 즐거운 지식이라 일컫는 미덕은 분명 죄를 용납하지 않는 사례입니다. 왜냐하면 이 미덕은 스스로가 무엇으로부터 만들어졌는지를 표명하기 때문입니다. 다시 말해 이 미덕은 이해하거나 의미 안에서 질주하는 것이 아닙니다. 이 미덕은 의미의 덫에 걸려 해독解讀을 향락하지 않으며, 가능한 한 의미에 근접하여 닿을 듯 말 듯한 정도에 이르는 것입니다(AE525-6).

이 구절이 멜랑콜리(정신병)와 구조적으로 구별되는 '우울'에 관한 언급이라는 점에서는 논자들의 견해가 일치하고 있다. 즉, 여기서 라캉은 우리가 '데프레시옹'이라고 부르는 것을 논하고 있다고 생각된다. 다만 라캉은 '우울'이 아니라 '비탄'이라고 명명하기를 추천하고 있을 뿐이다. 이는 데프레시옹을 논할 때 '우울' 그 자체를 결코 중심적인 주제로 다루지 않는 프로이트적 태도의 반복이 아닐까.

이에 더해 여기에서 우리는 라캉의 독창성도 엿볼 수 있다. 라캉은 데프레시옹을 '비탄tristesse'이라는 신학적 함의가 있는 말(후술)로 환원시킴으로써 데프레시옹의 원인을 "도덕적 과오" 내지는 "도덕적 비겁함"으로 다루려고 한다. 이는 '우울'을 기분이나 감정의 문제가 아니라 오히려 *윤리* 차원의 문제로 이끌고 있는 것이나 마찬가지다. 즉, '무의식 안에서, 구조의 안에서 스스로의 위치를 안다'라는 윤리적 행위가 이루지지 않고 주체가 불문에 부쳐질 때, '우울'은 그 죄에 대한 보상으로 나타난다고 그는 생각했다.

이러한 데프레시옹의 모습을 알브레히트 뒤러Albrecht Dürer의 유명한 동판화 <멜랑콜리아Melencolia I>이 잘 보여 주고 있다. 이 작품은 그 제목처럼 멜랑콜리와 관계가 있다고 여겨지기 십상이지만, 실은 데프레시옹으로서, 혹은 데프레시옹으로 전락해 버리는 것에 필사적으로 저항하는 주체의 모습으로 보는 것이 적절하다.* 크로살리 코르비 역시도 다음과 같이 말하며 이 작품에 묘사된 인물상이 멜랑콜리가 아닐 가능성을 지적하고 있다. "오늘날의 우리는 뒤러의 날개 달린 인물이 멜랑콜리보다는 불안에 위치

---

*   게르만 아르케 로스German Arce Ross는 뒤러의 멜랑콜리를 기하학적 멜랑콜리라고 부르며, 정신분석적 멜랑콜리와는 구조적으로 다른 것으로 규정한다(Arce Ross, 2009, pp. 43–4).

하는 인물상이라고 볼 수 있다. 욕망을 아직 완전히 포기하지 않은 주체가 (…) 여기에서 문제가 되고 있다."(Crosali Corvi, 2011, p. 76) 무슨 의미일까.

뒤러의 <멜랑콜리아 I>에서 중앙 우측에 위치한 날개를 단 인물과 그 주변에 혼란스럽게 배치된 물체의 대비는 이 작품의 큰 특징이다. 날개 달린 인물은 생각에 잠겨 있으며 무엇인가를 쓰려고 하고 있다. 다른 한편으로 그의 주위에는 콤파스와 자, 대패鉋[수평기]라는 측정과 平板化를 위해 사용하는 물체가 진열되어 있다. 사고하면서 쓰는 주체와 수치화나 평판화라는 현대적 이데올로기와 통하는 물체가 대비되고 있는 것이다. 이 대비는 앞 절에서 살펴보았던 자본주의 디스쿠르와 그에 대한 저항의 대비로 이해할 수 있다. 날개를 단 인물은 수치화의 전능이라는 현대와도 공통된 이데올로기에 포위된 상태에서 혼자서 생각을 이어 가려고 하고 있다. 이는 자본주의 디스쿠르에 포위된 현대사회라는 "구조 안에서 스스로의 위치를 안다"는 윤리적인 행위를 수행하는 것과 마찬가지다.

라캉이 데프레시옹을 "비탄"이라고 했던 이유도 여기서 분명해진다. 앞서 인용한 『텔레비지옹』에서는 이 "비탄"이라는 말에 관해 단테와 스피노자를 참조했다. 여기서 중요한 것은 분명 "비탄" 그 자체가 아니라 단테의 『신곡La Divina Commedia』에도 등장하는, "나태"의 개념과 쌍을 이루는 "슬픔acédie"이다.

"비탄"과 "나태"라는 말은 이른바 '사막 교부Desert Father'의 한 사람이었던 에바그리우스 폰티쿠스Εὐάγριος Ποντικός(345－399)가 『프

락티코스: 수행 생활에 관한 가르침Traité pratique ou le Moine』*에서 열거한 여덟 종류의 악령들 중 둘이다. 당시의 수도사는 외부와 단절된 사막에서 수도 생활을 하면서 신과의 영적 접촉을 염원했다. 그러나 수행에 따른 신체적 피로와 영적 생활 그 자체에 동반되는 피로 때문에 그들은 종종 고독한 종교 생활로부터 도망치려고 했다. 폰티쿠스는 이런 도피 행동을 "나태"라고 부르며 이를 "정오의 악령"의 소행이라고 생각했다. 먼저 비탄에 대한 폰티쿠스의 묘사를 보자.

*비탄*은 어떤 때에는 *욕망의 좌절*에 이어서 생기고, 어떤 때는 노여움이 있은 후에 생긴다. 욕망의 좌절에 이어서 비탄에 잠기는 양상은 다음과 같다. 어떤 몇몇 상념이 선수를 쳐서 영혼을 집이나 양친, 이전의 생활에 대한 추억으로 잠기게 한다. 그러한 상념은 영혼이 그러한 추억에 항거하기는커녕 오히려 반대로 그러한 것[추억들]이 이어져 가는 것을 보면서, *영혼이 내부에 있는 쾌락 때문에 제정신을 잃어버리는 것*이다. 그리고 이번에는 천천히 영혼을 붙잡고 비탄 속으로 잠기어 들어간다. (…) 그리하여 비참한 영혼은 *이전의 상념에 빠져들어 정신을 잃어가는 정도가 강하면 강할수록* 지금 있는 상념 때문에 멸시당하며 기세가 꺾이게 된다(Evagrius

* 한국어판은 폰티쿠스, 허성석 역, 『프락티코스: 수행 생활에 관한 가르침』, 분도출판사, 2011.─옮긴이

Ponticus, 1994, p. 39, 강조는 인용자).

폰티쿠스는 비탄tristesse이 욕망désir*의 좌절로 인해 생긴다고 명확하게 서술하고 있다. 우울을 "비탄"이라 부르고 이를 정신분석의 윤리 차원에 위치시켰던 라캉의 문맥에서 말한다면, 비탄은 '욕망을 양보하는 것'에서 생긴다고 해석할 수 있지 않을까.

더욱 흥미로운 점은, 비탄을 낳은 욕망의 좌절이 "쾌락 때문에 제정신을 잃어버리는 것"으로부터 생긴다는 서술이다. 앞서 살펴본 소비사회에서 자본주의의 디스쿠르—일시적인 소비 활동으로 얻어지는 잉여향락—와 '욕망의 좌절'에 관한 폰티쿠스의 서술은 대단히 닮아 있다.

이어서 폰티쿠스가 묘사했던 나태에 관한 서술을 살펴보자.

나태ἀκηδία의 악령은 '정오의 악령'이라고도 불리며, 모든 악령 중에서도 가장 무거운 악령이다. (…) 이는 먼저 수도자가 태양을 보아도 그 움직임이 둔하거나 혹은 움직이지 않는다고 생각하게 만든다. *하루가 50시간이나 되는 것처럼 느끼게* 한다. 이어서 끊임없이 눈을 창가로 향하게 하기에 오두막으로부터 뛰쳐나갈 수밖에 없게 한다. 태양을 쳐다보며 *얼마쯤 지나면 제9각[식사의 시간, 오후 3시]이 되는지*를 알려고 하

---

* 라캉은 『텔레비지옹』에서 '우울'을 논하기 직전에 '욕망'이라고 번역되는 'epithumia'에 관하여 언급하는데, 거기서 토마스 아퀴나스를 참조하고 있다 (AE525).

며, 또한 여기저기 눈을 돌려서 형제 중 누군가가 [이러쿵 저러쿵 장황한 소리를 한다]. 더욱이 이 악령은 그 장소에, 이러한 *생활 자체*에, 그리고 *손으로 하는 노동*에 대한 *증오심*을 일으킨다. 또한 형제 사이에서 사랑이 사라졌다든가 *그 누구도 그를 위로해 주지 않는다*는 상념이 생겨난다. 더불어 만약 그날 누군가가 그 수도사의 마음을 상하도록 하는 일이 있었다면, 그[악령]는 그러한 일도 거론하면서 수도자의 증오를 한층 크게 만든다. 그[악령]는 또 수도사에게 *다른 장소*를 열망하도록 만들어 버리기도 한다. 이 장소는 필요한 것을 간단히 발견하도록 해주며, *보다 손쉽고 보답도 많은 노동*에 종사할 수 있는 장소이다. (…) 악령는 이러한 일을 넘어서, *수도자가 가족들이나 이전의 생활을 생각하게 한다*. 또한 금욕 *생활의 괴로움*을 수도자의 눈앞에 제시하면서 인생이 얼마나 긴 시간인지를 묘사한다. 그리고 악령은, 잘 알려져 있듯이, 모든 농간을 부리면서 수도자가 *오두막을 포기*하고 *시련의 장소로부터 도망치게끔* 만든다(Evagrius Ponticus, 1994, pp. 40-1. 강조는 인용자).

나태에 대한 기술에서는 확실히 우울증과 유사한 내적 시간 체험의 정체停滯가 보인다(하루가 50시간이나 되는 것처럼 느끼게 한다). 그러나 이러한 시간의 정체는 후베르투스 텔렌바흐 Hubertus Tellenbach(1914-1994)가 지적했던 멜랑콜리의 '레마넨츠 Remanenz[정신적 부담]'와는 분명히 다르다. 레마넨츠는 일[과업]

을 통해 만나는 세계와의 관계에서 발생하는 정신적 부담으로, 자기가 *자기 자신에게 요구하는* 일이 양적으로나 질적인 면에서도 많아지며, 그러한 일을 자신이 따라가지 못하고 뒤처지는 것을 말한다. 반대로, 나태에서는 일의 양이나 일의 최저 목표량norma에 뒤처지는 것은 문제가 아니다. 나태에서 일은 오히려 증오스러운 것이며 주체의 곤란은 그 일에 대한 "보답"이 적다는 데 있다. 이와 더불어 나태는 정신생활의 정체라기보다는 오히려 욕구가 심해지는 것으로 나타난다. 위의 인용 안에서도 식욕 항진과 취미나 놀이에의 의욕 항진, 사랑의 갈망 등이 관찰된다. 뒤에서도 말하겠지만 이러한 상태는 멜랑콜리와는 분명히 다르다.

이러한 나태 개념은 요하네스 카시아누스Johannes Cassianus(360-430)에 의해 서양에 전파되었다. 13세기에는 토마스 아퀴나스Thomas Aquinas가 『신학대전Summa theologiae』에서 나태를 논한다. 그에 따르면, "나태acedia란 (…) 확실히 연결되어 있어야 할 신성으로부터 의식이 그 필요에 따라 뒷걸음치는 것이다." 조르조 아감벤은 성 토마스의 구절을 이런 식으로 다시 읽고 있다―"나태는 신 앞에 선 인간이 그에 대한 의무로부터 두려움에 떨며 뒷걸음치는 것을 의미한다."(아감벤, 2008, p. 30)* 나태가 신 앞에서 인간이 뒷걸음치는 것이라고 한다면, 이 뒷걸음질은 분명 "도덕적 비겁함", "도덕적 죄"라는 라캉적 함의를 가지고 있다고 보아야 할 것

---

* 아감벤의 기존 한국어판 번역은 본문의 "뒷걸음질"을 "현기증 나는 후퇴 recessus"로 번역하고 있으나, 여기서는 일본어 원문의 맥락에 맞추어 번역을 수정했다.(한국어판은 아감벤, 윤병언 역, 『행간』, 자음과모음, 2015)―옮긴이

이다. "구조 안에서 스스로의 위치를 안다는 것", 즉 무의식의 탐구에서 진리를 마주하는 것, 욕망에 양보하지 않는 것이 이루어지지 않고 주체가 뒷걸음칠 때 "정오의 악령"이 주체를 속이며, 그곳에 나태=슬픔이 나타난다.

이에 더해 라캉은 슬픔을 "즐거운 지식gay sçavoir"에 대립시키고 있다. 즐거운 지식은 "스스로가 무엇으로부터 만들어졌는지를 표명"한다고 말하고 있다. 하지만 이것은 자신을 완전히 이해하는 것과는 관계가 없다. 자신에 관하여 어떠한 의미를 구하는 것이 아니라, 오히려 "가능한 한 의미에 근접하여 닿을 듯 말 듯한 정도에 이르는 것"이 정신분석에서 중요하다. 즉, 주체를 규정하는 무의미의 시니피앙을 분명히 드러나게 하는 것, 그리하여 이 시니피앙이 제거 불가능한 형태로서 바로 이 신체에 각인된다는 점을 알아야 한다. 라캉은 분명 토마스 아퀴나스가 나태의 반대편에 위치시킨 "기쁨gaudium"을 이와 같은 지식의 기쁨(즐거운 지식)에 연결시켰다고 생각된다.

현실 신경증으로서의 '우울증'적 측면을 중시하는 우리에게 더욱 흥미로운 점이 있다. 최근의 연구에 의하면 토마스 아퀴나스에게 절망과 나태는 다른 것이었다. 한편 "절망에서는 은총을 통해 신성으로 나아가는 것이 매력적인 것으로, 하지만 불가능한 것으로서 지각된다. 다른 한편 나태에서는 [은총을 통하여 신성으로 나아가는 것을] 예견할 수 있지만 매력적이지는 않다"고 지적하고 있다(DeYoung, 2004). 이 지적은, 나태에서는 욕망을 지탱하는 환상이 기능 불능에 빠지기에 충분히 욕망할 수 없다는 점을 시사한다고 볼 수 있다. 프로이트 식으로 말한다면 나태에서는 신체적인 성적 흥분의 "압박의 해제"가 가능해지는 것으로, 이는 이미 *매력을 잃어버린 부적절한 압박*의 해제인 셈이다. 신학에서 이러한 함의는 아마도 보다 깊이 천착해 들어 갈 여지가 있을 것이다.

6. 데프레시옹의 표상문화론?

때문에 우리는 다음과 같이 말해야만 한다―라캉주의 관점에서 뒤러의 <멜랑콜리아 I>에 나타난 슬픔이나 나태는 어떠한 의미에서 보아도 정신분석적 멜랑콜리의 선구적인 표상은 *아니다*라고. 지금까지 살펴보았듯이 이것은 오히려 데프레시옹으로서, 혹은 데프레시옹으로부터의 회복으로서 규정해야 할 것이다.[*]

---

[*] 라캉주의적인 관점에서 정교한 우울증론을 발표했던 아르케 로스는 '멜랑콜리=창조의 병'을 철저히 비판하고 있다. 그에 따르면 정신분석적인 멜랑콜리는 결코 창조자의 질환이 *아니다*. 아리스토텔레스가 멜랑콜리와 천재, 창조성을 관련시켰던 점을 수용해서 병적학이나 표상문화론의 영역에서 멜랑콜리와 창조성의 관계를 따졌던 연구는 잘 알려져 있다. <멜랑콜리아 I>은 그러한 연구에서 제일 먼저 거론되는 작품이다. 그러나 아르케 로스에 따르면, "멜랑콜리의 정신병적 고통을 미적인 측면에서 기초하기는 불가능하다." 왜냐하면 예술적 대상이 생산되는 과정은 라캉이 '여성적 대상의 승화'로서 위치 지은 것으로, 특히 강박신경증적인 성질을 띠고 있기 때문이다. 다만 이 성질이 갖는 과잉성과 사랑의 양태는 정신분석적 멜랑콜리와 매우 *흡사하다*. 그리하여 그는 정신분석적 멜랑콜리와 예술의 창작이 연결될 수 있다는 감별 진단학적 오류가 발생한다고 논하고 있다. 결국 비평가들은 승화를 중시함으로써 문학적, 회화적, 건축적 멜랑콜리를 진정한 멜랑콜리와 혼동하고 있다(Arce Ross, 2009, pp. 34-47).

예를 들어 아감벤이 수도원에서의 멜랑콜리 표상으로서 소개하고 있는 수도사의 "나태"에 관한 기술은, 우리의 관점에서 본다면 멜랑콜리라기보다는 데프레시옹으로 보인다. 또한 정신의학적인 관점에서 본다면 '수도사'의 나태의 기술은—가장 피해야 할 말을 사용하는 것이기는 하지만—이른바 '신종 우울증'에 가깝다고까지 느껴진다. 예를 들어 카시아누스Johannes Cassianus가 쓴 다음의 서술을 보자.

> 정오의 악령은 한 불쌍한 수도사의 머리에 강박관념을 심고 동시에 그가 위치한 곳의 공간에 대한 혐오감을 불러일으키면서 그가 머무는 독방에 대한 불편함과 그와 함께 지내는 수도사들의 추잡함을 상기시킨다. 그의 형제들은 이제 그에게 게으르고 우스꽝스러운 인간으로 보일 뿐이다. 악령은 독방 안에서 이루어지는 모든 활동에 앞서 그를 무기력한 인간으로, 마음을 편히 다스리지 못하도록, 독서에 전념할 수 없도록 만들어 버린다. (…) 결국 수도원 생활에서 아무런 기쁨도 느끼지 못하는 이 불쌍한 수도사는 불평불만을 늘어놓기 시작한다. (…) 투덜거리면서 자신은 영혼의 어떤 과제도 소화해 낼 수 없는 무능력한 인간이라고 선포한다. 항상 똑같은 공간에서 벗어나지 못하고 머릿속이 텅 빈 채로 살아가는 상황을 그는 괴로워한다. 다른 사람들에게 도움을 주고 그들을 인도해야 할 그가 실제로는 아무것도 한 것이 없고 누구에게든 도움이 될 만한 일도 하지 못했다. 그는 없는 것과 다를 바

없는 멀리 있는 수도원들을 떠벌리듯이 칭찬하면서 그가 건
강하고 행복하게 지낼 수 있는 곳, 형제들 사이에서 영적 대
화를 나눌 수 있는 정결한 느낌의 수도원을 떠올린다. (…) 오
시 혹은 육시가 돌아오면 갑자기 몸이 피로해지면서 미칠 듯
이 배가 고파 오기 시작한다. 마치 긴 여행을, 혹은 힘든 일을
마치고 지칠 대로 지쳐 돌아온 사람처럼, 혹은 이삼일 정도
굶은 사람처럼. 그래서 그는 독방 안을 두리번거리면서 이리
저리 오가기 시작한다(아감벤, 2008, pp. 26-7).

아감벤은 이 같은 4세기의 나태와 매우 흡사한 서술이 보들레
르Baudelaire와 위스망Huysmans의 20세기의 데카당스 문학에도 나
타난다고 지적하고 있다.* 나태의 표상은 1,500년 이상 그 명맥을
유지하고 있는 것이다.

하지만 카시아누스가 기술한 '나태'는 마치 현대의 '신종 우울
증'이라고 불리는 환자처럼 보이기도 한다. 장소를 수도원에서 직
장으로 옮기면 그러한 점이 명료하게 드러난다. 그(수도사)는 직
장(수도원)에서 분명히 무기력하지만, 적어도 자신이 이상적인 장
소에서 즐기고 있는 모습을 상상할 수 있다(예를 들어 '복리후생이
좋은 대기업을 과장되게 칭찬하며 건전하고 행복하게 생활하는 장
소라고 생각하는' 것처럼). 이미 확인했듯이 멜랑콜리는 안헤도니

---

* 요시다 조吉田城는 낭만주의자들이 우울질質,atrabiliare을 철학자, 정치가, 예술
 가처럼 유명인에게 특징적으로 나타나는 조류로 확산시켰음을 지적하고, 19세
 기의 '멜랑콜리'를 신경증의 한 변종으로 규정하고 있다(吉田, 1996, p. 211).

제2부 임상

아와 기분 반응성의 소실, 비애 불능이라는 특징을 갖는다. 그렇기 때문에 멜랑콜리였다면 즐거울 수 있는 가능성 그 자체가 배제되어 있어야 한다. 어딘가에 있을지 모르는 이상형을 손꼽아 기다리는 일은 멜랑콜리증자에게 일어날 수 없는 일이다. 멜랑콜리증자의 고뇌는 오히려 이미 이상향으로부터 회복 불가능한 형태로 영원히 추방되어 버렸다는 것, 즉 이상향이 표상 불가능하게 되어 버린 것이다. 멜랑콜리와는 정반대인 코타르 증후군Cotard syndrome* 환자에게 나이를 물을 경우 "나이 같은 것은 없습니다"라거나 이름을 물어도 "존재하지 않는다"고 대답하는 것과 마찬가지로, 고향이 어디인지를 물어도 *"고향은 존재하지 않습니다"*라고 답변한다는 것이다.

혹은 이 수도사에게 프로이트가 멜랑콜리의 주 특징이라고 생각했던 자책이 조금밖에 보이지 않으며 친구(동료)에 대한 비난이 보인다는 점에 주목해야 할 것이다. '일하는 동안에는 우울해져 있지만 여행은 갈 수 있다', '자책감이 아니라 타인의 책임'이라는 이른바 '신종 우울증'의 유사물은 4세기 수도원에도 이미 존재했었던 것이 아닌가. 그렇다면 당시의 "정오의 악령"에게 그 원인을 귀속시켰던 나태가 이제는 개인의 '나태', 즉 개인의 자질이나 능력에서 원인을 발견할 수 있는 나태의 형태를 가지고 현대사회에 나타나게 되었다.** 여기에는 개인과 직장 둘 중 어디에서 멜랑

---

* 프랑스 정신과 의사 쥘 코타르Jules Cotard(1840–1889)가 규정했던, 자신이 이미 죽었으며 존재하지 않고 부패해 버렸거나 혈액이나 내장을 상실했다는 망상적인 신념을 품는 정신장애. ─옮긴이

콜리 친화형을 볼 수 있는가라는 가토의 논의와 같은 구조를 볼 수 있다. 이제는 이러한 관점 변화와 현대 자본주의가 어떤 공범 관계를 가지는가를 캐물어야 할 것이다.

7. 현실 신경증의 복권을 향해

데프레시옹은 멜랑콜리가 아니다. 하지만 그렇게만 말해서는 불충분하다. 데프레시옹과의 관계에서 이른바 '신경증성 우울증' 을 어디에 위치시킬 것인가라는 문제가 아직 남아 있기 때문이다. 앞서 정신의학사를 개관할 때 신경쇠약에 해당하는 우울증의 양 상을 우리는 데프레시옹이라고 불렀다. 이 용태는 그 후의 논자들 에 의하여 (내인성 우울증 멜랑콜리와 구별되는 한에서의) '심인성 우울증psychogenic depression'이라고 불리는 경우가 적지 않았다. 하 지만 이것은 어떠한 의미에서의 '*심인성 우울증*'인가? 실제로 프 로이트는 신경쇠약에 대해 *심인을 상정하지 않았다.* 그렇다면 프 로이트의 입장에서는 '신경증성 우울증neurotic depression'이라는 용

** 아감벤은 "자신의 욕망으로 향하는 길을 (…) 모욕함과 동시에 차단하는" 것을 표상문화론적 멜랑콜리와 정신분석적 멜랑콜리의 공통적 특징이라고 생각했 다(아감벤, 2008, p. 32). 그러나 크로살리 코르비는 그가 지적하는 이러한 특징 을 멜랑콜리가 아니라 강박신경증의 '불가능한 욕망'이나 히스테리의 '불만족 의 욕망'으로 연결하고 있다. 즉, 아감벤이 지적하는 것과 같은 표상문화론적 멜랑콜리는 정신병으로서의 정신분석적인 멜랑꼴리가 아니라 오히려 신경증 의 영역에 있다(Crosali Corvi, 2011, p. 58).

어는 부적절해진다. 멜랑콜리를 예리하게 감별하고 그 나머지를 데프레시옹이라고 부르는 것만으로는 충분치 않다. 소위 신경증성에서 우울성의 병태를 보이는 *현실* 신경증과 우울 증상을 동반하는 *정신신경증*이라는 두 가지 카테고리를 구별해야 한다. 히스테리나 강박신경증에서도 우울 증상이 많이 발견되지만 이는 후자의 카테고리에 들어갈 수 있기 때문일 것이다.

　'신경증적 우울증'이라는 개념의 애매함은 라캉주의 논자들에게서도 관찰된다. 본론에서도 참조한 크로살리 코르비의 우울증론은 '우울'이 독립된 심적 구조가 아니라 구조를 넘나드는 외관이었으며, 그렇기 때문에 여럿[복수]의 '우울'이 있다는 지점으로부터 논의를 시작하고 있다. 그의 말에 따르면 우울은 향락의 촉매인 대상 α와의 관계에서 감별해야 하며, 신경증과 정신병에서는 '우울'의 양상이 서로 다르다. 즉, 멜랑콜리에서는 주체를 짓누르는 대상 α의 무게로 인해 똥으로서의 대상을 향한 동일시가 이루어지고, 파라노이아에서는 피해망상에 수반하는 '우울'이 관찰된다. 또한 정신분열에서는 파편화된 신체와 '타자'의 영역에 새겨질 수 없다는 불가능성에서 '우울'이 발생한다. 다른 한편으로 크로살리 코르비는 신경증의 '우울'에서는 강박신경증과 히스테리를 구별해야 한다고 주장한다. 강박신경증의 '우울'에서는 죄책감의 실현이 앞으로의 삶을 위협하기 때문에 대상을 향해 접근하는 것을 스스로 불가능하게 함으로써 억제와 습관이 발생한다. 히스테리적 '우울'은 주체가 '타자'를 지탱하려고 노력함에도 불구하고 기대가 어긋났을 때 불만이 신체에 나타나게 된다. 여기까지는 우리가 충분히 동의할 수 있다.

하지만 크로살리 코르비는 정신병적 '우울'(멜랑콜리)이 대상 α의 비추출non-extraction에 대응하고, 신경증에서의 우울이 도덕적 비겁함lâcheté morale, 즉 욕망에 관하여 양보하는 것에 대응한다고 하면서 논의를 마쳐 버린다. 그럴 경우 우리가 본론에서 살펴본 데프레시옹은 히스테리나 강박신경증과 같은 정신신경증에서의 우울로 환원되어 버린다. 그럴 경우 이러한 질병 분류는 프로이트의 현실 신경증이라는 개념이 갖는 현재성actuality을 무시해 버리고 말 것이다(루디네스코와 셰마마도 '우울'을 고전적인 신경증과 정신병과 다른 구조로 다루었다는 점을 생각해 보자*).

그렇다 할지라도 비非-멜랑콜리성 혹은 비非-내인성 우울증(데프레시옹)이라는 카테고리 전체에 아주 간단하게 심인이 상정된 것에는 도대체 어떤 경위가 있었을까(물론 우리가 여기에 심인이 없다고 말하려는 것은 아니다)? 이는 단순한 이론상의 문제가 아니라 치료 실천에도 직결되는 문제이기도 하다. '비-내인성 우울증에는 항우울제가 아니라 정신요법을 시행해야 한다'는 말을 현대

---

* 여기서 뽈 베르하게Paul Verhaeghe(2008)의 현실 신경증을 참조해야 한다. 그는 프로이트가 현실 신경증을 정신신경증의 하위 구조라고 했던 점에 주목하고 이를 라캉 이론과 접속시키고 있다. 즉, 심기증에서 편집광Paraphrenia으로의 이행이나 불안신경증으로부터 히스테리나 강박으로 이행처럼 정신병/신경증/도착이라는 세 가지 구조는 각각 현실 병리actualpathology와 정신 병리psychopathology를 가지고 전자에서 후자로 진행하며 발병한다고 보고 있다. 그는 심적 외상후 스트레스 장애(PTSD)와 패닉 장애를 현실 병리의 단계에 머무른 것으로 생각하고 있지만, 우리의 입장은 여기에 데프레시옹을 편입시킬 수 있다고 생각한다.

정신의학에서 자주 듣게 되지만, 실제로는 정신요법보다는 휴직이나 직장의 환경을 조정하기, 혹은 충분한 사회보장을 받도록 하는 현실적인 배려가 보다 효과적이었던 사례도 많이 있다.

어찌 되었든 우리는 데프레시옹 환자가 "구조 안에서 스스로의 위치를 안다"는 것이 가능해질 주체적 계기를 기다릴 수 있도록 시간을 주어야 할 것이다. 이는 수치에 의한 측정과 평판화로 지배되는 자본주의 디스쿠르의 내부에서 어떻게 하면 이러한 디스쿠르에 저항할 것인지를 사고하고 활동하는 시간이 될 것이다. 그러한 치료적 실천이야말로 데프레시옹 환자가 스스로 욕망하는 데 도움이 될 것이다. 이때 데프레시옹의 주체는 뒤러의 〈멜랑콜리아 I〉에서 보았던 날개 달린 인물의 모습을 하고 있을 것이다.

제6장 '부끄러움이 사멸'된 현대

수치의 구조를 읽기

1. '부끄러움'과 시선[눈초리]

루스 베네딕트Ruth Benedict의 『국화와 칼The Chrysanthemum and the Sword』을 펼칠 필요도 없이 부끄러움(수치)라는 말은 인간의 문화를 생각함에 있어 중요한 키워드이다. 또한 '수치'라는 정동이 대인공포와 같은 중심적 병리가 된다는 점도 잘 알려진 사실이다. 최근 정신의학에서 '사회불안장애social anxiety disorder'나 '사회공포 social phobia'라는 말이 자주 거론되는데, 그 주요 증상은 타인 앞에서의 대화나 타인을 대상으로 한 글쓰기나 공공장소에서의 먹고 마시기, 잘 모르는 사람과의 대화 등에서 긴장하고 창피를 당하지 않을까라고 생각하며 행동이 부자연스러워지는 것 등으로 거론된다. 이처럼 수치는 문화나 임상을 생각할 때 불가결하다고 생각된다.

하지만 불가사의하게도 정신분석에서 부끄러움은 그다지 큰 주목을 받지 못했다. 이는 프로이트에게 수치보다는 죄(죄책감)의 측면이 중요했으며 라캉 역시도 그러한 프로이트의 노선을 1950년대까지는 답습했기 때문이라고 생각한다. 하지만 1960년대에서 1970년대에 걸친 라캉의 논의를 살펴보면 실제로 수치가 중요한 정동으로 취급되었음을 알 수 있다. 그래서 결론을 미리 앞당겨 말한다면, 현대는 '수치의 사멸', 즉 사람들에게 수치의 정동을 불러일으키는 '타자'가 약화된 시대라고 규정할 수 있을 것이다. 바꾸어 말하면, 수치를 검토하는 것은 그 임상적 함의뿐 아니라 현대의 상징적 질서의 모습이나 거기서 전개되는 섹슈얼리티를 생각하기 위해서는 반드시 필요하다.

수치, 즉 '부끄러움'에는 다양한 종류가 있지만 '시선'과 관련된 부끄러움이 가장 많을 것이다. 예를 들면 '부끄러운 모습을 보이다'라는 표현에서도 볼 수 있듯이, 자신이 무엇인가 했던 것을 '보였다'는 것이 우리로 하여금 부끄러움이라는 감정을 자아내게 함을 누구나 경험했을 것이다. 이 경우 우리는 '무엇인가를 했던' 행위 그 자체가 '부끄러운' 것이라는 성질을 가지고 있다고 생각하기 십상이다. 그러나 부끄러워함의 본질은 오히려 '보였다'에 있다.

예를 들어 '눈싸움にらめっこ'*, 즉 두 사람이 정면으로 마주 보고

---

* 두 사람이 마주보고 우스운 표정을 지어보이며 먼저 웃는 쪽이 지는 놀이.— 옮긴이.

서로의 얼굴(특히 눈)을 노려보는 놀이를 생각해 보자. 요즘 '눈싸움'에서는 서로의 상대를 웃게 하려고 묘한 표정을 짓는 일이 많지만, 그 원형이라 할 가마쿠라-무로마치 시대의 '눈 비교하기目比べ'나 '눈 경쟁目勝'은 오직 눈과 눈을 서로 주시하는 것을 그 본질로 했다. 즉, 묘한 표정을 지어서 상대를 웃게 만드는 측이 이기는 것이 아니라 단지 상대로부터 눈을 돌리지 않는 쪽이 이기는 것이었다. 바꿔 말하자면 이 놀이는 원래 눈을 마주한다는 것 자체가 이상한 것, 결국 부끄러운 것이라는 전제하에서 성립한 것이었다. 즉, '보다'-'보이다'는 관계는 그 자체가 부끄러워함을 낳는 계기를 내포하고 있다고 생각해야 할 것이다.

실제로 '눈싸움'에 대해 야나기다 구니오柳田國男는 다음과 같이 말하고 있다.

지금까지 친구들하고만 걱정 없이 생활하던 자가 처음으로 모르는 사람과 대면하는 것은 실제로 용기가 필요하다. 알고 *싶다*는 생각은 쌍방에게 있지만, 반드시 두 사람 중 기가 약한 쪽이 눈길을 돌리고, 보이는 사람이 되는 것이다. / (…) 일반적으로 무리의 힘이 한 사람보다는 강하고, 동료가 많으면 태연하게 사람을 볼 수 있으며 혹은 때때로 빤히 상대를 마주 보는 기가 강한 사람도 있다. 이러한 용기는 의지意思의 힘, 혹은 연습을 통해서 양성할 수 있으며, 선인들은 눈 경쟁目勝이라고 불렀으며 이를 일종의 시합으로 삼았다. 즉, 이것이 오늘날 눈싸움의 기원이다(柳田, 1993).

제2부 임상

야나기다에 따르면 '본다'는 '알다'와 깊은 관계가 있으며, 이는 인간관계의 '강함'과 깊은 관계가 있다. 그래서 타인과 분쟁을 피하려면 시선을 마주치는 것(응시)을 피할 필요가 있다. 실제로 일본 문화는 이를 위한 장치를 많이 가지고 있다. 시선을 피하는 역할을 하는 문화적 장치의 전형적인 예는 아시카가 요시마사足利義政*가 만든 은각사 서원의 '도코노마 문화床の間文化'**를 들 수 있다. 서원 건축에서 손님은 '도코노마'(응접실)을 통과하도록 되어 있으며 손님이 통과하는 '도코노마'에는 반드시 족자나 생화가 놓여 있다. 이런 장치가 있음으로써 집주인과 손님은 서로 눈을 마주치지 않을 수 있다. 즉, 족자와 생화는 '시선을 두는 곳'이 되며, 설령 이런 것이 없다면 '눈을 둘 곳이 없어서 난처한' 경우가 발생한다.

공간 안에서 시선을 어떻게 처리해야 하는가라는 문제는 오늘날에도 그대로 유지되고 있다. 요즘의 거실에는 거의 항상 텔레비전이 있어 가족이 모두 모인 단란한 순간에도 모두가 텔레비전에 눈길을 주고 있으며, 가족들은 서로의 눈을 마주치지 않고도 생활할 수 있다. 서원 건축은 지금도 일본 건축의 기본인데, 공간에서 시선을 어떻게 처리할 것인가라는 점에서 일본인의 심성을 잘 드러내 주고 있다고 할 수 있다. 좀 더 흔한 예를 들어 보자. 처음으

*   1436-1490, 무로마치 시대의 8대 쇼군. ─옮긴이.
** 일본 건축에서 객실인 다다미방의 정면에 바닥을 한층 높여 만들어 놓은 곳으로, 벽에 족자를 걸고 바닥에 도자기와 꽃병을 장식해 두는 곳으로 격식을 차린 공간. 서양 건축의 벽감과 비슷하다. ─옮긴이.

로 데이트를 할 때 영화관에 가야 한다는 사람들이 있는데, 이는 영화를 보고 있는 한에서는 상대에게 자신이 보이지 않으며 자신이 보고 있는 영화 역시도 자신을 응시하지 않는다는 이중의 의미에서 영화는 '안전'하기 때문일 것이다(하지만 실제로는 영화도 이쪽을 보고 있다고 할 수 있는데, 이 점에 대해서는 나중에 다룰 것이다).

2. 시선視線과 수치羞恥의 구조

시선이 부끄러움(수치)를 낳는다는 메커니즘은 대체 어떻게 작동할까? 시선은 어떻게 부끄러움을 낳는 것일까? 야나기다에 따르면 '사람을 본다'는 것은 '그 사람을 안다'라는 것과 밀접하게 관계되어 있다. 그러나 '보는 것=아는 것'이라는 등식만으로는 부끄러움의 메커니즘을 명쾌하게 설명할 수 없다.

가령 수영복 차림의 여성을 사진으로 본다면 우리들은 부끄러움을 느끼지 않는다. 사진을 '봄'으로써 우리는 그 여성의 신체에 대해 무언가를 '알' 수는 있지만, 그것 때문에 부끄러움을 느끼지는 않는다.

그러나 수영복 차림의 여성을 실제로 볼 경우는 사정이 완전히 바뀌어 버린다. 우리는 살갗을 노출한 수영복의 여성을 실제로 본다면 '눈을 어디에 두어야 할지 모르겠다'고 말한다. 즉 부끄러움을 느끼는 것이다.

이 경우 우리는 무엇을 부끄럽다고 여기는 것일까? 수영복 차림의 여성을 '본다'는 것 자체가 부끄럽지는 않다. 또한 본다는 것을 통해서 그 여성을 '안다'는 사실이 부끄러운 것도 아니다. 오히려 그 여성을 볼 때 *자신이 알려져 버린다*는 것이 부끄러운 것이다. 여성 신체의 어디를 보는 가에 따라서 우리의 욕망이 알려진다는 것, 즉 자신의 시선이 수영복 차림의 여성을 봄으로써 자신의 욕망이 알려지는 것이 부끄러운 것이다. 때문에 '보는 것=아는 것'이라는 등식을 부끄러움의 메커니즘으로 바라본다면, 이 경우 '안다'라는 행위의 목적어는 상대가 아니라 우리 자신이다('내가 타인을 안다'는 것이 아니고, '내가 타인에 의해 *알려진다*')라는 주객 전도가 일어난다는 점에 주의해야 한다.

여담이지만, 현대에도 통용되는 유럽풍의 수영복이 서양에서 일본에 수입된 시점은 1886년경부터라고 한다. 수영복 차림의 여성이 일본의 해안에 나타났을 무렵에 이 수영복은 파렴치하고 음란한 것으로 여겨진 듯하다. 하지만 에도시대에도 이미 남녀 혼탕은 있었다. 그런데도 왜 수영복을 입은 모습을 보고서 부끄러움을 느끼게 된 것일까? 나체보다는 수영복이 부끄럽다고 하는 것은 뭔가 이상한 이야기처럼 들린다.

한스 페터 뒤르Hans Peter Duerr(1988)는 이를 수영복이 그때 처음으로 '보이는 대상'으로서 출현했기 때문이라고 말한다. 즉, 에도시대의 일본에서는 설령 자기 가까이에서 몸을 씻는 사람의 나체를 본다 할지라도 그 나체를 '본다', 즉 응시하지 않으며, 나체가 눈을 스쳤다 하더라도 그 모습을 마음에 담아 두지 않고 보지 않은 것으로 처리했다. 여성의 알몸을 보아도 '못 본 것으로 한다', '모르는 척한다'는 것이다. 그렇게 함으로써 여성의 알몸은 '보이는' 것이 아니게 되며 남성은 자신의 성적 욕망을 본인도 모르게 해결할 수 있었다. 그러나 수영복이 등장하면서 이처럼 '못 본 것으로 하는' 문화가 깨어져 버린 것이다. 수영복을 착용한 신체는 '응시될 수 있는 대상'으로서 등장했기에 이제는 더 이상 그것을 못 본 척하거나 모르는 척할 수 없게 되었다. 역설적으로 여성의 신체는 수영복으로 가려짐으로써 드디어 '보이는' 것이 된 셈이다.

다만 한 가지 사항을 뒤르의 고찰에 보충해야 한다. 이는 수영복이 등장했을 때 여성의 신체가 '보인다'는 것뿐만이 아니라 수영복을 보는 측, 즉 남성 측의 성적 욕망도 '보이는=알려지는' 것이 되었다는 점이다. 아마 이것이 메이지 시대의 일본인에게 부끄러움을 느끼게 한 것이 아닐까. 수영복 사진은 분명 이러한 부끄러움을 극복하기 위해서 발명된 것이리라. 사진을 개입시킴으로써 우리는 대상인 여성 측으로부터 '보인다'는, 즉 '그[여성]쪽에서도 이쪽[보는 사람, 즉 남성]을 본다'는 인식이 없어지기에, 그 신체를 안전한 위치에서 '볼' 수 있게 되었기 때문이다.

정신분석가 자크 라캉은 이와 아주 흡사한 에피소드를 1964년 세미나인 11권 『정신분석의 네 가지 근본 개념』에서 말하고 있다. 이는 라캉의 20대 시절의 이야기이다. 라캉이 인텔리였으며 조부가 식초 판매상이었다는 사실에서 보자면 요즘 말하는 중상류 가정 출신이었다고 할 수 있다. 당시 노동자계급의 생활에 관심을 갖고 있었던 라캉은 어느 여름 시골의 조그마한 어촌을 방문

제2부 임상

했다. 그리고 그는 뱃사람의 가족과 함께 작은 배를 타고 낚시에 나섰다. 이어서 소개하는 일화는 그 배 위의 장면에서 시작되고 있다.

그물을 거둬들일 시간을 기다리고 있는데, 일명 꼬마 장 Petit-Jean, 우리가 그렇게 부를 수 있을 한 남자가 (…) 파도 표면에 떠다니는 무언가를 저에게 가리켰습니다. 그것은 작은 깡통, 정확히 말하자면 정어리 통조림 깡통이었습니다. (…) 그 깡통은 햇빛을 받으며 떠다니고 있었습니다. 그것은 햇빛을 받아 반짝반짝 빛나고 있었지요. 꼬마 장은 "보이나? 저 깡통 보여? 그런데 깡통은 자네를 보고 있지 않아!"라고 제게 말했습니다. (…) 그는 이 작은 에피소드를 두고 아주 재미있어 했지만 저는 별로 그렇지 못했습니다. (…) 어떤 면에서는 그럼에도 그 깡통이 저를 응시하고 있기 때문입니다. 깡통은 광점에서 저를 응시하고 있습니다. 그[꼬마 장]가 저에게 그런 이야기를 한 것은 어쨌거나, 앞서 제가 저 자신에 대해 묘사했듯이 제가 그 당시 거친 자연에 맞서 싸우며 힘겹게 생계를 꾸려 나가던 사람들과 함께 있으면서 *아주 우스꽝스런 그림을 만들어 냈기* 때문이었지요. 한마디로, 저는 아주 작게나마 *그림 속의 얼룩*이 되었던 것입니다(S11, 88-9/126, 강조는 인용자).*

***

* 한국어판을 약간 수정하여 번역에 반영했다.(『정신분석의 네 가지 근본 개념』,

이 장면에서 젊은 지식인이었던 라캉은 뱃사람들과 섞여 배를 타고 노동자 놀이를 하고 있다. 뱃사람은 물결에 떠다니고 있던 빈 깡통을 라캉에게 가리키며 "어이, 저 깡통 보이지. 자네는 그걸 보고 있겠지만, 그 녀석은 자네를 보고 있지 않을 거네"라고 말한다. 이 뱃사람의 말에 대해 라캉은 '그렇지만 깡통 쪼가리는 나를 보고 있었다'고 논평하고 있다. 즉, 여기서 그가 말하는 것은 분명, 자신이 보고 있다고 생각하는 대상이 있을 때 실제로는 그 대상에게도 자신이 이미 보이고 있음을 체험했다는 것이다.

라캉은 더 흥미로운 이야기를 하고 있다. '내가 바라보고 있는 대상 안에 나 자신이 새겨져 있으며, 바로 거기에서 불편함(부끄러움)이 생긴다'는 것이 그것이다. 먼저 풍채 좋은 노동자들과 섞여 있는 지식인이라는 도식에 주목하자. 라캉은 이를 "아주 우스꽝스런 그림을 만들어 냈다je faisais tableau d'une façon assez inénarrable"고 표현하며 자신이 그 장소에 어울리지 않는 존재였음을 자조하고 있다. 나아가 라캉은 "저는 아주 작게나마 그림 속의 얼룩이 되었다faire tache dans le tableau"라고도 말한다. 이 부분을 『세미나』일본어판은 "나는 그림 안에서 *작은* 얼룩처럼 *떠 있었다*"고 번역하고 있다. "떠 있다"라는 말은 원어인 프랑스판에는 없지만 일본어 번역은 "깡통이 [바다에] 떠 있는 것이 아니라, 내[=라캉]가 [그 장면으로부터] 떠 있다"고 읽을 수 있도록 표현하고 있다. 라캉은 자기 자신이 그 장소에 어울리지 않는 존재, 즉 그 장소에서 붕 떠

149-150쪽) ─ 옮긴이

있는 존재라는 것을 깡통을 통해서—뱃사람들은 살기 좋은 세계와는 분리되어 있고, 공업 상품으로서의 "정어리 통조림"을 통해서—알게 된 것이다. 라캉은 *자신이 그 장소와 어울리지 않는 존재였다는 것을 깡통을 통해서 알았다는 것이다.* 즉, 일본어 번역은 이 이야기의 주요 부분을 "떠 있다"라는 말을 통해 세련되게 너스레를 떨고 있는 셈이다.

우리는 보통 세계를 앞에 두고 자신이 무엇인가(대상)를 보고 있다고 생각한다. 그러나 바로 그때, 세계 안의 무언가(대상)로부터 오히려 자신이 보인다. 그리하여 그러한 '타자'의 시선에 의해 실은 우리들 자신이 알려진다. 이러한 시선이 우리 자신의 '장소에 어울리지 않음'을 보여 줄 때 우리들은 괴로움을 느낀다. 그리고 이 시선으로 인해 우리들 자신의 괴이함이 나타나기에 우리는 부끄러움을 느낀다. 이러한 시선, 우리가 누구인가를 드러내는 시선은 수영복 차림의 여성과 같이 실제 인간의 시선만이 아니라 때로는 바다에 떠 있는 빈 깡통이 되거나, 그림 속의 얼룩이 되거나, 영화의 한 장면에서 한순간 나타나는 이물異物이 되기도 한다. 이런 때 부끄러움이라는 정동이 발생한다.

3. 대인공포

대인공포는 분명 이와 같은 부끄러움의 구조를 통해 규정되는 병리다. 대인공포증자는 자신의 신체가 가진 특징이나 이물—예를 들어 다른 사람 앞에서 얼굴이 빨개지거나 자신의 냄새, 혐오스러운 눈빛—등이 타인에게 불쾌감을 줄 수 있다고 호소한다. 어떤 환자는 "타인 앞에서 자신의 눈이 저절로 움직여서 기묘한 눈매가 되어 버린다. 그래서 타인에게 불쾌감을 준다거나 혹은 상대방에게 상처를 줄 수 있다"고 주장하며, 또 다른 환자는 "자신의 몸에서 풍기는 좋지 않은 냄새 때문에 같은 방의 환자가 불면에 시달리게 되었다"고 호소한다. 왜 그렇게 생각하느냐고 물으면 그들은 주위 사람의 동작이나 표정으로부터 확실히 알 수 있다고 대답한다. 주위 사람의 일거수일투족이 자신에 관한 메시지이며, 그 메시지는 자신이 기괴한 존재임을 알려 준다는 것이다.

'눈을 보면 그 사람을 알 수 있다'는 말에서 볼 수 있듯이, 시선은 자기 자신의 어떤 본질을 가리키고 있다. 그럼에도 불구하고 자신의 시선은 자신이 직접 볼 수가 없으며 '타자'에 의해서만 보일 수밖에 없다. 이런 의미에서 자기 자신의 시선이란 실제로 '타자'가 가지고 있다고 할 수 있다. 대인공포의 일종인 시선 공포에서는 이 '자신의 시선을 타인이 가지고 있다'는 사실이 과도하게 의식되는 것이라고 여겨진다. 시선 공포증자는 상대방이 자신의 시선을 두고 '노려본다'고 생각함을 두려워하지만, 이는 자신의 시선을 자신이 소유하고 있지 않다는 근본적인 사실을 그들이 언제나 강박적으로 의식 속에 두고 있기 때문이다. 오해를 무릅쓰고 말한다면, 대인공포가 없는 사람은 자신의 응시를 자신이 소유하고 있으며 통제control한다고 생각하지만 이는 시선이 내포하고 있는 타자성을 망각하고 태평하게 나날을 보낸다는 이야기에 불과하다(松本卓也, 2013).

4. 관음증

이어서 관음증(엿보는 악마)voyeurisme을 살펴보자. 관음증자 대부분은 여성의 나체를 그 여성이 보이고 있음을 깨닫지 못하는 방식으로 보려 한다. 이는 어떤 행위일까? 앞에서 수영복 차림의 여성 사진을 본다는 것은, 보고 있는 사람에게 부끄러움이 생기지 않는다고 했다. 관음증은 이와 흡사하다. 왜냐하면 관음증자는 엿보는 대상인 여성을 보면서 그 여성을 알고자 하지만, 한편으로 관음증자 자신은 벽 하나를 사이에 두고 감추어져 있어 자신은 상대에게 알려지지 않기 때문이다. 이는 사진의 기본적인 구조와도 닮은 점이 있다. 카메라맨은 카메라를 가지고 '벽'을 만들어 피사체를 포함한 외계로부터 격리될 수 있기 때문이다. 따라서 관음증자나 카메라맨에게는 부끄러움이 생기지 않는다.

그렇다면 어떻게 하면 관음증자를 부끄러워하게 할 수 있을까? 우리가 이를 직접 생각할 필요도 없이, 그 방법을 작가인 츠츠이 야스타카筒井康隆(1934-)(1996)가 보여 주고 있다. 츠츠이는 주간지의 저속한 보도 카메라맨을 어찌하면 피할 수 있는지에 대해서 말하고 있다. 그에 따르면 주간지 카메라맨을 격퇴하는 방법은 카메라맨을 카메라로 찍기만 하면 된다. 그렇게 하면 그들은 부끄러움을 느끼게 되어 달아나게 된다는 것이다.

어떻게 그러한 일이 일어날까? 카메라맨은 자신과 피사체 사이에 카메라라는 '벽'을 끼워 넣음으로써 안전한 위치를 확보한다. 사진 속 수영복 차림의 여성이 우리를 비난하지 않는 것과 마찬가지로 카메라맨도 카메라라는 '벽' 저편으로부터 공격받지 않는다. 엿보는 악마를 은폐시켜 주는 '벽'과 마찬가지로, 카메라는 대단히 안전한 위치를 제공해 주는 것이다. 그러나 그 카메라맨이 카메라의 파인더를 넘어서 엿보는 세계 안에 카메라맨 자신을 촬영하는 다른 카메라맨이 있다면 어떻게 될까. 그 카메라는 카메라맨 자신을 노려보는 시선이다. 이 시선은 그때까지 일방적으로 피사체를 보고 있었던 카메라맨을 갑자기 보이는 측의 지위로 추락시켜 버린다. 그래서 카메라맨은 자신의 모습이라는 기괴함을 다른 카메라로부터 알게 되는 것이고, 부끄러움을 느끼게 된다.

이 이야기는 장 폴 사르트르Jean-Paul Sartre가 『존재와 무L'Être et le Néant』(1943)에서 전개했고, 이를 이어받아 라캉이 펼쳤던 관음증자론을 정확하게 베끼고 있다. 라캉은 이러한 논의를 『정신분석의 네 가지 근본 개념』에서 꺼낸 후, 세미나 14권 『환상의 논리 La logique du fantasme』 1976년 1월 25일 강의에서 다음과 같이 거론하고 있다.

어딘가에, 바꾸어 말해서, 분명 관음증자가 보고 싶어 하는 것 안에서 찾고 있는 것—그 가장 내밀한 곳에서 관음증자를 보고 있는 것이야말로 문제라는 점을 관음증자는 오인하고 있습니다. 이는 관음증자를 유혹 속으로 응결시켜 버리며, 관음증자 자신이 그림 안에서 내재적인 것이 되어 버리게 하는 데까지 이릅니다(S14, 164A).

관음증자는 무엇인가를 보고 싶어 한다. 그가 보려고 하는 것은 타인의 결여, 즉 구멍이다. 뜬금없는 이야기가 될지 모르지만, 관음증자는 여성의 음부에 '남자 성기가 없다는 것', 즉 절개부裂開部가 있다는 것을 보고 싶어 한다. 프로이트에 따르면, 여성의 음부에 페니스가 없음을 발견한 남자아이는 그 사실에 놀라고 자신도 페니스가 절단되는 것은 아닌가, 즉 거세되는 것이 아닌가라고 겁을 먹게 되며, 그 결과 거세되지 않은 여성의 모습에 집착하게 된다고 했다.

라캉은 프로이트의 이러한 통찰에서 한발 더 나아간다. 라캉에 따르면 관음증자는 여성의 거세, 즉 여성의 절개부(구멍)을 보는 것뿐만이 아니라 그 절개부를 막아 버리려고 한다. 이것은 '타자'에게 뚫린 구멍 부분에 스스로의 시선(대상 α)을 넣음으로써 구멍을 막는 방법을 통해 이루어진다. 그렇게 함으로써 구멍이 난 '타자'를 완전한 상태로 만들고자 하는 것이 관음증자의 목적이라고 그는 말하고 있다. 관음증자는 구멍이 난 불완전한 '타자'를 완전한 것으로 만들고자 엿보는 것이기에 이를 '타자'에 대한 봉사라고까지 말하고 있다. 라캉은 이를 "도착증자는 '타자'의 향락의 도구가 되는 것을 목적으로 한다"고 생각했다. 관음증자는 보통 도착증자 자신이 향락하고 있다(성적으로 즐기고 있다)고 생각하지만, 실은 그게 아니라 자신도 모르는 사이에 '타자'가 향락하도록 봉사하고 있다는 것이다.

그러나 관음증자는 자신이 보려고 하는 '타자'의 구멍을 오인하고 있다. '타자'를 완전한 상태로 만들기 위해서는 시선을 타자의 구멍의 장소에 놓을 필요가 있다. 하지만 그렇게 되면 관음증자가 보고 있는 곳에 다름 아닌 자기 자신의 시선이 있게 되는 것이다. "관음증자 자신이 그림(장면) 안에서 내재적이다"란 바로 그러한 의미이다. 그렇지만 관음증자는 이러한 점을 눈치 채지 못한다. 도착증자는 자기 자신이 시선(대상 α)임을 의식하지 못한다. 그래서 관음증자는 자신이 보이고 있음을 알게 되면 수치의 감정을 느끼게 된다. 처음부터 자신은 자신이 보고 있다고 생각하던 대상에게서 보이고 있다는 것, 그리고 그 대상이 다름 아닌 자기 자신을 노출시키고 있다는 점이 여기서 분명해지기 때문이다. 이를 간단히 표현하자면 "우리들에게 가장 가까이(내부의) 있는 것은 전부 우리의 외부에 있다"(S16, 224)가 될 것이다. 앞서 말한 카메라맨 이야기로 돌아가자면, 자신의 모습(자신의 본질)을 카메라맨이 눈치 채도록 만드는 가장 좋은 방법은 외부에 있는 '타자'의 카메라의 시선이다.

5. 노출증

이어서 노출증exhibitionnisme에 대하여 생각해 보자. 관음증자가 여성의 신체를 보려는 것인 반면 노출증자는 자신의 성기를 여성에게 보이려고 한다. 1967-68년의 세미나 16권 『어떤 타자에서 타자로』에서 라캉은 노출증을 다음과 같이 해석하고 있다.

> 노출증자는 '타자'의 향락에 관심이 쏠려 있습니다. (…) 이 영역, 즉 향락에 의해 포기된 '타자'의 영역이야말로 노출증적 행위가 시선을 출현하도록 만드는 곳입니다(S16, 254).

관음증에서는 관음증자 자신의 시선을 통해 '타자'의 구멍을 메우는 것이 목표였다. 이에 비해 노출증에서는 자신의 성기를 노출시킴으로써 오히려 '타자'로부터의 시선이 생기도록 하는 것이 목표다. 관음증에서는 관음증자 자신이 시선(대상 α)의 위치를 차지하지만, 노출증에서 시선이 문제가 되는 것은 '타자', 즉 성기를 보도록 유도되는 상대측이다. 그러나 관음증과 노출증 모두 '타자'의 구멍과 관련하여 그 구멍을 메우려 한다는 점에서 이 두 가지는 그 근간부터 동일한 메커니즘에 의거한다고 할 수 있다.

일찍이 프로이트는 1915년 「충동과 충동의 운명Triebe und Triebschicksale」에서 문법 규칙에 따라 노출증과 관음증을 능동과 수동의 대립 관계로 파악하려고 했던 적이 있었다(GW10, 219). 이에 비해 라캉은 단순히 능동과 수동이라는 문법 규칙에만 의거해서는 충동이 무엇인지를 포착할 수 없다고 비판하고 있다(S11, 154-5). 분명 관음증과 노출증 모두는 시선을 '타자'와 관련시키려는 병리이며, 그것들을 단순히 능동 내지 수동적인 것으로서 이해할 수는 없다. 이와 마찬가지로 사디즘과 마조히즘도 역시 능동과 수동의 대립으로 이해할 수는 없다. 라캉이 지적하고 있듯이 사디스트는 "자신도 모르는 사이에 어떤 타자를 위해 스스로 대상의 위치를 차지하고 그 타자의 향락을 위해 사디즘적 도착증자로서 행동한다"(S11, 169/246)*라는 점에서 일종의 수동성을 가지며, 마조히스트에 대해서는 "마조히스트적 충동이 작용할 경우, 심지어 소위 말하는 그 충동의 수동적 단계에서조차도 마조히스트는 이를테면 지옥 같은 고통을 스스로에게 부과해야 한다"(S11, 182)**고 말하며 일종의 능동성을 가지고 있다고 말한다. 이와 같은 비대칭적인 관계를 요약하는 밀레(2006b)의 도식은 아래와 같다.

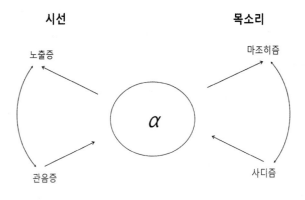

노출증-관음증, 마조히즘-사디즘의 구조

* 일본어판 원문에 따라 한국어판 번역을 약간 수정했다.(『정신분석의 네 가지 근본 개념』, 280쪽) ― 옮긴이
** 한국어판은 『정신분석의 네 가지 근본 개념』, 304쪽. ― 옮긴이

이 도식으로부터 알 수 있듯이, 노출증과 관음증자 모두는 시선을 통해서, 마조히스트와 사디스트는 음성—즉 "사드적 경험 속에서 발견하며 고문 집행인의 현존재Dasein로 정체를 드러내는 대상"(E772)*이 내리는 명령—에 의해 구조화되어 있다. 어떠한 경우든 단순히 주체가 앞에 있고 그 주체가 능동적, 수동적인 행위로서 노출이나 관음, 혹은 마조히즘적인 고통 받음이나 사디즘적 고문을 행하는 것이 아니라, 오히려 능동적 행위 그 자체가 구조 안에서 주체의 위치를 설정하고 있다는 점이 중요하다.**

6. 시선의 라캉적 존재론─존재론은 '수치론恥在論'이다

지금까지 수치라는 정동으로부터 출발하여 시선의 구조와 시선이 만들어 내는 병리를 확인했다. 그러나 시선은 인간에게 병리적인 것만은 아니다. 사람은 자신이 '보고 있다'고 생각하는 세계로부터 실은 '보이는' 것이며, 자신의 외부에 있는 대상이야말로 자신에 대한 진리를 알려 주고 있다는 역설적인 구조, 이 의식되지 않는 시선의 구조야말로 인간 존재를 떠받치고 있다는 것이 라캉의 생각이었다.

---

*　한국어판은『에크리』, 904쪽.─옮긴이
**　이 논점은 중동태를 둘러싼 논의와 관련되어야만 한다. 실제로 프로이트도 능동과 수동만이 아니라 '중동태'에 관하여 언급하고 있는 것을 찾아볼 수 있다 (GW10, 221).

라캉의 논의를 확인하기 전에 보다 알기 쉬운 시선의 존재론으로부터 논의를 시작해 보자. 15세기 독일 신학자인 니콜라우스 쿠자누스Nicolaus Cusanus(1401–1464)는 '숨겨진 신'에 대하여 논했다. 그가 생각하는 '숨겨진 신'이란 '신은 인간의 세계에는 나타나지 않지만 그럼에도 존재한다'는 이른바 '부정신학'의 흐름에 있는 사고방식이었다. 쿠자누스는 『신의 바라봄De visione Dei』(1453)라는 주요한 저작에서, 그 표제에 나타나고 있는 "신을 본다는 것 visio Dei"이란 기독교적 전통에서 본래 "신과 직접, 얼굴과 얼굴을 마주하고서 보는 것visio facialis"이었다고 말한다. 즉, '신을 본다는 것'이라는 말은 '신이 인간을 보는 것'과 '인간이 신을 보는 것'이라는 이중의 의미를 가지고 있는 것이다. 그리스어로는 '신'을 'theos'라고 표현하는데, 이 말은 '나를 본다'에서 유래한다. 즉, 신이란 곧 우리가 보는 것이 아니라, 우리를 보는(시선을 주는) 것이다. 쿠자누스는 다음과 같이 말하고 있다.

신이여, 당신이 나를 자애의 시선으로 보아 주시기에, 당신이 보는 것은 저를 통해 당신이 보인다는 것 외에 다름이 아닙니다. 당신은 저를 보면서 감추어져 있는 신神인 당신을 저를 통해 보이게 하기 위해 [당신을 저에게] 보내 주신 것입니다. 당신이 스스로를 보이도록 해주시지 않았다면 누구도 [당신을] 볼 수 없었을 것입니다. 당신을 본다는 것은, 당신을 보고 있는 사람을 당신이 보아 주시고 있는 것과 다름없습니다 (쿠자누스, 2001, p. 30).

우리는 신을 능동적으로 볼 수 없다. 오히려 신이 우리(모든 인간)를 먼저 보고 있으며, 신에 의하여 우리가 수동적으로 바라보아지는 것이야말로 우리가 신을 볼 수 있도록 해 준다는 것이다. 이와 같은 신학적 논의가 기독교 이외의 사람들에게 통용되지 않는 것은 아니다. '무엇인가로부터 보이고 있기에 우리가 존재한다'는 발상, 혹은 '우리의 존재는 세계라는 외부에게 보이고 있다'는 발상은 분명 예전부터 SF 작품에 자주 등장해 왔다. SF적 혹은 디스토피아적인 설정의 작품에서도 우리를 구석구석 보고 있는 시선이 자주 등장한다. 조지 오웰George Orwell의 『1984』에 등장하는 '빅 브라더'나 전 세계 시청자로부터 보이는 주인공(리얼리티 쇼의 등장인물)이 등장하는 영화 <트루먼 쇼> 등과 같이, 이러한 존재론적인 시선은 픽션의 세계에서 셀 수 없을 정도로 많다. 우리는 '무엇인가'에게 보임으로써 비로소 존재할 수 있다―그러한 섬뜩한 감각이 우리를 끊임없이 따라다니고 있다.

쿠자누스와 같은 사고방식은 일반적으로 우리들이 생각하고 있는 인식 모델(우리가 세계 안의 대상을 인식할 수 있음은 우리가 그 대상을 현상으로서 구성하고 있기 때문이라는 칸트적 모델)과는 정반대라고 할 수 있을 것이다. 쿠자누스는 오히려 대상으로서 신이 먼저 우리를 인식하고 있으며 우리를 봄으로써 우리들이 신을 인식하고 [신을] 바라볼 수 있다고 생각했다. 즉, 우리의 존재는 '타자'의 시선에 의해 지탱되고 있다.

라캉의 존재론적 고찰 역시도 쿠자누스에 가까운 사고방식을 취하고 있다. 그에 따르면 전통적 철학에서는 'percipiens(지각하는 주체)'가 'perceptum(지각되는 대상)'을 지각한다. 즉, 주체가 대상을 지각한다고 보는데, 이러한 논의에서는 지각이나 인식에서 실수가 생기지 않게 하기 위해 지각의 주체인 'percipiens'를 순화시켜야 한다고 보았다. 그러나 이와는 반대로 라캉은 대상이야말로 주체를 존립하도록 해준다고 생각했다. 그는 대상인 'perceptum'이 존재하기에 지각하는 주체인 'percipiens'가 존재할 수 있다고 말한다. 『정신분석의 네 가지 근본 개념』에서 이에 관한 라캉의 논의를 살펴보자.

> percipiens(지각하는 자)가 현존하는 것은 목소리라는 대상이 거기에 현존하는 한에서입니다. (⋯) 정신분석이 등장하기 전까지 인식의 길은 언제나 percipiens, 주체를 정화시키는 길로 그려져 왔습니다. 자, 그런데 우리, 우리는 주체의 보증을 위한 토대를 그를 지탱해 줄 수 있는 오물saloperie과의 만남 속에, 그 현존이 필수불가결하다고 말하는 것이 부당하진 않을 소문자 α와의 만남 속에 정초짓는다고 말할 수 있습니다 (S11, 232).*

여기서 라캉이 "주체의 확증"이라고 말하는 것은 데카르트의 '코기토'이다. 데카르트는 내가 존재하는 것은 "나의 존재를 의심할 수 있는 '나'"라는 순수한 인식 주체로서의 나를 확보함으로써

---

* 한국어판은 『정신분석의 네 가지 근본 개념』, 391쪽. ─옮긴이

제2부 임상

그 근거를 마련하려고 했다. 그러나 라캉의 생각에 나의 존재를 확증하는 것은 '나'의 순수성이 아니라 오히려 시선과 목소리라는, 자신의 본질을 드러내 주는 오물(대상 α)을 통해서야 비로소 가능하다고 본 것이다.

이상의 검토를 통해 분명해지듯이, 우리의 존재는 시선에게 보인다는 것과 밀접한 관계를 가지고 있다. 이 점은 통상 그다지 의식되지 않고 있다. 그러나 이러한 응시가 분명하게 드러날 때 우리는 '부끄러움'을 느끼게 된다. 이는 자신의 완전한 외부에 있는 시선에 다름 아닌 자신의 진리가 새겨져 있고, 그러한 진리에 우리가 직면하게 되었기 때문이다. 이와 같은 위상학적인 구조, 우리 존재의 핵심에 있는 '내밀intime'한 것은 실은 우리의 외부에 있으며 그것 없이 우리는 존재할 수 없다는 역설을 라캉은 '외밀extime'(S16, 224)이라고 표현하고 있으며, 나중에 밀레(1986b)는 이러한 구조를 '외밀성extimité'이라고 명명했다.

시선, 그리고 여기서 생기는 부끄러움을 통해 존재론을 정초하려는 이러한 시도는 라캉으로 하여금 "존재론ontologie"을 "수치의 존재론hontologie"(S17, 209)이라고 고쳐 부를 것을 제안하도록 했다.* 우리는 우리의 외부에 있음으로써 우리의 가장 내밀한 진리를 명징하게 드러내 주는 것과 만날 수 있고, 그때야말로 우리의 존재가 확증된다―이런 의미에서 '존재론은 수치의 존재론'이라

---

* 프랑스어 발음상 ontologie와 hontologie는 같은 발음으로 동음이의어이다. ― 옮긴이

고 할 수 있을 것이다.

7. 현대의 '수치의 사멸'

우리 자신의 내밀한 것을 알려 주는 대상(타자)으로부터의 시선은 우리 자신의 뜻밖의 모습인 '그 자리와 어울리지 않음'을 드러내 주며, 거기서 생기는 '부끄러움'이라는 감정은 에로스적인 것도 발생시킨다. 관음증과 노출증, 혹은 다양한 페티시즘의 예를 거론하지 않더라도, 시선이 낳는 '부끄러움'이라는 감정이야말로 인간에게 에로스적인 어떤 점을 만들어 내는 원동력이었음을 우리는 잘 알고 있다.

그러나 이러한 존재론적=에로스적 응시의 시대가 오늘날에 이르러서는 서서히 종말을 맞이하고 있는 것처럼 보인다. 현대는 리얼리티 쇼의 유행이나 SNS를 통한 일상생활의 노출, 나아가 모든 장소를 감시하는 카메라의 배치라는 현상으로 상징되듯이 테크놀로지와 손을 잡은 *시선*이 모든 곳에 범람하는 시대가 되었다. 우리는 24시간 시선에 노출되어 있으며 시선은 더 이상 특별하지 않게 되어 버렸다.

1969년 12월 3일 라캉은 '혁명'적인 학생들과 뱅센느 대학에서 면담을 한 적이 있다. 라캉은 학생들로부터 "리버럴하다"라는 말을 듣고서 "만약 여러분이 나를 리버럴하다고 한다면, 그것은 반-급진주의라는 의미일 것입니다"(S17, 240)라고 응답했다. 왜냐하면, 당시의 학생들이 생각했던 급진주의적인 '혁명'이란 대학 디스쿠르에 기반한 것으로, 라캉은 그것이 결국 또다시 형태를 바꾼 주인―즉 새로운 억압―을 만들고 말 것이라고 보았기 때문이다 (S17, 239). '혁명'에 대한 라캉의 평가는 에로스의 영역에서도 마찬가지로 적용된다. 당시의 학생들은 성적 억압으로부터의 해방을 목표로 삼았던 빌헬름 라이히Wilhelm Reich를 재발견했고 '68년 5월'에도 라이히의 문서가 정치선전물로 뿌려졌는데, 그러한 급진주의적 성의 해방 또한 주인 디스쿠르를 강화하고 나아가 악한 것을 만들어 낸다고 라캉은 생각했던 것이다. 학생들과의 대화는 이렇게 끝난다.

> 분명 뱅센느에 있는 여러분들은 그런 것을 가지고 선두를 다투듯이 협력합니다. 왜냐하면 여러분들은 이 체제 안에서 노예의 기능을 수행하는 것을 향락하고 있기 때문입니다. 무슨 말인지 모르겠나요? 이 체제는 여러분들을 자랑스러워하고 있습니다. 체제는 이렇게 말하고 있는 겁니다―"봐, 이 녀석들 향락해 대고 있잖아Regardez-les-jouir"라고(S17, 24).

밀레는 이러한 라캉의 말과 '부끄러움'과의 관계에 대하여 다음과 같이 주석을 첨가하고 있다.

> "봐, 이 녀석들 향락해 대고 있잖아"라는 말은 시선을 상기시키고 있습니다. 과거에 이러한 시선은 사람들을 매우 부

끄럽게 만드는 심급이었습니다. 라캉이 자신의 생각을 말했던 시대[68년 당시]에는 시선을 끌어모아야만 했기 때문에 이쪽을 바라보는 '타자'가 사라졌던 시대였습니다. 오늘날 사람에게 영향을 끼치는 시선은 현실을 스펙터클spectacle화—텔레비전의 모든 것은 리얼리티 쇼입니다—하는 시선이며, 부끄러움을 느끼게 하는 힘이 거세되었음을 적나라하게 보여 주고 있습니다. 텔레비전의 스펙터클spectacle화는, 마치 그것이 어떤 사명mission처럼 보이거나 그렇지 않으면 무의식의 귀결과 유사한 방식으로 수치가 사멸해 버렸음을 보여 주고 있습니다(Miller, 2004b).

라이히가 목표로 삼았던 '혁명'적인 성의 해방은 그가 원했던 대로 실현되지는 않았지만, 포르노의 범람이나 자가 성애나 의존증의 보편화처럼 보다 작게 분해된 형태로 오늘날 모든 곳에 침투해 있다. 라캉이 예고했듯이, 분명 보다 억압적인 주인을 모시고……

마찬가지로 시선 역시도 아주 흔해 빠진 것이 되어 버렸다. 과거에 시선은 인간이 신을 볼 수 있도록 한 존재론적 기능을 가지고 있었으며, 사람을 부끄럽게 만드는—에로스와 연결된—폭력성을 가지고 있었다. 하지만 시선이 갖는 그러한 기능이 거의 의식되지 않게 된 현대에도 우리는 아직도 시선의 기능을 이용하고 있다. 시선을 통해 타인을 부끄럽게 만드는 에로스는 아직도 우리에게 일종의 향락을 가져다주고 있다. 그러나 우리는 서서히 시선의 폭력성을 잊어버리고 있는 듯하다. 시선의 폭력성을 인식하지 못한 채로 시선의 은혜에만 의지하려는 '시선의 무임승차free ride'가 범람하는 장면을 도처에서 목도하게 된다(또한 이러한 현대의 경향에는 남성의 '성적 대상화'에 대한 제2차 페미니즘적 비판과는 다른 논리의 저항을 준비해야만 할 것이다).

물론 그와 같은 상황이 과도기적이라고 볼 수도 있다. 이제부터 우리의 문명은 평범해져 버린 시선을 철저히 탈脫에로스화하는 방향으로 나갈 수 있으며, 시선 이외의 모든 대상도 역시 탈대상 α화=탈에로스화해 갈 것이다. 이미 그 징후는 보이기 시작했다. '만지는 것'이라는 에로틱한 행위는 터치패널 조작으로 대치되었고, 살아 있는 인간이 섹서로이드*로 대체되는 전조를 보여 주고 있기 때문이다. 스마트 스피커Smart Speaker(애플의 Homepod이나 Amazon Echo)는 '목소리'라는 에로스적 대상을 식민지화할 것이다. 목소리의 생기와 떨림, 혹은 활기와 끊김은 음성 인식에서는 잡음noise일 뿐이다. 이러한 디바이스에 둘러싸인 우리는 몇십 년 후에도 똑같은 '목소리'를 사용하고 있겠지만, 분명 그 '목소리'는 현재의 '목소리'에서 변질되어 버릴 것이다. 기계가 우리를 지배하는 미래보다 우리가 기계의 수준으로 다가가는 미래가 더 가능성이 높다.

그러나 이와 같은 변화에 단지 비관적인 측면만 있지는 않을지

---

*   Sexaroid. 성행위에 특화된 안드로이드를 의미한다. 이 용어는 <우주전함 야마토>와 <은하철도 999>로 유명한 마쓰모토 레이지松本零士가 1970년에 발표한 작품 <セクサロイド>에서 유래한다.—옮긴이.

도 모른다. 시선이나 감각, 목소리가 그렇게까지 변질된 후에 인간은 도대체 어떠한 에로스와 어떠한 미지의 향락과 조우하게 될까. 이런 물음이 오늘날 시선과 수치를 고찰해야 하는 적극적인 이유의 하나일 것이다.

제7장 자폐증을 둘러싼 프랑스적 문제

1. 정신분석은 시대착오적인가?

2011년 12월 프랑스의 프랑소와 피용François Fillon 총리(당시)
는 자폐증자의 가족과 임상가로 구성된 단체 '자폐증을 위한 모
임Ensemble pour l'autisme'에게 2012년의 '국가적 대의Grande cause
nationale'라는 칭호를 부여하기로 결정했다. 이 칭호를 받음으로써
프랑스에서 자폐증이 커다란 주목을 받기 시작했다. 이는 2005
년 일본에서 발달장애자 지원법이 시행된 이후 자폐증(스펙트럼
Spectrum)이 갑자기 주목을 모으게 되었던 것과 비교할 수 있을 것
이다. 그러나 프랑스에서 자폐증의 이론과 실천이 많은 대립을 일
으켰다는 점은 일본에서 그다지 알려지지 않은 듯하다. 이번 장에
서는 프랑스 자폐증 임상가들 사이에서 2010년대 초반에 커다란
관심을 모았던 다큐멘터리 영화를 중심으로 자폐증에 관한 프랑

스의 독특한 사정을 소개하고자 한다.

소피 로베르Sophie Robert는 4년에 걸쳐 프랑스의 정신분석가 등 20여 명의 자폐증 임상 전문가와 인터뷰를 진행했다. 그리고 그 성과를 <벽―자폐증을 시험하는 정신분석LE MUR, La psychanalyse à l'épreuve de l'autisme>이라는 제목의 다큐멘터리 영화로서 정리하여 2011년 9월 7일 파리에서 상연했다. 이 영화의 도입부에서 해설 자는 이렇게 말하고 있다.

> 자폐증은 신경학적인 질환이며, 영상 연구를 통하여 자폐 증에서 뇌 기능의 이상이 측두엽에서 확인되었습니다. 그럼 에도 불구하고 정신분석의 영향이 강한 프랑스에서는 이 과 학적 사실이 무시되고 있습니다. 정신분석가들은 자폐증이 정신병이며, 잘못된 육아로 인해 생긴다고 생각합니다.

이러한 해설에 이어 라캉주의 정신분석가인 알렉상드르 스테 뱅스Alexandre Stevens가 등장한다. 그는 자폐증이 "인간의 윤리적 역사의 극초기에 생기는 주체의 반응의 한 가지 양태"이며 "이 야기parole의 메커니즘 안에 등장하는 것에 대한 거절"이라고 말 한 라캉의 술어를 사용했다. 그러자 인터뷰어는 즉각적으로 "자 폐증과 장신병은 동일한 구조입니까?"라는 질문을 던졌고 스테 뱅스는 이를 긍정했다. 이어서 아동정신과 의사이자 정신분석가 인 피에르 드리옹Pierre Delion이 등장하고 "자폐증과 정신병은 연 결되어 있다"고 말하며, 또한 "자폐증의 병태는 양친과 관계가 있다"고 말한다. 계속해서 라캉주의 여성분석가 즈느비에브 로와송 Geneviève Loison이 등장하고, 자폐증은 엄마라는 악어가 날카로운 이빨로 꼬마 악어를 먹어 버리는 사태라고 설명한다(물론 이는 라캉이 1969–70년의 세미나 17권『정신분석의 이면』에서 사용한 비유의 재연이다!).

일련의 정신분석가 인터뷰 영상이 이어진 후 두 명의 자폐증 당사자의 모습이 나타난다. 한 자폐아는 PECS(Picture Exchange Communication System, 그림 카드를 교환하는 커뮤니케이션 시스템)를 통해 학교에 다닐 수 있게 되었다고 한다. 또 다른 자폐아는 정신분석가와 치료에 실패했고 아직도 사회에 녹아 들지 못하고 있다. 이어서 정신분석가의 인터뷰 영상과 자폐증 당사자의 영상이 교차로 이어지며 정신분석과 교육적, 행동요법적 접근에 대한 대조가 강조된다.

후술하겠지만 정신분석가의 인터뷰는 작위적으로 편집되었다는 인상이 짙고, '자폐증은 정신병이다', '자폐증은 지나치게 냉담한 엄마, 혹은 너무 따뜻한 엄마에 의해서 생긴다', '엄마와 아이 사이에 개입하지 않는 아버지가 문제다' 등과 같은 *자극적인* 표현이 나오는 부분을 중심으로 편집된 것처럼 보인다. 영화 마지막에 인터뷰어는 언어학자이자 정신분석가인 다농 브왈로Laurent Danon-Boileau에게 "자폐증아는 결론적으로, 분석 작업을 통해서 어떤 효과를 기대할 수 있는가?"라는 가혹한 질문을 하고 있다. 이 질문에 다농 브왈로는 숙이고 있던 머리를 쥐어뜯으며 긴 침묵에 쌓인다. 그러한 침묵이 잠시 있은 후에 "…… 비눗방울 놀이에 흥미를 갖는 즐거움, 입니다. 달리 할 말이 없습니다"라며 의미를 알수 없는 답변만 하고 정신분석에 의한 자폐증 치료의 효과에 대한 질문에 명확히 답변하지 못했다.

이런 식으로 자폐증에 관한 정신분석가들의 '편견'과 치료적인 '페시미즘'이 강조되는 사이에, 다음과 같은 해설이 나오며 정신분석과 행동요법의 대립 도식이 강조된다.

그러나 자폐증에는 해결 방법이 있습니다. 이는 PECS(그림 교환 커뮤니케이션 시스템), TEACCH(Treatment and Education of Autistic and related Communication handicapped Children, 자폐증 및 유사한 커뮤니케이션 장애 아동의 교육과 치료), ABA(Applied Behaviour Analysis, 응용행동분석)이라는 것입니다. 이러한 교육적, 행동요법적 접근을 통해서 자폐증자는 커뮤니케이션 능력을 지니게 되고 세상에 나갈 수 있게됩니다.

영화의 마지막에, 정신분석에 대한 프랑스의 강력한 편향성은 세계적으로도 이질적이며, 이는 프랑스 전체에 43-60만에 이르는 자폐증자들에게 엄청난 영향을 끼치게 될 것이라는 해설로 마치고 있다.

이 다큐멘터리 영화는 자폐증 연구에서 정설이었던 신경발달장애설과 임상에서 사실상 표준이었던 교육적, 행동요법적 접근이 프랑스에서는 정신분석의 영향으로 무시당했음을 맹렬히 고

발하고 있다. 그리고 라캉주의나 국제정신분석협회의 흐름에 있는 분석가들이 아직도 심인론을 꺼내 들고 자폐증을 '엄마 때문에 생긴 병'으로 본다는 점을 비판하고 있다.

정신분석의 자폐증 이해에 대한 이러한 가혹한 비판은 1960년대 미국에서의 '냉장고 엄마' 학설에 대한 비판을 상기시킨다. 레오 캐너Leo Kanner(1944)에 의해 '조기 유아기 자폐증early infantile autism'의 개념이 성립한 이후 미국의 정신분석에서는 자폐증을 유아기 정신병으로 다루는 연구가 유행했는데, 그중에서도 마가렛 말러Margaret Mahler(1952)는 '유아 공생 정신병symbiotic infantile psychosis'이라고 부르며 자아가 분리, 개체화하는 시기에 발생하는 자아 형성의 장애로 보았다. 이어서 브루노 베텔하임Bruno Bettelheim(1967)은 자폐증이 냉담한 엄마에 의해서 발생한다고 주장하며 '냉장고 엄마' 학설을 주창했다. 이 학설은 일세를 풍미했지만, 그 후 마이클 러터Michael Rutter(1974) 등이 인지 언어 발달장애설을 주창한 이후 자폐증의 심인설은 시들해져 버렸다. 또한 이 다큐멘터리 영화에서도 냉장고 엄마 학설의 제창자였던 베텔하임에게 창끝이 겨누어졌으며, 프랑스 라캉주의도 자폐증에서 엄마와의 관계를 중시했다는 점이 비판의 대상이 되었다.

2. <벽>에 대한 반응과 '정신분석 금지 법안'

이 같은 비판에 대해 정신분석가 측도 침묵을 지키지만은 않왔다. 2011년 11월 11일 드리옹과 다농 브왈로가 소속된 조직인 'CIPPA(자폐증에 관계된 회원과 정신요법가-정신분석가의 국제협의체)'는 「정신분석과 자폐증에 대한 오해에 관련된 주의 환기」라는 제목의 성명을 발표했다. 이에 따르면 다농 브왈로가 "비눗방울 놀이에 흥미를 갖는 것"이라고 대답하는 바로 앞 장면에서 "비눗방울을 아이가 눈으로 보면서 어른과 함께 손으로 만져서 비눗방울을 터뜨린다"와 같이 공동주의에 입각한 대인 커뮤니케이션의 중요성을 지적했으며, 이러한 발언을 의도적으로 편집함으로써 의미를 알 수 없는 답변이 되어 버렸다는 것이다. 드리옹 역시 자신에 관한 영상이 "잘라낸 몽타주"에 지나지 않으며, 그는 정신분석만이 아니라 행동요법이나 교육 등을 통합한 접근을 취할 것을 인터뷰에서 이야기했다고 주장했다. 편집 전의 인터뷰 영상을 볼 수 없는 우리로서는 진위를 확인할 방법이 없지만, 해당 장면에서 보이는 부자연스러운 영상의 연결을 감안하자면 그들의 변명은 정당하다고 생각된다.

이 다큐멘터리 영화에서 인터뷰를 했던 라캉주의 정신분석가 에릭 로랑Eric Laurent, 에스테라 솔라노-수아레스Esthela Solano-Suárez, 알렉상드르 스테뱅스Alexandre Stevens 이 세 사람(이들은 프랑스 최대의 라캉주의인 '프로이트대의학교l'Ecole de la Cause Freudienne'의 중심적인 멤버다)도 공식 웹사이트를 통해서 "발언의 의도가 왜곡되어서 편집되었다"는 성명을 발표했다. 또한 그들은 이 다큐멘터리 영화감독인 로베르와 웹사이트 상에 이 필름을 공개하고 있는 단체 '국경없는자폐증autisme sans frontières', 그리고 이 영화의 메니

지먼트 회사를 상대로 영화 공개 금지와 손해배상을 청구하는 소송을 제기했다. 다른 한편, 로베르 측은 이 움직임을 '검열'이라고 칭하며 항의 집회나 인터넷상의 기사를 통해 격렬하게 비판했다. 2012년 1월 26일 판결에서 정신분석 측이 승소하여 로베르 측에게 프랑스 국내에서의 상영 금지와 3만 4천 유로의 손해배상 결정이 내려졌다. 그 결과 3월 28일에 이 다큐멘터리 영화의 영상은 인터넷에서 삭제되었고 영화의 캠페인 사이트도 폐쇄되었다(하지만, 두에Douai 고등재판소는 2014년 1월 16일 '표현의 자유'라는 이름 아래 1심을 파기했고, 상고가 이루어지지 않아 2017년 현재 시점에서 이 영화는 인터넷 상에서 볼 수 있다).

이러한 움직임 전후로 정치적 운동도 일어났다. 국민연합Rassemblement National의 멤버이자 노르 파 드 칼레Nord-Pas-de-Calais 지역구 의원인 다니엘 파스켈Daniel Fasquelle이 자폐증자에 대한 정신분석 치료를 금지하는 법안을 2012년 1월 20일에 제출한 것이다. 그는 정신분석에는 증거evidence가 없고 국제적으로도 승인되지 않는다는 점을 지적하면서 자폐증 지원을 위한 예산을 교육적, 행동요법적 접근에 보다 많이 할당하도록 제안했다. 또한 동년 2월 12일 프랑스 고등보건기구(HAS)가 자폐증에 대한 정신분석 요법을 "합의를 얻지 못했으며 추천할 수 없는 치료"라고 판정했다는 폭로 기사가 『리베라시옹』에 게재되었다. 그러나 다음날 프랑스 고등보건기구는 이 기사를 바로 부정했다. 이 기사를 받아들인 파스켈 의원은 보건장관 앞으로 '정치적 압력'을 우려하는 편지를 보내는 등, 정신분석가 측이 수면 아래에서 로비 활동을 한다고 야유하는 움직임도 있었다. 다른 한편으로, 프로이트대의학교는 3월 4일 파리에서 대규모의 프레스 컨퍼런스를 열어 이에 대항했다. 결국 프랑스 고등보건기구는 자폐증과 광범성 발작장애에 대해 교육적, 행동요법적 접근이 가장 추천되는 치료임을 3월 8일에 발표하기에 이른다. 이 발표에서 정신분석요법은 "합의를 얻지 못한 치료"가 되어 버렸고, 앞서 있었던 폭로성 보도보다는 약간 개선된 위치를 얻는 것으로 그치고 말았다.

3. 라캉주의의 자폐증 연구

로베르나 인지행동요법의 추진자들이 정신분석의 자폐증 이해와 치료에 가혹한 공격을 한 배경에는 정신분석가들이 자폐증을 심인론에 의거해(즉 잘못된 육아로 인해서 생겼다는 것으로) 이해하고 있다는 전제가 있었다. 그러나 정신분석가들이 정말로 자폐증에 대해 '심인론'의 입장을 취하고 있었을까?

적어도 라캉주의가 자폐증을 엄마(='타자')와 관련된 병리로 파악했다 하더라도 이는 '심인론'이 아니라 '구조론' 수준에서의 이야기였다. 애초에 라캉이 '엄마의 욕망'이나 '아버지의 이름'이라는 가족적인 말을 사용했을 때, 이는 가정환경의 현실적인 역할 actor로서의 엄마나 아버지 그 자체를 문제시한 것이 아니었다. 또한 라캉은 처음부터 심인이라는 생각 그 자체를 부정하고 있었고, 그러한 생각은 그의 학위논문 「인격과의 관계에서 본 편집증적 정신병에 대하여De la psychose paranoïaque dans ses rapports avec la personnalité」부터 일관되어 있다. 그다지 잘 알려져 있지 않지만, 라캉은 이 학위논문에서 정신병의 원인을 결코 하나로 환원하지 않았으며 오히려 심인성 그 자체를 복수적인 것으로 다루었다. 즉, 정신병의 발병을 규정하는 '우발 요인'으로서의 중독이나 내분비 장애라는 기질적 원인이 있는 곳에 병태의 구조를 결정하는 '작용인'으로서 생활상의 갈등과 망상의 직접적 관계가 명확히 드러나고, 그것은 정신병적 반응을 결정하는 '특수 요인'으로서 초자아의 생성 정지라는 메타 심리학적 장애에 의하여 구동된다고 생각했다(Lacan, 1975a). 즉, 라캉은 뇌의 기질적 이상과 사회와 정신의 시스템 모두가 뒤얽히는 곳에서 정신질환이 생긴다고 보았던 것이다. 이러한 점을 생각한다면 로베르처럼 정신분석의 자폐증론을 단순히 심인론으로 환원하는 것은 단순화의 오류를 피하기 어렵다.

그렇다면 라캉주의 정신분석가들은 자폐증의 기질적 요인을 어떻게 다루고 있을까. 최근 라캉주의 자폐증 연구에서 중심적 역할을 하고 있는 장 클로드 말레발Jean Claude Maleval(2009)은 자폐증의 기질적 요인, 그중에서 특히 유전에 관해서는 주요 유전자가 아직 특정되어 있지 않으며, 오늘날의 자폐증 연구에서는 환경적 원인도 고려하는 후성유전학epigenetics* 연구가 주목을 받고 있

---

* 후성유전학은 DNA 염기 서열 변화를 동반하지 않으며 세포분열 후에도 계승되는 유전자 발현 혹은 세포 표현형의 변화를 연구하는 학문 영역이다. ─옮긴이

음을 언급한다. 분명 증거evidence 기반 연구에서 자폐증의 리스크를 미묘하게 증가시키는 유전자가 다수 발견되고는 있지만(오히려 *너무 많이 발견되고 있기에 그 어떤 것도 결정적이지 않다는 것이* 현재 상황이다) 정신분석에 대해 비판자들이 꺼내 드는 '심인론'이라는 말이 가진 단순한 인과성은 전혀 드러나지 않고 있다. 때문에 정신분석의 입장을 취하느냐 그렇지 않느냐와 상관없이 자폐증 연구에서는 환경적 요인과의 상호작용을 검토해야만 한다. 그렇다고 한다면 정신분석과 증거 기반 연구 사이의 쟁점은 이제 *무엇을 환경적 요인으로 볼 것인가*라는 점으로 옮겨 갈 것이다.

자폐증의 원인에 관한 오늘날 연구에서 지적되는 환경적 요인이란 주로 아버지의 연령이나 임신 중 모체의 건강 상태와 정신장애 그리고 약물 사용, 그리고 가족의 사회경제적 상태를 말한다 (Karimi, Kamali, Mousavi, & Karahmadi, 2017). 이렇게 열거된 '환경적 요인' 학설이 아버지나 어머니 혹은 가족의 문제를 자폐증에 관한 인과성으로 보려는 시도는 아주 흥미롭다.* 다른 한편으로 라캉주의에서는 아이가 엄마의 태내에서 — 예를 들어 태어날 아이에 대해 가족들이 이야기하는 것 — 태어나기 이전부터 이미 '언어'라는 환경에 노출되어 있다고 생각한다. 때문에 자폐증에서 언어 획득이라는 관점이 정신분석에서 중요해지며, 자폐증자가 언어와 어떠한 관계를 맺고 있는가라는 점에 주목한다. 라캉 자신은

---

* 물론 여기서는 고전적인 정신장애의 인과성(내인, 외인, 심인)으로부터 '리스크risk'라는 패러다임으로 나아가고 있으며, 현대 정신의학의 패러다임에서는 더 이상 인과성을 묻지 않는다는 점과도 연관되어 있다.

자폐증자가 언어의 세계에 들어가지 않은 "언어 이전préverbal"의 존재가 결코 아니며, 언어의 세계에 몸을 두고 있으면서도 "언어로부터 몸을 지키고 있다du verbe il se protège"(AE367)고 하면서 오히려 언어와의 관계에서 편향이야말로 자폐증 병리의 핵심이라고 생각했다. 실제로 자폐증 임상에서 '커뮤니케이션 장애'라고 불리는 대다수가 언어장애라는 점이라거나 자폐증자가 사투리를 사용하지 않는 경향이 있다는 최신 연구 성과(마쓰모토 도시하루松本敏治, 2017)를 참조해 보면, 자폐증자가 언어라는 '타자'로부터 몸을 지키고 있다는 라캉의 통찰은 정신분석의 입장을 취하지 않는 사람일지라도 저버릴 수 없을 것이다.

이 점은 자폐증에 대한 '마음의 이론theory of mind'이라는 가설에 대하여 라캉주의가 어떻게 생각해야 하는가라는 문제로 연결된다. 자폐증자는 '마음의 이론'이라는 가설이 제시하듯이 타인의 마음을 근본적으로 알지 못하는 것이 아니다. 그들은 '타자'의 예측 불가능성을 피하기 위해 이를 거절하려 하고 있다고 여겨진다. 여기서 말하는 '타자'는 각각의 아이들의 상황에 따라 일반적인 커뮤니케이션에서도 사용하는 언어이거나, 그 언어를 알려 줌으로써 아이를 소외시키려는 양육자(이 경우 '엄마'인 경우가 대다수이기에 정신분석에는 언제나 어머니 원인설이 망령처럼 따라다니게 된다)가 되거나, 혹은 그 이외의 소외적 심급이었다는 점을 감안한다면 라캉주의의 생각은 자폐증을 언어와 대인관계, 사회와의 관계에서 종합적으로 독해하려는 관점으로부터 그리 멀지 않다.

이에 더해 라캉주의 정신분석가들은 영미류의 교육적, 행동요법적 접근을 아주 무시하는 것도 아니며 자신들의 자폐증 임상과 그들의 접근을 비교하기도 한다(Miller et al, 2010a). 그들은 자폐증에 대해 이루어지는 '개별 교육 계획'이 획일적인 '타자'로서 기능함을 염려하고, 이미 만들어져 있는 교육 프로그램을 적용하는 것이 아니라 개별성과 주체성을 중시하기 위해 작은 그룹에서 개별 지도를 하고 있다. 예를 들어 상동행동*하나만 보더라도 이를 버려야만 하는 것으로 다루지 않고 자폐증자가 자신만의 방식으로 불안을 쫓아내려는 시도로서 이해하며 그 내재적인 논리를 찾으려는 임상이 수행되고 있다. 이는 언어로부터 몸을 막아 버리는 자폐증의 주체를 언어로 향해 나아가게 하는 것으로 이어진다.** 이와 같은 연구와 임상을 고려해 보면 오히려 유전이나 환경, 언어 발달을 포함하여 자폐증을 복합적으로 파악하려는 라캉주의의 관점이 꼭 이단적이지만은 않게 보인다. 실제로 아동정신과 의사인 다카기高木(2009)는 "정신분석학과 심인론의 최고 도달점으로서 베텔하임의 논저는 아직도 광채를 잃어버리지 않았다. 요컨대 자폐증은 양육 방식에 문제가 있다거나 부모의 애정 부족이라는 초기의 오해를 초래했던 심인론을 오늘날 더 이상 믿지 않게 되었지만, 증상의 역동성, 애정이 담긴 접촉, 환경의 관여가 전

---

* stereotyped behavior. 자폐 스펙트럼 장애의 증상 중 하나로 똑같은 행동을 반복하는 것을 가리킨다. 상동행동은 자폐인 본인에게 유용한 자기 위안 기제이지만 그 자신 또는 주위 사람들에게 해를 끼칠 수 있다는 점에서 주의를 요한다. ─옮긴이

** 실제 라캉주의의 자폐증 임상의 양상은 이케다池田(2017)가 벨기에 시설에 관하여 설명한 뛰어난 보고를 참조할 것.

면적으로 부정되지는 않는다"고 했다. 베텔하임의 논고가 최고점에 도달했다는 점을 제외한다면 우리도 그의 주장에 찬성한다. 현대 정신분석의 자폐증 연구에서 '냉장고 엄마' 학설의 부활은 있을 수 없는 일이다. 오히려 이는 기질적 요인을 경시하지 않고 다만 복합적인 관점을 요구한다는 점에서 대단히 실제적이면서 임상적인 태도라고도 할 수 있을 것이다*.

이번 장에서는 프랑스에서 자폐증을 둘러싼 논쟁을 소개했다. 이러한 공격적인 논쟁은 21세기 초에 시작된 정신분석과 인지행동요법의 싸움을 방불케 했다.**

이러한 일련의 움직임은 '정신분석의 패권'이라는, 세계적으로도 희귀한 토양을 예전부터 가지고 있었던 프랑스에 국제적으로 승인된 교육적, 행동요법적 접근이 침투하면서 발생한 일종의 '문화 마찰'로 이해할 수 있다. 물론 일본에서는 인지행동요법과 정

---

*   또한 로베르 등에 의하여 비판의 표적이 되었던 정신분석가가 자폐증을 정신병과 연속적인 것으로서 생각했던 점에 대해서 논하자면, 이는 현대 라캉주의의 자폐증 연구에 들어맞지 않는다고 해도 무방하다. 이에 관하여 더욱 자세히 알고 싶다면 본서 1장이나 마스모토 다쿠야松本卓也(2017)을 참조할 것.

** 이 싸움은 2004년 프랑스 국립보건의학연구소(INSERM)에 제출된 보고서에서, 정신분석이 인지행동요법과 비교해 비용도 비싸며 치료 효과가 적다는 점이 지적되면서 시작되었다. 정신분석가들은 로비를 통하여 이 보고서를 INSERM로부터 영구히 없애 버리는 것에 성공했지만, 반대로 인지행동요법의 논자들은 『정신분석 흑서Le livre noir de la psychanalyse』(Borch-Jacobsen, Cottraux, Pleux, Van Rillaer & Meyer, 2005)라는 제목으로 정신분석을 비판하는 책을 출간하면서 보다 대담한 반反정신분석 작전campaign에 논진을 추가하며 활동 폭을 넓혔다. 프로이트대의학교(라캉주의)도 이에 지지 않고 『반anti 정신분석흑서L'anti-livre noir de la psychanalyse』(Miller, 2006a)를 출판하며 이에 응전했다.

신분석 사이에서 아직까지는 마찰이 발생하지 않은 것으로 보이지만, 이는 다행이 아니라 오히려 불행일지도 모른다.

제3부

정치

제8장 레이시즘 2.0?

현대 라캉주의의 집단 심리학 1

1. 헤이트 스피치hate speech를 자각하다

2014년 1월 프랑스에서 어느 코미디언이 화제를 불러일으켰다. 그의 이름은 디외도네 음발라 음발라Dieudonné M'Bala M'Bala였다. 카메룬인 아버지와 프랑스인 어머니가 있는 그는 1990년대부터 유대인 친구와 짝을 이루어 지방의 코미디언으로 활약하고 있었다. 2000년대에 들어 반유대주의 경향에 경도된 그는 무대 위에서 홀로코스트holocaust 부정론자를 지지하고 반유대주의적 소재로 코미디 활동을 하게 된다. 또한 그는 극우 정당 국민전선의 창시자인 장 마리 르펜Jean-Marie Le Pen 등과 깊은 교류를 가지며 2008년 프랑스 대통령 선거와 2009년 유럽연합의회 선거에 입후보하고 국민전선과 함께 선거에 참여했다. 반유대적인 '극우 코미디언'으로 변모한 그의 활동은 점차 물의를 일으키게 되었고,

2014년 1월 6일 바르스 내무장관은 디외도네의 공연을 금지하는 명령을 각 도의 지사에게 내렸다. 1월 9일에는 낭트 행정재판소가 '표현의 자유'를 이유로 그의 공연을 허가했지만, 그 결정은 즉시 상고되어 프랑스 국무원으로부터 낭트에서의 디외도네의 공연에 '인간 존중의 존엄을 포함한 공공의 질서를 교란했다'는 긴급 판결이 내려졌다. 그리하여 '디외도네 소동'은 프랑스뿐만 아니라 국제적으로 알려지게 되었다.

라캉주의에서 디외도네 소동에 가장 발빠르게 반응을 보인 것은 역시 자크 알랭 밀레(2014b)였다. 밀레는 '크네르quenelle'라는 디외도네가 사용하는 차별적 몸짓에 주목했다. 크네르란 오른손을 지면으로 향하여 쭉 뻗고 왼손으로 오른손을 위에서 누르는 동작이었다. 이 동작은 가운데 손가락을 세우는 동작을 대신하여 팔을 이용하여 성교 동작fucking pose를 연상시킨다. 그렇다면 이는 누구를 향한 성교 동작일까. 이 동작은 마치 나치식 경례를 하려는 오른손을 왼손으로 제지하려는 듯이 보이기도 한다. 그렇다. 크네르는 나치식 경례에 대한 '부정'의 제스처이다. 이는 정신분석적 의미에서의 '부정'이며, 유대인을 향한 성교 동작을 의미함과 동시에 반유대주의에 대한 당국의 억압에 항의하는 '반체제'적인 의미를 발산한다. 이와 같은 특징을 갖는 크네르를 밀레는 '반유대주의 변이 바이러스'로 부르며 이에 대한 철저한 항전을 호소했다.

디외도네의 공연 금지 결정에 반대하는 사람들의 집회에서 볼 수 있었던, 프랑스 삼색기를 든 왼손으로 오른손을 꽉 누르는 사람들의 모습이 상징하는 것처럼, 체제가 강연을 금지함으로써 오히려 역으로 '반체제적'인 디외도네에 대한 공감을 부르는 것이 아닌가라는 의견도 있었다. 프랑스 통일 지방선거나 유럽연합 의회선거에도 국민전선이 약진하고 그들이 국내외 정치에서 무시할 수 없는 큰 세력이 되었기에, 바야흐로 프랑스에서 이민 배척을 주장하는 극우 정당이나 레이시즘racism(인종차별)적 말들이 '반체제' 성향의 많은 젊은이들로부터 지지를 얻고 있다.

물론 일본도 이와 같은 상황과 무관하지 않다. 최근 '재일 특권을 허용하지 않는 시민의 모임'(이하 '재특회在特会'로 표기)을 위시한 단체가 재일 한국·조선인을 대상으로 하는 인종차별 데모를 신오쿠보新大久保나 츠루하시鶴橋에서 빈번하게 일으켰다. 그들은 "신오쿠보는 불법체류자의 소굴입니다", "일본을 욕하는 조선인은 조선반도[한반도]로 돌아가라" 등이 적힌 플래카드를 들고 "조선인을 모두 죽이자!" 같은 상스런 말을 큰 소리로 외치면서 코리아 타운을 집단으로 행진했다. 그들이 지나가는 도로 주변에는 재일 외국인이 경영하는 음식점이 줄지어 있으며, 그들은 이 거리에 살고 있는 주민들에게 직접적으로 차별적인 메시지를 보내고 있었던 것이다. 이러한 명백한 인종차별이 '표현의 자유'라는 이름 아래서 규제를 피하고 있는 이상 사태가 신오쿠보만이 아니라 가와사키川崎와 츠루하시 등 일본 각지에서 현재도 계속되고 있다. 그러한 결과 때문인지 '헤이트 스피치hate speech(인종차별 선동)'라는 말이 2013년 신조어, 유행어 대상 톱텐 안에 올랐던 기억이 남아 있다. 현재에는 '헤이트 스피치 해소법'으로 다소나마 개선되었지만, 아직도 일본 각지에서 인종차별 선동 데모가 계속되고 있으며 또한 배외주의chauvinism를 정면으로 앞세운 정당도 출현하기 시작했다.

재특회의 인종차별 선동 데모를 직접 본 사람들은 그 추악함에 놀라면서도 이는 '일부의 극단적인' 사람이 벌인 짓이라고 생각할 수도 있을 것이다. 하지만 미셸 위비오르카Michel Wieviorka(2007)가 지적하듯이, 인종차별주의자의 언동이 공적으로 금지되지 않고 신문과 방송에 여러 번 등장하게 된다면 레이시즘이 일상적인 풍경이 되어 간다는 점에서 레이시즘에게 일종의 정당성을 부여해 준다고 할 수 있다. 게다가 재특회 등과 밀접한 관계가 있는 정치단체가 이미 등장했음은 물론, 정부의 중추를 포함해 국회의원이나 지방의원 중에 그들과 비슷한 주장을 하는 이도 있으며, 그러한 발언으로 물의를 일으키면서도 이를 반복함으로써 레이시즘은 그대로 정치적 폭력으로 실현되어 버린다. 예를 들면 "삼국인三国人(일본 패전 후 일본 국적을 상실한 구 식민지인에 대한 멸칭)이 흉악 범죄를 저질렀다"고 주장하는 이시하라 신타로石原慎太郎 전 도쿄도지사나 최근에는 "종군위안부는 필요했다", "[종군위안부는] 어느 나라에도 있었다"고 태연하게 말하며 일본의 전쟁범죄를 상대화, 축소화시키려는 하시모토 도오루橋下徹 등의 발언은 그때마다 커다란 비난을 받기는 했지만, 이는 적지 않은 일본인의 일종의 본심本音의 발로였다고 볼 수 있지 않을까. 나아가 1, 2차 아베 정권이 종군위안부 문제를 부정, 부인 혹은 왜소화하려 하고 그때마다 국제사회로부터 강한 반발을 받아 사과하는 몸짓 그 자체가, 겉으로建前는 과거의 전쟁범죄를 사죄해도 본심에서는 전쟁 범죄와 그에 대한 전후 보상의 불충분함을 부인하고 일본의 무고 함을 주장하려는 동기를 감추고 있는 것이다. 이러한 정치적 동향 을 배경으로, 명백한 레이시즘(인종, 민족차별)을 표제로 삼은 서 적이 베스트셀러가 되어 서점에 진열되는 요즈음 일본의 레이시 즘은 이미 위험한 상태에 다다랐고, 이제는 '일부의 극단적인 사 람'만이 이에 가담하고 있다고 볼 수는 없다.

그러나 일본의 레이시즘이 유럽의 그것을 따라가고 있는 것만 은 아니다. 오히려 르펜을 위시한 유럽의 극우주의자들은 일본이 라는 국가의 모습을 본받아야 하는 하나의 이상으로까지 여기고 있다. 사실 그들은 국수주의 단체 '일수회─水会'의 초청으로 야스 쿠니신사靖国神社를 참배한 적도 있었다. 사카이酒井(2012)가 지적 하듯이 유럽의 극우주의자들이 일본에 호의를 품는 것은, 스스로 를 천황제가 지탱해 주는 단일민족으로 믿으면서 타민족이나 타 종교 사람들과의 공존을 극단적으로 싫어하고 문화적으로 균질 한 공동체를 만드는 것을 자명한 것으로 여기는 일본의 모습에서 '아버지'에 의해 지탱되는 보편주의가 도래하는 회귀로 보고 있기 때문이다. 메이지 유신 이후 국민국가의 탄생에서 식민지를 확대 해 나갈 때마다 타민족에게 동화를 강제했고, 그 '국민'으로의 동 화의 과정이 더욱 강한 차별을 증대해 나갔으며, 국적법과 호적법 등에서의 여전한 차별을 국가정책으로서 온전하게 지키고 있는 일본의 모습은 분명 이민 배척을 주장하는 유럽의 배외주의자에 게 '낙원'같이 보였을 것이다.

유럽 극우와 일본 재특회 등의 '행동하는 보수'의 대두를 우리는 어떻게 생각해야 할까. 레이시즘에 대한 많은 논의는 경제와 국민의 정체성이라는 문제로부터 레이시즘의 대두를 설명한다. 즉, 레이시즘은 경제의 불안정화를 보충하기 위해 '국민'의 정체성을 고무하는 움직임으로서 기능한다는 것이다. 정확히는 세계금융위기로 인한 경기 후퇴에 따르는 문자 그대로 불황depression = 우울depression의 분위기가 제2차 아베 정권의 아베노믹스와 내셔널리즘이라는 이중 정책으로 단번에 조울증manic적 단계phase로 접어들었고, 그러면서 '애국심'의 대합창이 시작했다. 여기에 봇물 터지듯 눈앞에 나타났던 것이 현대 일본의 레이시즘이라고 생각하는 것도 충분히 가능한 일일 것이다.

그러나 이와 같은 논의는 정신분석의 입장에서 볼 때는 불충분하다고 생각된다. 레이시즘은 그가 속한 집단을 외부 집단과 대립시키고 두 집단을 각각 아군(친구)-적으로 위치시키는 사고방식이다. 그렇기에 집단 형성의 문제를 생각하지 않고는 레이시즘의 문제가 해명될 수 없다. 따라서 이번 장에서는 집단 형성을 둘러싼 라캉주의의 논의로부터 현대 일본의 레이시즘을 생각해 보고자 한다.

2. 두 가지 레이시즘론

에릭 로랑(2014)은 라캉주의 정신분석가 중에서 최근 집단 형성과 레이시즘의 관계에 대해 가장 눈여겨 볼만한 논의를 전개하고 있다(라캉주의 레이시즘론은 라캉 본인이 1970년대에 언급했던 것과 1984년 밀레의 강연에서의 언급, 이를 발전시킨 슬라보예 지젝의 논의가 있는데 이들에 관해서는 뒤에서 다룬다). 로랑은 「레이시즘 2.0」이라는 논고에서 프로이트 시대의 레이시즘과 라캉 시대의 레이시즘을 대비하면서 후자를 "레이시즘 2.0"이라고 부른다. 이 두 가지 레이시즘은 어떻게 다를까. 그의 논의를 개관해 보자.

(1) 레이시즘 1.0

로랑은 프로이트의 논의를 원용하면서 레이시즘에 의한 배척을 '아버지'의 위치를 차지하는 지도자와 연결할 수 있다고 지적한다. 보다 정확하게 말하면 레이시즘은 '아버지'(의 살해)에 연결되어 있다. 모든 여성을 소유하고 있었던 원초적 아버지를 그 부족에 속하는 모든 남성의 손으로 살해함으로써 안정된 집단이 형성되었다는, 프로이트가 「토템과 터부」(1913)에서 말한 원시 부족의 신화처럼, 집단이 안정화된다는 것은 죽은 '아버지'를 향한 동일시를 구성원 전체가 공유함으로써 이루어진다(GW9, 173–6). 이 점은 「집단심리학과 자아 분석Massenpychologie und Ich-Analyse」(1921)에 나오는 유명한 도식으로도 이해할 수 있다(GW13, 128). 이 도식에서는 한 사람의 지도자를 공통의 외적 대상으로 세움으로써 집단을 형성할 수 있음이 나타나고 있다. 이런 관점에서 레이시즘에서 보이는 외집단을 향한 증오와 배척은 지도자(='아버지')에 대한 차별적 동일시로 이어진다. 이것이 레이시즘 1.0이다.*

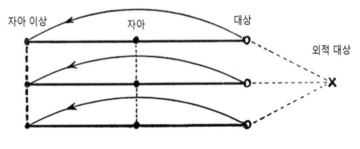

프로이트가 그린 집단 형성의 도식

이와 같은 논의는 정신분석의 계보에 속하는 에리히 프롬Erich Fromm이나 테오도르 아도르노Theodor Adorno의 '권위주의적 인격 personality' 논의와 가까운 것으로 보인다. 권위주의적 인격을 갖는 인물은 히틀러와 같은 권위를 무비판적으로 받아들이고 그의 지시나 사상을 추종하며 소수화된 외부 집단을 배척한다(아도르노, 1980). 여기에서는 권위라는 예외자에 대한 동일시가 레이시즘을 낳는다.

그러나 이와 같은 도식은 현대 일본의 레이시즘과는 맞지 않는 것처럼 보인다. 헤이트 스피치 데모를 하는 단체의 대표나 구성원 을 생각해 본다면 바로 알 수 있듯이, 그들이 히틀러와 같이 카리

---

* 다만 로랑 자신은 프로이트론을 '레이시즘 1.0'이라고 직접 명명하지는 않았다. 어디까지나 프로이트와 라캉의 논의를 대비시키면서 후자를 '레이시즘 2.0'라 고 지명하고 있다.

스마적인 매력을 갖는 권위를 가지고 있다고는 도저히 생각할 수 없기 때문이다. 레이시즘을 선동하는 정치가들도 그러한 카리스마를 가지고 있을 리 없다. 오히려 그들의 레이시즘은 그와는 완전히 반대인 무효화하는 형태를 통해서 냉소적으로 받아들이면서 그 세력을 착실하게 키워간다고 할 수 있을 것이다. 결국 그들은 '아버지'로서는 가짜fake다. 때문에 강한 '아버지'에 의하여 유지되는 레이시즘이라는 도식은 이와 같은 현대적 사례에 대해서는 더 이상 설득력을 갖지 못한다고 여겨진다.

(2) '레이시즘 2.0'

지도자로서 '아버지'에 의거하지 않는 레이시즘의 정신분석적 모델은 프로이트가 아닌 라캉의 논의에서 찾을 수 있다. 이는 적어도 1960년대 이후의 라캉에게 권위적인 '아버지'나 '아버지'의 존재를 통해 가능해지는 오이디푸스 콤플렉스는 하나의 증상일 뿐이며 '아버지'를 향한 동일시를 원리로 삼아 집단의 형성을 논할 수 없기 때문이다. 뒤에서 자세히 보듯이 라캉은 레이시즘을 지도자로의 동일시가 아니라 향락이라는 관점에서 논하고 있다.

로랑에 따르면, 라캉이 1954년에 발표한 「논리적 시간과 선취된 확실성의 단언Le temps logique et l'assertion de certitude anticipée」*에서

---

* 라캉은 「논리적 시간과 선취된 확실성의 단언」에서, 다음과 같은 문제를 제기하며 이야기를 시작한다. 교도소 소장이 죄수 3명을 호출하여 세 개의 백색 원반과 두 개의 흑색 원반을 보여 주며, 죄수 3인의 등에 각각 원반을 붙일 것인

유명한 '세 명의 죄수'에서도 '아버지'를 향한 동일시가 아니라, 향락(내지 충동)의 논리에 의하여 레이시즘을 이해하기 위한 맹아가 기술되었다고 말한다. 잘 알려져 있듯이 '세 명의 죄수'에서는 다음과 같은 3단계의 논리가 결론으로서 주어진다.

① 인간은 인간이 아닌 것이 무엇인지를 안다.
② 인간들은 서로가 인간임을 서로 간에 알아본다.
③ 나는 인간들에 의해 인간이 아니라고 입증될까 봐 두려워 내가 인간임을 확언한다(E213).*

이 논리에서 인간은 '인간이기 때문에'라는 이유에서 집단을 형성하며(="서로 간에 알아본다"), 그때 지도자(='아버지')처럼 어떠한 예외적인 권위를 전혀 필요로 하지 않는다. 또한 인간이 집단을 형성하는 것은 긍정적positive인 연대를 위해서가 아니라 "[다른] 인간들에 의해 인간이 아니라고 입증될까봐 두려워"하기 때문이라고 말한다. 이러한 지적은 대단히 중요하다. 사람이 스스로를 인간이라고 인정하거나 타자와 함께 집단을 형성한다는 것은

데 자신의 등에 붙은 색깔만 알아맞히는 자를 석방할 거라고 말한다. 단, 죄수들은 다른 죄수의 등에 붙은 색깔만 볼 수 있고 타인에게 이를 말할 수는 없으며, 자신의 색깔이 무엇인지를 논리적으로 추리한 후 교도소장에게 달려 나와서 정확하게 말해야 하는 조건이었다. 그들이 교도소장의 요구를 수락하자, 소장은 3인의 죄수 등 뒤에 모두 백색의 원반을 붙였다. 그들은 생각한 후에, 모두 동시에 교도소장에게 다가가 자신의 등에 붙은 색깔이 백색이라고 말했다고 한다. 이들은 어떻게 알게 된 것일까? —옮긴이
* 한국어판은 『에크리』, 247쪽. —옮긴이

　　　　　　　　　　　　　　제3부 정치

어떠한 긍정적인 요소에 의거해서는 불가능하다. 집단의 형성에는 '인간이 아닌' 자, 즉 배척이라는 부정적negative인 대상을 집단 내부에서 만들고 이 자를 속죄양scapegoat으로 삼는 계기가 반드시 포함되어 있다고 라캉은 말하고 있다.*

이처럼 지도자에 대한 동일시를 필요로 하지 않고 집단을 형성하는 라캉의 논리를 로랑은 "반-동일시적 논리logique anti-identificatoire"라고 부른다. 이 논리 안에서 레이시즘 역시도 지도자를 필요로 하지 않는다. 어떤 집단 내부에서 '인간이 아닌 것'으로서 설정된 대상이 어떤 종족적 소수성ethnic minority 등의 특성을 갖는 자로 체현됨으로써 레이시즘이 성립하기 때문이다. 그때 무엇이 '그러한 특징을 가지게 하는가?'라고 묻는다면 그것은 그 인물이 갖는 향락의 양상(향락의 모습)이라 답할 수 있다. 여기에서도 긍정적인 요소가 아니라 부정적인 요소가 집단을 형성하는 논리로 작용한다. 다시 말해서, 사람은 자기 자신의 '올바른' 향락의 양상을 무엇인가 긍정적인 형태로는 인식할 수 없다. 그리하여 타자가 행하는 '이질적인' 향락의 양상을 *부정*함으로써만 사람은 스스로가 인간이라고 인정하거나 집단을 형성하는 것이다. 레이시즘에서는 이질적인 향락의 양상을 갖는 인물들 — 전형적으로 이민자나 원주민 — 이 이러한 배척의 대상이 되는 것은 그 때문이

---

* 라캉은 이 점을 다음과 같이 말하고 있다. "이것은 모든 '인간적' 일화에 논리적 형식을 부여하는 운동이다. 이 형식이 *야만성*을 *동화*하는 것으로 제시되고, 또한 '나'의 핵심적 규정성을 보존하기 때문이다."(E213, 강조 인용자)[한국어판은 『에크리』, 247쪽]

다. 예를 들면 재특회와 같은 헤이트 스피치 데모에서는 "한국인은 똥술トンスル(분변으로 만든 약용 술)을 즐긴다"는 선동적 허위 정보Demagogie를 빈번하게 외친다. 또한 인터넷 게시판에서는 입언저리를 가리고 물을 마시는 동작을 "조선식 마시기朝鮮飲み"라고 부르며, 이런 식으로 마시는 사람은 "재일인정在日認定"(말도 안 되는 근거를 가지고 재일 한국·조선인이라고 단정하는 것)이 되어 버리고 차별의 대상이 된다. 이는 마신다는 행위에서 습관의 차이를 특성화有徵化하는 형태로 나타나는, 타자의 향락의 양상에 대한 부정이다.

　로랑의 논의를 요약해 보자. 프로이트 시대의 레이시즘은 '레이시즘 1.0'이며, 이는 '아버지'같은 지도자에 의존한 레이시즘이었다. 그리고 로랑이 말하는 '레이시즘 2.0'은 라캉 시대의 레이시즘으로 '아버지' 같은 지도자가 존재하지 않는 시대의 레이시즘이다. 앞서 이 책의 1장에서 소개했듯이, 밀레(1997a)에 따르면 '정신분석의 프로이트 시대'에서만 상징적 질서(='타자')가 '정상'적인 모습으로(즉, '아버지의 이름'으로 통제되는 모습으로) 기능했고, '정신분석의 라캉적 시대'에서는 오히려 '타자의 부재'라는 특징을 갖는다. 로랑이 말하는 두 가지 레이시즘은 밀레의 정신분석의 시대 구분과 정확하게 대응하고 있다.

　분명 이러한 구분은 현대 라캉주의의 정신분석의 시대 구분과도 연결되어 있을 뿐만이 아니라, 레이시즘론의 문맥에서 수시로 지적되는 과학적(고전적) 레이시즘과 문화적(현대적) 레이시즘이라는 두 가지 구분과도 일정 정도 겹쳐질 수 있다. 미셸 위비오르카(2007)의 소개에 따르면 과학적 레이시즘은 1950–60년대에 문화적 레이시즘으로 이행했다고 한다. 전자는 과학적 진리라는 이름의 보편주의 아래서 인종 간의 서열을 설정하고 하위에 있다고 간주되는 인종 집단을 동화시키려고 했다. 반면 문화적 레이시즘은 차이에 의거하며, 소수자 문화를 내부로 편입시키는 것이 아니라 배척하고 파괴한다. 결국 레이시즘은 1950–60년대를 경계로 과학이라는 보편적 권위에 의거하는 것으로부터 민족 간의 상호적 차이에 의거하는 것으로 변모했다고 볼 수 있다. 이는 분명 라캉주의에서 말하는 '레이시즘 2.0'으로의 이행과 병렬적으로 바라볼 수 있을 것이다.

3. 프로이트의 증상

로랑은 명쾌한 논의를 전개하고 있지만 한편으로 어떤 측면을 놓치고 있는 것으로 보인다. 그것은 프로이트에게 '아버지'가 하나의 증상으로 기능하고 있다는 점이다. 라캉이 지적하고 있듯이 프로이트는 아버지에 대한 자기 자신의 욕망을 결코 자기분석하지 않았다(S11, 16). 또한 프로이트는 아버지 살해의 이론을 만들었지만 이는 오히려 '아버지를 구원하려는sauver le Père'라는 목적을 위한 것이었으며, 라캉은 이런 의미에서 그의 아버지 살해는 정신분석적인 '부정'으로서 '살해'였다고까지 하고 있다(S20, 99). 즉, 프로이트에게 '아버지'란 언제나 양가적ambivalent인 것으로서 그의 텍스트에 등장하고 있기에 프로이트를 읽을 때 이 점을 염두에 두어야 한다고 하고 있다.

실제로 프로이트는 「집단심리학과 자아 분석」에서 '아버지'에 대한 프로이트 자신의 증상을 여기저기 드러내고 있다. 예를 들어 프로이트는 귀스타브 르 봉Gustave Le Bon(1993)의 『군중심리Psychologie des Foules』로부터 착상을 얻었는데, 르 봉은 교회나 군대와 같이 "지도자를 갖는 집단"(즉, 지도자＝아버지를 추종하는 집단)을 논구하고 있다. 그렇지만 르 봉의 『군중심리』는 원래 "오래된 신앙이 동요하여 소멸하고, 또한 사회의 낡은 기둥이 (…) 붕괴되어 가고 있었던" 시대에 세력을 강화해 가던 '군중'을 논한 것이었다. 다시 말해 르 봉은 지도자를 추종하는 집단이 아니라 오히려 이상적인 지도자가 사라진 후 불특정한 시민들인 유동적인 무리로서의 '군중'을 논술의 대상으로 삼았다. 프로이트는 르 봉의 기술을 배경으로 깔고 있으면서도 이와는 관계없는 '지도자를 추종하는 집단'을 논하는 잘못을 범하고 있다. 더욱이 프로이트는 '지도자를 추종하는 집단'과 '지도자가 없는 집단'의 구별이 중요하다고 지적하면서도, 한편에서는 '지도자를 추종하는 집단'의 전형적 예로서 교회와 군대만을 다루고 있으며, 다른 한편으로는 '지도자가 없는 집단'에 관해서는 거의 다루지 않고 있다. 라캉의 마템[논리식]을 사용하여 표현한다면, ① '지도자를 추종하는 집단'과 ② '지도자가 없는 집단' 각각은, 전자 ①이 '아버지의 이름'으로 통제된 일관성consistant있는 타자(A)이며, 후자 ②는 아버지의 이름이 더 이상 존재하지 않을 때의 비일관적inconsistant인 타자

(A)이다. 프로이트는 르 봉의 기술이 ②임에도 불구하고 자신의 논의를 ①의 방향으로 자꾸 벗어나 버렸다. '아버지'에 대한 프로이트의 태도는 언제나 이런 식이었다.

이러한 프로이트의 실수 행위에 가장 민감했던 사람이 필립 라쿠-라바르트Philippe Lacoue-Labarthe와 장-뤽 낭시 Jean-Luc Nancy였다. 1979년 발표한 「정치적 패닉La panique politique」(2013)에서 그들은 다음과 같이 말하고 있다 ─ "주체의 정신분석이 주체에 대하여 당연히 있어야 할 장소를 할당하는 권위(=*아버지*)를 전제로 하는 것과는 무관하게, 프로이트는 이러한 권위의 확립 그 자체에 대한 분석을 도출하지 않았다."* 이와 더불어 그들은 「집단심리학과 자아 분석」에서 「인간 모세와 유일신교Der Mann Moses und die monotheistische Religion」에 이르는 프로이트의 사고가 "스스로[=프로이트]의 기원애起源愛가 치환되고 비틀려지며 최종적으로는 좌절하는 끊임없는 운동 안에서 전개된다"는 점을 지적하고 있다. 즉, 프로이트는 단지 기원에 있다고 여겨지는 *아버지*에 의해 지탱되는 일관된 *타자(A)*를 몽상하는 입장에 머무르지 않고 오히려 서서히 비일관적인 *타자(A)*의 방향으로 다가가는 운동의 도상에 있었다고 말하는 것이다.

라쿠-라바르트와 낭시는 프로이트가 「집단심리학과 자아 분석」에서 지나가면서 언급한 집단의 "패닉"이라는 현상에서 *아버*

* 이러한 기술은 "프로이트 속의 어떤 것이 전혀 분석되지 않았다"는 라캉의 말과 동일한 것이라 볼 수 있다.[한국어판은 『정신분석의 네 가지 근본 개념』, 28쪽]

지에 대한 프로이트의 동요=증상을 꿰뚫어 보고 있는 것이다. 프로이트는 집단의 리비도적인 구속이 이완되어 버렸을 때 패닉이 생긴다고 말한다. 이때 집단에 속해 있는 사람 모두가 불안에 시달리며, 예를 들어 상관의 명령을 듣지 않는다거나 누구든 타인을 신경 쓰지 않는 반응을 보인다. 즉, 패닉이란 그때까지 *있었다*고 *믿었던* 유대가 깨어지고 이상이 기능하지 않게 되어 버렸을 때 일어나는 현상, 즉 일관된 타자(A)라는 꿈에서 깨어나 타자의 비일관성(A)이 폭로됨으로써 귀결되는 현상이다.

이러한 패닉은 단지 '아버지'의 부재(A)만을 폭로하지는 않는다. 라쿠-라바르트와 낭시(1992)는 『정치적 패닉』에 이어 1980년에 쓴 『유대 민족은 꿈을 꾸지 않는다Le peuple juif ne rêve pas』에서 프로이트의 기원애起源愛(='아버지'를 향한 사랑)가 전체주의를 강화할 가능성에 대해 주의를 환기시키고 있다. 가키나미柿並(2013)에 의하면 "지도자로의 동일시라는 착각에서 해방되는 시대에는 구성원 상호 간의 동일시도 해소되어 집단은 패닉에 빠진다. 하지만 이러한 동일시의 실패는 거꾸로 강력한 재再-동일시 또는 초超-동일시로 바뀔 수 있다. 이것이 '아버지'라는 형상을 향한 동일시라고 한다." 더욱이 그 '아버지'를 향한 재-동일시는 "타인을 향한 증오가 드러나는 장면"을 도래시킨다.

이것이 바로 지금 우리가 보고 있는 레이시즘의 메커니즘이 아닐까? 일찍이 1923년 관동대지진 이후에 발생한 '자경단'의 조선인 학살은, 미증유의 위기로 인해 패닉에 빠졌던 민중과 군대, 국가가 '일본'이라는 집단을 지켜야 한다는 일념으로 레이시즘의 폭력을 터뜨린 슬픈 사건이었다. 그리고 2011년 동일본 대지진과 이에 이어지는 원전 사고가 우리를 또다시 패닉에 빠지게 했다는 생각은 곧바로 '유대絆'를 부흥시켜야 한다는 수많은 주장을 낳았다. 그렇다면 급격히 우경화에 치우치고 있는 현 정권 하에서 우리는 사회적 유대의 와해와 더불어 나타나는 레이시즘의 발흥이 집단적인 병리가 아니라고 할 수 있을까. 설령 가짜 '아버지'라 할지라도 의지할 수 있기만 하면 된다는 의미에서 그러한 '아버지'로의 재-동일시가 여기서 작동하고 있는 것으로 보인다.

때문에 우리는 레이시즘 1.0과 레이시즘 2.0이 각각 '아버지'의 시대 / '아버지'의 부재의 시대의 레이시즘에 해당한다고 생각할 수는 없는 일이다. 왜냐하면 밀레가 요약했던 것처럼 '아버지가 있었던 것이 정신분석의 프로이트 시대이며, 아버지가 없는 것이 정신분석의 라캉 시대'이라는 논의는 너무 지나치게 단순하다. (적어도 현대적인) 레이시즘은 증상으로서의 '아버지'의 몽상(레이시즘 1.0)이 와해되었을 때 진정한 파국(레이시즘 2.0)이 일어나는 운동으로서 읽어야만 할 것이다. 있을 것이라 생각했던 아버지가 없다는 것이 확연해지면서 질서의 와해를 경험(패닉)하는 것에서야말로 레이시즘이라는, 보다 나쁜 '아버지'로의 회귀가 명확한 모습을 취한다.

4. 「집단심리학」을 재고찰하기

지금까지의 논의로부터 레이시즘에 관한 정신분석적인 논리를 다음과 같이 세 가지 단계로 나누어서 요약할 수 있다.

① '타자'가 일관적이라는 점(A)이 몽상되는 단계
② '타자'가 비일관적이라는 점(A)이 폭로되는 단계
③ 픽션으로서의 '아버지'를 향한 재-동일시를 통해 레이시즘이 출현하는 단계

이러한 논리를 근거로 다시 한번 프로이트의 집단심리학으로 돌아가서 집단과 레이시즘의 관계를 재고찰해 보자. 「집단심리학과 자아 분석」과 「인간 모세와 유일신교」라는 두 논고에서 레이시즘에 대한 프로이트의 위치 설정이 어떠한 차이를 보이는지 깊이 주목해야 한다. 앞서 확인했던 것처럼, 로랑이 보기에 프로이트는 집단 형성이 바로 레이시즘과 연결된다고 생각했다. 이어서 보게 되겠지만, 집단 형성에 대한 프로이트의 견해는 집단 형성이 레이시즘을 억제한다는 견해와 집단 형성이 레이시즘을 유발한다는 두 가지 모순적 견해로 분열되어 있다. 그리고 이 점이 집단과 레이시즘의 관계에서 핵심이라고 생각된다.

「집단심리학과 자아 분석」에서 프로이트는 가까운 민족들 사이에서만 민족 간의 상호 반감이 생긴다는 점에 주목했다. 그가 거론하는 예는 남부 독일과 북부 독일, 잉글랜드와 스코틀랜드라는

지역적으로 그리 떨어져 있지 않은 둘 사이에서 생기는 대립이다 (당연히 일본의 레이시즘에서 문제가 되고 있는 한국, 북한, 중국과의 관계 역시도 이 계열에 속한다). 언어도 문화도 전혀 다르고 멀리 떨어진 양자 간의 사이보다, 문화적으로 공통되는 부분을 가지고 지리적으로도 가까운 양자 사이에서 대립이 생기기 쉬운 것은 왜일까. 프로이트에 따르면 이는 "나르시시즘" 때문이다. 나르시시즘은 자기가 바로 그 자신이라는 점을 주장한다. 나르시시즘을 갖는 사람 앞에 자신과 매우 닮아 있지만 약간이라도 이질적인 타자가 나타나는 경우, 그 타자의 존재는 정말 사소한 차이로 자신을 비판하며 자신을 변질시키고자 난폭한 요구를 하는 역겨운 존재처럼 느껴지게 된다(이 점을 프로이트는 "사소한 차이에 대한 나르시시즘Narzißmus der kleinen Differenzen"*이라고 불렀다). 프로이트는 그 때문에 자신과 매우 닮은 타자에 대한 증오와 공격성이 생긴다고 주장했다.

그러나 프로이트에 따르면, 이 같은 나르시시즘으로부터 생기는 레이시즘은 집단이 형성됨에 따라 일시적 혹은 지속적으로 소멸한다. 왜냐하면 "집단 형성이 지속되거나 확대되는 한, 집단 속의 개인들은 모두 획일적으로 행동하고, 다른 구성원들의 독특한 개성을 참아 주고, 자신을 나머지 구성원들과 동일시하고, 그들에게 전혀 혐오감을 품지 않기" 때문이다. 다시 말하면, 집단에서는

---

* 이는 프로이트가 「문명 속의 불만Das Unbehagen in der Kultur」에서 사용한 표현이다. 원문은 GW:14, 474, 한국어판은 프로이트, 김석희 역, 『문명 속의 불만』, 열린책들, 2004, 293쪽. ─ 옮긴이

"나르시시즘의 제한"이 일어난다. 결국 이때 프로이트는 *레이시즘이 안정된 집단의 형성을 통해서 극복될 수 있다*고 생각했다.*

하지만 「인간 모세와 유일신교」에서 프로이트는 완전히 반대로 말하고 있다. 그에 따르면 "집단의 연대감을 고취시키고 이것을 완성하기 위해서는 이질적인 소수 민족(마이너리티)에 대한 적의를 부추켜야 한다"고 말한다. 즉, 국가와 같은 하나의 집단은 보다 완전한 집단이 되려고 할 때(즉 그 집단은 이 시점에서는 *불완전*하다), 그 집단을 유지하고 결속이 굳은 긴밀한 집단이 되기 위해서는 자신들과는 이질적인 타자를 배척한다. 그리고 그때 발생하는 마이너리티의 배척은 분명 "근본적으로 다를 때보다 조금 다를 때 격렬하게 표현되고는 한다." 결국 여기서 프로이트는 집단의 유지와 강화가 레이시즘을 낳는다고 주장하고 있다.**

집단 형성은 레이시즘을 극복하는가? 아니면 레이시즘을 강화하는가 — 프로이트의 두 가지 텍스트에서 볼 수 있는 모순은 어떤 식으로 해결할 수 있을까? 분명 대답은 하나일 것이다.

한편 「집단심리학과 자아 분석」에서의 프로이트는 '아버지'를 구원하려는 일념으로 '아버지'를 통해 지탱되는 이상적 국가라는 유토피아적인 환상에 사로잡혀 있었다. 앞선 3단계 논리로 말한

---

* 본 문단에서 인용한 프로이트의 문장은 한국어판 『전집』의 번역을 수정, 반영한 것이다. 『문명 속의 불만』, 112쪽. —옮긴이

** 이 문단의 모든 프로이트 인용은 한국어판 『전집』에서 발췌하였다. 단, "(마이너리티)"는 원저자인 마쓰모토가 추가한 것이다. 프로이트, 이윤기 역, 『종교의 기원』, 열린책들, 2004, 370쪽. —옮긴이

다면, 이 시기의 프로이트는 ①의 단계에 있었다고 할 수 있다. 다른 한편, 「인간 모세와 유일신교」에서는 ①의 단계에서의 '아버지'를 통해 지탱되었던 안정적인 집단의 환상을 이야기하지 않는다. 여기서는 오히려 '아버지'의 허구성이 분명히 나타나며 붕괴의 위기에 처한 불안정한 집단—즉 집단의 유대가 위기에 처해 있고 '집단'이 과잉되게 의식되기 시작하는 *패닉*의 집단—즉 ②의 단계에 있는 것으로 보인다. 그리고 ②에서 ③의 단계로 이행할 때, 그때까지 "모두 획일적으로 행동"했던 개인은 각자의 향락 양상의 차이에 민감한 반응을 드러내게 되면서 그때부터 레이시즘이 생긴다.

정신분석의 관점에서 레이시즘을 논한다면, '아버지'의 부재에 대한 폭로와 그곳에서 발생하는 향락의 병리라는 두 가지 극점이 얽히는 점에 주목해야 할 필요가 있다. 정신분석의 계보에 속하는 프롬이나 아도르노의 권위주의적 인격(권위를 무비판적으로 수용하여 마이너리티를 배척하는 인격 유형)의 논의가 불충분하다고 생각이 드는 것은, 그들이 권위로서의 '아버지'의 기능 그 자체를 레이시즘의 원인으로 보고 있기 때문이다. 결국 그들은 프로이트의 증상을 그대로 이어받아 버린 셈이다.

5. 레이시즘에서 '아버지'와 향락의 병리

이미 라캉은 1970년대에 '아버지'의 부재와 향락의 병리라는 두 개의 극점에서 레이시즘을 논했다.

당시 라캉은 집단을 총괄하는 '아버지'의 기능이 쇠퇴할 때 일어나는 사태에 대하여 몇 번인가 예언적으로 논했다. 그는 1972년 6월 21일 강의의 말미에 그 '예언'의 하나로서 '레이시즘의 발흥'을 거론하고 있다(또한, 같은 해에 '국민전선'이 창당되었고, 헤이트 스피치 규제를 포함한 인종차별금지법이 프랑스에서 제정된다). 그것은 다음과 같다.

아버지에 대해서는 전혀 이야기하지 않았습니다만, 그것은 '하나로 통합하는' 아버지, '안 돼non!'라고 말하는 아버지 주위로 보편적인 것 모두가 기초 지어지며, 기초 지어져야만 하며, 기초 지어질 수밖에 없다는 것을 여러분에게 보여 주는 것만으로 충분하다고 생각했기 때문입니다. 또한 우리가 신체의 뿌리로 돌아갈 때 동포[형제]frère라는 말에 대한 가치를 격상시켜 본다면, 아버지는 좋은 감정의 수준에서 수많은 돛을 가지고 귀환하겠지요. / 그렇지 않다면 여러분에게 장밋빛 미래만을 묘사해서는 안 됩니다. 여러분은 다음과 같은 점도 알아 두어야 합니다. 발흥하고 있는 것, 그 최종 결과가 아직 드러나지 않은 것, 신체 안에서, 신체의 동포애[우애]fraternité 안에 뿌리를 내리고 있는 것, 그것이 레이시즘입니다. 여러분은 아직 레이시즘에 관하여 말해지는 것을 다 듣지 않았습니다(S19, 235-6).

주지하다시피 프랑스혁명은 문자 그대로 왕(='아버지')의 목을 잘랐던 혁명이었으며, 그 표어로 "자유, 평등, 우애Liberté, Égalité, Fraternité"를 내걸고 있었다. 이 "우애"라는 말은 타인을 자신의 형제처럼 사랑한다는 의미이다. 그러한 의미에서 프랑스혁명은 '아버지'(집단을 하나로 총괄하는 상징적 권위)를 내쫓아 버리고 남겨진 형제들의 사랑에 기반하여 평등한 집단을 만들었던 사상으로서의 측면도 가지고 있다(이러한 점에서, 마찬가지로 계급을 폐기하고 민주화를 요구하는 운동으로서의 프랑스 5월혁명이 지난 후 라캉의 레이시즘에 관한 발언이 있었다는 점에 주목해야 할 것이다). 그러나 그때 쫓겨났던 왕='아버지'는 다른 형상으로 회귀했고, 그것이 레이시즘의 발흥이라는 불행한 결말을 일으켰다고 라캉은 위의 인용에서 지적하고 있다. 결국 여기서 그는 '아버지'의 부재와 그 회귀가 레이시즘과 밀접히 연결되어 있다는 점을 지적하고 있다.

다음 해 1973년 라캉의 제자인 자크 알랭 밀레는 "레이시즘의 발흥"이라는 말의 진의를 라캉에게 다시 묻는다. 그 질문에 대해 라캉은 "향락의 양상mode"이라는 개념을 들어 답변하고 있다.

> 밀레: 선생님은 레이시즘의 발흥을 예언하셨는데, 그 확신은 어디에서 유래하는 것인지요, 또한 왜 그런 말씀을 하신 건가요?
> 라캉: (…) 우리의 향락이 혼미할 때 타자만이 향락을 자리매김할 수 있는데, 이는 우리가 타자로부터 떨어져 있는 한에

서일 뿐입니다. 그곳에서 사람이[인종이] 서로 섞이어 있지 않았을 때는 들어 보지 못했던 다종다양한 공상이 생깁니다. 타자를 그들 고유의 향락의 양상대로 그대로 둔다는 것은, 우리의 [향락] 양상을 타자에게 강요하지 않는 것, 또한 타자의 (향락의) 양상을 발전도상에 있는 것으로 취급하지 않을 때 비로소 가능하게 될 것입니다. / 우리들이 갖는 향락의 양상에 대한 불안정성précarité이 그 위에 더해진다면, 우리의 폭거가 몸에 걸치는 외관인 인도주의 히스테리가 계속될 것이라고 어떻게 기대할 수 있겠습니까? / (…) 신이 여기로부터 힘을 추슬러 외-재ex-siste하는 것에 도달한다 할지라도, 이는 신이 가져다주는 불행한 과거로 재귀하는 것 이상을 예고해 주지 않습니다(AE534).

위의 인용에서 라캉은 현대적 레이시즘에서 배척의 원인이 되는 문화적 차이를 "향락의 양상mode de jouissance의 차이"라고 말하고 있다. 다양한 인종(민족)이나 출신지가 공존하는 세계에서 음식에 대한 관습이나 성행위 혹은 관혼상제의 방식 등, 생활 속에서 즐거움을 얻거나 불쾌를 처리하는 방법(향락의 양상)에는 다양한 변종variation이 공존하고 있다. 이때 향락의 양상은 단일할 수 없게 된다. 그리하여 다수파majority는 자신에게 있어 대자(=소수파minority)의 향락의 양상을 '발전도상', 즉 뒤떨어진 것으로 간주하고 이를 배척하거나 자신의 향락의 양상을 그들에게 떠맡긴다. 여기에서 레이시즘이 발생한다고 라캉은 주장하고 있다.*

제3부 정치

라캉은 여기에서 레이시즘을 향락의 측면에서 논하고 있다. 그러나 그것만으로는 프로이트가 말한 '나르시시즘'을 '향락의 양상'이라는 말로 치환한 것에 지나지 않는다고도 볼 수 있다. 그러나 사실은 그렇지 않다. 레이시즘을 향락의 병리로서 파악하고자 할 때, 원래 사람은 본질적으로 타자의 향락을 개입시켜야만 스스로의 향락을 자리매김할 수 있다는 역설의 존재를 강조했다는 것이 1973년에 라캉이 레이시즘론에 추가한 주요한 기여다. 무슨 말일까? 정신분석이 알려 주고 있듯이 우리에게 있어 충분한 향락은 언제나 상실되어 있다. 때문에 우리는 스스로의 충분한 향락을 자리매김할 수 없어 '성관계의 부재'에 번민하게 된다. 그러나 이러한 향락의 불가능성은 '어딘가에서 완전한 향락을 취하고 있는 인물=타자가 존재하고 있다'는 환상을 낳는다(이 점을 라캉은 "타자만이 향락을 자리매김할 수 있다"고 말하지만, 이는 "타자로부터 떨어져 있는 한에서일 뿐"임은 앞선 인용에서도 주장하고 있다).

밀레(1986b)는 이러한 라캉의 레이시즘론을 '외밀성extimité'이라는 말로 규정하고 있다. 외밀성이란, 예를 들어 인간에게 있어서 모어母語가 자신에게 가장 내밀한 것이면서도 타자라는 외부에서 유래하는 것이기에, 자신의 내부에 있는 핵심적인 부분을 외부에

---

* 여기서 말하는 레이시즘이란 종종 지적되는 고전적(과학적) 레이시즘/현대적 (문화적) 레이시즘이라는 두 가지 구분 중에서 후자에 해당된다고 볼 수 있다. 즉, 이는 문화나 민족성에 기반을 둔 차별이며, 자기 집단의 균질성이나 순수성을 희구하여 다른 집단을 '파괴해야 할 위협이나 장애'로 간주하고 공격, 배척한다.

의존하고 있다는 역설적인 성질을 의미한다. 이에 대한 밀레의 이야기를 들어 보자.

> 우리들이 타자에 대하여, 분명 타자의 존재 그 자체에 혐오를 품는 것, 그 원인은 도대체 무엇일까요? 그것은 타자가 가지고 있는 향락에 대한 혐오입니다. 이것이 오늘날 우리가 목도하고 있는 레이시즘의 가장 일반적인 규정입니다. (…) 이 문제는, *타자가 나의 내부의 타자*인 한에서는 해결할 수 없음은 명백합니다. 레이시즘의 뿌리는 이처럼 *우리 자신의 향락에 대한 혐*오입니다. 내가 가지는 향락 이외에는 향락이 없다는 것입니다. 타자가 내 안에서 외밀한 장소를 차지하고 있다고 한다면, 혐오 역시도 내 자신의 것입니다(Miller, 1986b, 강조는 인용자).

사람은 자신의 향락을 혼자서는 자리매김할 수 없다. 이는 향락(또는 성관계)을 이야기할 말이 결여되어 있기 때문이다. 때문에 향락에 대한 환상은 상징계의 균열 안에서 찾을 수밖에 없다(여기서 '아버지'의 부재(A)와 향락의 병리가 얽히는 점을 발견할 수 있다). 이 점은 레이시즘에서의 환상이 자주 이질적인 인종(민족)의 성관계에 관한 저속한 이야기의 형태를 띠고 나타난다는 점에서도 이해할 수 있으리라. 또한 레이시즘이 타자 안에서 상정된 우리 자신의 향락을 향한 혐오인 한에서, 그 혐오는 거울상적鏡像的인 성질을 띠게 된다. 현대 일본의 레이시즘 언설에 관계되는 인

제3부 정치

물들은 종종 동아시아의 군사적인 위협으로 중국과 한국, 북한을 내세운다. 우물쭈물하다가는 그들에게 침략당하고 말 것이다!라고 말한다. 그러나 과거를 돌이켜보면 실제로 중국이나 한반도를 침략한 것이 일본이었음은 명백하다. 혹은 인터넷 위에 써대는 저속한 글은 한국을 "강간rape 국가"라고 야유한다. 그러나 실제로는 일본이야말로 종군위안부라는 형태로 그들 국가를 강간했던 것이 아닌가. 이처럼 레이시즘에서 혐오는 언제나 거울상적이며, 레이시스트는 그들이 적으로 설정한 대상을 통해 스스로의 향락적 병리를 바라보고 있는 것에 지나지 않는다.

밀레의 논의에 기초하여 레이시즘의 발생 메커니즘을 그려 보면 다음과 같다. 성관계의 부재에 고뇌하는 사람 앞에 자신과는 이질적인 향락의 양상을 가진 인물이 나타났을 때, '어딘가에서 완전한 향락을 취하고 있는 인물이 존재한다'는 환상을 활성화시키고 그 인물이야말로 완전한 향락을 취하는 인물이라고 착각하게 되는 것이다. 그래서 '이 인물이 나의 향락을 훔쳐 갔기 때문에 내가 완전한 향락에 도달할 수 없다'고 결론을 내릴 때 바로 여기에서 레이시즘이 태어난다. 결국 향락은 타자를 개입시켜야만 자리매김할 수 있음에도 불구하고, 또다시 이를 가까이 있는 인종적 타자를 개입시켜 자리를 정해 버리면 레이시즘이 생겨나게 된다.

"재일 한국인·조선인이 '재일 특권'을 향수jouir하는 한편으로 일본인은 차별당한다"라는 재특회 등의 주장은 분명 밀레가 말했던 "향락의 도둑질vol de la jouissance"이라는 논리 ─우리들 일본인이 잘 향락할 수 없는 것은 재일 한국인·조선인이 우리의 향락을 도둑질해 갔기 때문이라는 것 — 를 예증하고 있다. 또한 이와 같은 "향락의 도둑질"이라는 착각은 자신이 원래부터 최초로 가지고 있지 않은 완전한 향락을 마치 타자가 없었다면 획득할 수 있었을 것처럼 보여 주게 한다는 점에서 대단히 매력적인 것이 된다. 때문에 사람들은 그러한 착각으로부터 벗어나지 못하게 되고 만다.

최근 마린느 르펭Marine Le Pen은 한 연설에서 이러한 "향락의 도둑질"에 대한 논리를 분명히 이용하고 있다. 이민자와 로마 Roma(집시gypsy)*의 배척을 호소하는 그녀는 그들을 배척하는 것이 프랑스가 강한 국가가 되기 위한 조건이라고 단언한다. 왜냐하면 이민자들이 저임금 노동자로서 프랑스 국내에 존재한다는 것은 프랑스 국민이 가져야 할 일자리를 빼앗는 것이기 때문이다. 이러한 그녀의 메시지는 지지자에게 '이민자들이 프랑스 국민으로부터 향락을 도둑질한다'는 메시지로 받아들여지게 될 것이다. 또한 이러한 메시지는 이민자들이 없어지기만 한다면 마치 성관계의 부재를 극복할 수도 있을 것 같은 환상을 낳게 된다. 기존 정당인 국민운동연합이나 사회당으로는 아무것도 변하게 할 수 없으며 국민전선만 변혁을 일으킬 수 있다고 목청을 돋우어 선언하는 그녀는, 마치 성관계는 없다는 우리의 존재론적 조건을 변혁할

---

* 로마족이란 집시라고 불리는 북인도 계통에서 유래하며 중동에서 거주하는 이동형 민족으로 이동 노동자를 말한다. 주로 집시라고 불리며 주로 포도 수확철에 추수를 위해 유럽에서 방랑하며 노동을 한다. 당연히 유럽 사회의 외부자로서 유럽 내부의 힘든 일을 처리하지만 사회적 문제를 일으키는 요인으로 지목되기도 한다. ─옮긴이

수 있는 완전한 가능성을 시사하는 존재로서 프랑스 민중의 앞에 나타났다. 또한 국민전선의 창시자인 아버지를 추종하는 마린느는 실질적으로 당에서 '아버지'의 위치에 서 있으며, 성관계의 부재에 대한 '응답'으로서 레이시즘을 제시한 셈이다. 본래 일본의 정치가들도 공유하고 있는 이런 종류의 '논리logic'와 '응답'이 궁극적으로는 파멸적 퇴폐로 연결될 수밖에 없음은 말할 필요도 없을 것이다…….

6. 정신분석은 레이시즘에 대해 무엇을 할 수 있을까?

그렇다면 정신분석은 레이시즘의 발흥 앞에서 무엇을 할 수 있을 것인가? 한 가지 응답은 1960년대에 라캉이 분석의 목표로 삼았던 '환상의 횡단'에서 찾을 수 있을 것이다. 환상의 횡단이란 성관계의 부재를 덮어서 감추고 있는 환상을 벗겨 내어 충동을 있는 그대로 드러내는 것을 말한다. 지젝(1993)은 이 환상의 횡단을 레이시즘에 대한 일종의 처방전으로 제시하고 여기에 헤겔로부터 차용한 "부정적인 것 아래서 머물기tarrying with the negative"라는 이름을 부여했다. 이는 타자의 부재라는 부정성으로부터 눈을 돌리는 것이 아니라 부정적인 것을 똑똑히 바라보면서 꿋꿋하게 그 장소에 발을 딛고 서 있는 것을 의미한다. 향락이 언제나 불충분한 것으로 머문다는 것은 소위 말하는 타자에 의하여 향락을 도둑맞아서가 아니라, 우리의 향락의 체계 자체에 '성관계의 부재'가 이미 각인되어 있다는 점을 알아야 한다는 것. 이것이야말로 우리를 레이시즘으로부터 떼어 놓을 수 있도록 해 준다.

다만 임상 실천으로서 정신분석이 할 수 있는 것은 실제로 거의 없을 것이다. 단적으로 말해 레이시즘에 대해 '환상의 횡단'을 목표로 하는 정신분석을 '치료'로서 제공하는 것만큼 디스토피아적인 접근 방법도 없을 것이기 때문이다.

하지만 사람이 레이시즘에 빠지는 것을 *예방*하는 효과라는 측면에서 본다면 정신분석에 약간의 기대를 품어 볼 수도 있을 것이다. 2013년 6월 30일 신오쿠보에서 재특회의 데모가 일어났을 때 필자는 그 데모에 대한 항의 행동counter에 참가했다. 데모가 끝나고 재특회 데모 참가자들의 해산 지점이던 가시와기柏木 공원 주변 도로는 기동대에 의해 봉쇄되어, 재특회를 '맞이'하려는 항의 행동 측 사람들이(필자를 포함) 그 주위를 어슬렁거리고 있었다. 그 '맞이'하는 사람들 중에 "재특회 데모에 참가하려고 왔지만 결국 못했기 때문에 지금 이렇게 어정쩡하게 떨어져 보고만 있다"고 말하는 남성이 있었다. 필자는 그와 오 분 정도 이야기를 나누었다. 필자가 "'재일 특권' 같은 것이 정말로 있다고 생각하는가?"라고 묻자, 그는 "잘 모른다, 없을지도 모른다"고 대답했다. 그는 "재일 특권"을 믿고 있지는 않지만 재특회의 운동에 이끌려 "데모 현장에 오면 무엇인가 알 수 있지 않을까"라는 생각으로 신오쿠보에 왔다고 했다. 바로 여기서 작동하고 있는 것이 안다고 상정된 주체sujet supposé savoir의 기능이 아니겠는가? 사람이 "재일 특권" 같은 허구를 믿는 것은 그 허구가 그에게 어떠한 '응답'(지식知)을 부여해 주기 때문은 아닐까? '재일 특권'이라는 허구를 그들이 믿어 버리게 되는 것은, 그들 각자의 개인이 품고 있는 성관계의 부재라는 이해 불가능성, 어정쩡한 상태에 있는 불완전감에 대한 원인이 '재일 외국인'에게 조준됨으로써 어쨌든 '이해 가능'한 것이 되기 때문이다. 설령 그렇다고 하더라도 레이시즘이란 '성관계의 부재'의 원인을 어떠한 특정의 흑막으로 단편화局在化하는 것에 지나지 않는다. 여기에는 언제나 "결론의 순간moment de conclure"으로의 비약이 있다. 레이시즘의 언설이 음모론과 친화적인 것은 바로 이 때문이다.

이 "결론의 순간" 바로 앞에 있는 어정쩡한 단계에서 정신분석이 기능을 한다면 어떤 일이 일어날까. 분석가는 분석 주체가 껴안고 있는 고된 삶의 원인이나 의미를 알고 있는 사람으로 상정된다. 그러나 분석가는 분석 주체에 대해 그와 같은 응답(지식)을 주지 않는다. 정신분석은 성관계의 부재를 *해석*하는 실천이 아니기 때문이다. 해석은 분석 주체의 말에 의미를 추가해서 그것을 환상을 향하도록 키워 버릴 수 있는 위험성을 지니고 있다. 정신분석에 레이시즘에 대한 예방 효과가 있다는 말은, 정신분석이 그런 의미에서의 해석과는 반대 방향을, 즉 역방향의 해석(반-해석)을 제시하는 기능을 가지고 있기 때문이다. 정신분석은 해석과는 반대의 방향으로 분석 주체를 이끌고 부정적인 것 아래서 머물게 함으로써 어떠한 응답을 타자 안에서 찾지 않고서도 살 수 있게 해 준다.* 이러한 작업을 통해서 서서히 분석 주체 각각에게 고유한 향락의 양상이 분명하게 인식될 것이다. 분석이라고 부르는 작업

안에서 이러한 향락의 양상을 특이성 = 단독성singularité으로까지
고양시킬 수 있다면, 그때 인간은 레이시스트가 되는 것이 아니라
자신의 향락과 동행할 수 있게 될 것이다

* 이와 같은 반-레이시즘의 여정은 프로이트가 이미 언급했던 적이 있다. 파시스
  트의 반유대주의 위협에 대한 그의 회답은, 유대교의 창설자이자 아버지로서
  의 모세가 실제로는 이집트인이었다는 점을 보여 줌으로써 유대인의 동일성을
  와해시키고 유대인의 정통성originality이라는 것이 하나의 잡탕Bricolage에 불과
  하다는 점이었다(Žižek, 1993). 또한 이 책에서도 다룬 라쿠-라바르트와 낭시
  (1992) 역시 프로이트의 모세론에서 유대인이 "그 주체의 결여에 의하여, 사회
  조직이나 정치제도(프로이트의 틀에서 보자면 민족 혹은 국가)가 어떤 것이라
  할지라도 주체로서는 결코 실현될 수 없다는 계시의 배달인"이었음을 지적하
  고 있다. 프로이트에서 유래된 이러한 일련의 반-레이시즘, 반-전체주의의 사
  상은, 주체의 정체성identity에 대한 부정성의 전략이라는 점이 눈에 띤다. 이 부
  정성의 전략을 1960년대의 라캉은 "아이러니ironie"라고 부르고 있다(AE209).
  1970년대 라캉의 작업은 이러한 부정성을 특이성=단독성이라는 긍정성으로
  치환해 나감으로써 프로이트적인 정신분석을 갱신하려고 기획한 것이라고 할
  수 있을 것이다.

제9장 향락의 정치

현대 라캉주의의 집단 심리학 2

1. '향락의 정치'에 대하여

최근의 정치 상황에서 '반지성주의'나 '포스트 들뢰즈'라는 말을 자주 듣게 된다. 분명 풍부한 지식과 교양을 배경으로 심도 있는 논의에 의거하여 세상사를 결정하려는 지성적인 모습은 오늘날만의 유행은 아니지만, 오히려 미국의 도널드 트럼프처럼 자극적인 단어를 사용하여 대중의 정념을 움직이고 때로는 논리의 파탄도 두려워하지 않는 '결단'을 내리는 정치적 수법이 세계를 움직이고 있다. 당연히 이러한 경향은 일본과 절대로 무관하지 않다.

그러나 그들의 '반지성주의'나 '포스트 들뢰즈'라는 딱지를 붙이는 것만으로 만족해서는 안 된다. 왜냐하면 일본의 논단에서 비판을 위해 사용했던 '반지성주의'라는 말 속에는 '지성을 신뢰하고, 지성을 잘 사용한다면 올바른 정치적 비판이 가능함에도 불구하고, 지성을 경시하여 그릇된 비판을 하고 말았다'—즉 '지성을 사용하기만 한다면 올바른 판단을 할 수 있다'— 는 함의가 들어있기 때문이다. 오히려 우리는 '지성'이라는 것이 그렇게 신뢰할 만한 것인가, 또한 '지성'이라고 불리는 그것 자체가 오늘날에는 변용되어 가고 있지 않은가라는 문제를 심각하게 생각해 보아야 할 것이다.

먼저 첫 번째 논점을 다루어 보자. 과거의 계몽주의 시대 이후 감정이나 정동, 정열이라는 '지성'과는 대립하는 모든 요소를 인간이 가지고 있는 비합리적인 부분으로 여기면서 이론에서 추방시켜 버렸다. 그러나 그러한 상황은 최근에 변화하기 시작했다. 사람은 지성으로는 추동되지 않으며, 감정이나 정동, 정열의 수준에서야 비로소 움직이게 되는 존재였다는 사실에서 출발할 필요가 있다는 점이 최근 정치이론에서 서서히 논의되고 있다. 그러나 감정의 정치학에 관한 내력과 현재를 여기서 복습할 여유는 없다. 오히려 우리는 정신분석의 관점에서 오늘날의 *비-지성적*인 정치를 재고찰하려고 한다. 왜냐하면 처음부터 프로이트의 무의식은 계몽의 철학이 "이에 관하여 전혀 알려고 하지 않았던n'en vouloir rien savoir" 것, 즉 *배척*했던 것을 사고하려고 도입한 개념에 다름아니기 때문이다.

그리하여 라캉주의의 입장에 서 있는 우리들은 감정을 지배하는 오늘날의 정치 동향을 우선 슬라보예 지젝(2005)을 흉내 내어 '향락의 정치politics of jouissance'라 부르고자 한다. 그가 말하는 것처럼, "오늘날의 정치는 점점 향락의 정치가 되고 있으며, 향락을 부

추긴다거나 향락을 제어하고, 혹은 향락을 규제하는 방법에 관여하고 있다"고 여겨진다.* 실제로 지젝을 위시한 에르네스토 라클라우Ernesto Laclau나 샹탈 무페Chantal Mouffe, 그리고 야니스 스타브라카키스Yannis Stavrakakis에 이르는 라캉의 영향을 받은 정치이론, 소위 말하는 '라캉 좌파lacanian left'의 영역에서 이러한 '향락의 정치'가 주요한 과제가 되고 있다. 대표적인 논의를 살펴보자.

> 우리들이 다루는 애착이 낡은 것인가 새로운 것인가에 상관없이, 동일시의 형식이 수동적인지 능동적인지 관계없이 [사람들의] 마음을 붙잡으려면 어떤 특정한 형식의 관계나 유대가 필요하며, 낡은 애착도 새로운 애착도 심적인 공급이라는 관점에서 말한다면 같은 종류에 속해 있다. (…) 즉 [사람들의] 마음을 붙잡기 위해서는 정동과 향락의 동원, 그리고 구조화가 필요하다. 이 점은 변혁이 잘못된 측으로 향하고 있다고 할지라도 그러하다. 새로운 것이 언제나 진보적인 변화를 의미하지만은 않음은 분명하기 때문이다(Stavrakakis, 2007, p.168).

---

* 일찍이 라캉은 세상사의 언어적인 측면만을 중시하고 생명적인 측면을 고려하지 않았다는 점에서 비판을 받았으나 그러한 비판은 과녁을 벗어난 것이다. 이 점은 그의 1964년에 한 강연 속에 단적으로 드러나고 있다. "'정신분석 경험에서 말과 언어의 기능과 장에 대한 환기'라는 제목으로 제가 시사했던 혁신이 무의식에 관한 모든 것을 설명해 줄 수 있다고 주장할 생각은 없습니다."(S11, 116) 또한 1966년, 라캉은 "시니피앙의 주체"와 "향락의 주체"라는 (두) 극단 polarité에 대한 고려를 중요시하게 된다(AE215).[세미나의 한국어판은 『정신분석의 네 가지 근본 개념』, 194쪽]

실제로 현재의 국내외 정치 상황은 여기서 말하고 있는 그대로인 것처럼 보인다. 전쟁 책임을 부인하고 식민지주의의 어두운 유산의 청산을 완강히 거절하는 것이 올바르다고 생각하는 일본 국내의 극우 정치가들은, 그 부인과 거절의 몸짓이 국제사회 안에서 비합리적인 것으로서 취급받는다 할지라도 마치 '아버지의 숙적'을 타도하려는 듯이 그 비합리성을 고집하고 있다. 그 모습은 비합리적 이데올로기로의 '애착'이라고밖에 표현할 방법이 없다. 또한 그들이 공유하는 '과거에 있었던 이상적 상태를 되찾으려 한다'는 슬로건 — 영국의 극우 정당인 영국제일주의Britain First* 의 '영국을 되찾자'나, 자유민주당自民黨이 내세우는 '일본을 되찾자'는 표어가 그 전형적인 예이다 — 역시 이러한 향락적인 성질을 가지고 있다는 점도 시사적이다. 왜냐하면 무엇인가를 '되찾는다'는 단순해 보이는 단언은, 되찾아져야만 하는 상태가 깊은 반성을 요하는 어둡고 참혹한 것이었음을 부인해야 되찾는 것이 가능하며, 되찾아야 할 것으로 여기는 '이상적 상태'가 일찍이 존재했었음을 환상적으로 욕망하게 만들고, 그러한 '이상적 상태'를 희구하는 태도를 사람들에게 감염시키기 때문이다. 이런 식으로 향락을 동원하는 전략은 과거에 있었다는 '이상적 상태'로 되돌아갈 수 있게 된다면 오늘날 우리들의 일상에서 느끼는 불완전감이나 *뭔가 잘 안 되는 것*이 개선될 수도 있다는 환상을 사람들에게

---

* 반이민, 반이슬람정책을 내건 영국의 극우 정당으로 2011년 영국 국민당에서 분리되어 창당되었다. — 옮긴이

심어 주고 있다. 그리하여 이러한 전략은 우리의 존재론적인 조건인 '성관계의 부재'라는 균열을 환상으로 메우는 것에 성공하게 된다.

이미 명확해졌듯이 전 세계에서 이와 같은 향락의 동원 전략을 가장 주도면밀하게 수행하는 것은(아무리 그 외견이 온건해진 것처럼 보인들) 극우 세력들이다. 일찍이 샹탈 무페(2005)는 명쾌하게 그 이유를 설명했다. 세계화와 리버럴 민주주의가 보편화되어 가는 가운데 우파와 좌파의 경계가 모호해진 결과, 정치가 친구/적의 대립으로 구동되는 시대에 '정치적인 것'이 부재하는 시대가 도래했다. 이 같은 정세에서 기존의 정치에 '안 돼'를 들이대면서 대안을 요구하는 정동은 기존 정당에 대한 적대성을 명확하게 내세우는 극우 세력이 건져 올리게 될 것이다. 이 도식은 일본에도 들어맞는다. 눈을 가리고 싶을 정도인 레이시즘적, 배외주의적 시민운동이 활발해진 것은 2009년 정권 교대의 결과가 불완전하게 끝나고 기존 정당에 변화를 기대하기가 전혀 불가능하게 된 이후였다. 또한 이러한 레이시즘적 시민운동의 발흥과 축을 같이하여 자민당 내부의 우경화가 전면적으로 드러나고, 나아가 명확한 극우 정책을 내거는 정당이 결성되고 나름대로 일정한 지지를 얻는 것에 성공했던 것은 기억에 새롭다. 이제는 이러한 레이시즘적, 배외주의적 시민운동이나 극우 정당이 우리의 존재론적 조건에 대한 대안인 척하면서 향락을 동원하는 데 성공하고 있다.

우리는 앞 장에서 현대의 레이시즘을 '향락'이라는 관점에서 논했다. 이는 향락을 동원하는데 성공한 레이시즘적 시민운동이나 극우 정당이 향락을 어떤 식으로 사람들에게 제시해 주고 있는지를 명확히 드러내고자 했기 때문이었다. 앞 장의 논의를 반복하자면, 그들은 특히 상상계에서 *거울상적*인 병리로서 전개되는 향락을 제시했다. 즉, 오늘날 일본에서 레이시즘이나 극우 정당의 주장에 동조하는 인물은 주로 동아시아에서 군사적 위협으로서 중국과 한국, 북한을 거론한다. 그들은 일본이 중국과 한국, 북한으로부터 침략당하지 않을까라고 걱정한다. 그러나 그들이 생각하는 위협이란 과거 일본의 중국과 한반도 침략의 거울상적인 뒤집기가 아니라면 무엇인가. 혹은 한국을 '강간 국가'라고 야유하는 인터넷상의 저열한 말들은 과거에 일본이 '합병'이나 종군위안부라는 형태로 그들 국가를 강간하고 여전히 그 책임을 충분히 다하지 않고 있음을 거울상적으로 투영하는 것이 아니라면 무엇이란 말인가? 2010년 독서계에서 커다란 화제를 불러일으킨 시라이 사토시白井聡의『영속 패전론 ― 전후 일본의 핵심永続敗戦論 ― 戦後日本の核心』(2013)은 우리의 관점에서 본다면 미일 관계와 한중일 관계를 거울상적으로 보는 관점을 제공해 주는 저작이었다고 여겨진다. 일본 헌법이 GHQGeneral Headquarters,연합국 군사최고사령관 총사령부가 강제적으로 밀어붙인 것이라는 "강압당한 헌법"론과, 일찍이 일본이 한반도나 대만 등과 같은 점령지를 문자 그대로 "강압"했던 황민화 정책의 어두운 측면을 고려하지 않고 '긍정적'인 측면만을 강조하는 논의를 같은 사람의 입으로부터 듣는 일은 더 이상 희귀하지 않다. 결국 그들은 미국으로부터 부여받은 헌법을 나쁜 것이라고 생각하지만, 이를 미국에게 명확하게 말할 수 없기에 이를 뒤집어서 과거에 한반도나 대만에서 시행했던 정책은 좋은 것이라고 강변하는 것으로 보인다.

이와 같은 레이시즘의 언설이 적을 '적'으로서 규정하면서 자신을 정당화할 때 사용하는 향락 동원의 전략에는 일정한 문법이 작용하고 있다. 우리는 이러한 문법을 파악해야만 한다.

2. '법은 법이다'—상징계의 평면적인flat 사용에 침잠하는 향락

이어서 두 번째 논점을 살펴보자. 두 번째 논점은 '지성'이라고 불리는 것 자체가 변용해 가고 있는 것이 아닌가라는 것이었다. 이 논점에서도 레이시즘의 언설이 자주 이용되고 있다. 언뜻 보면 '지성적'으로 보이기 십상이지만 실은 대단히 정념적인 문법을 상상계로부터가 아니라 상징계와 그 변형이라는 문맥에서 검토해 보자.

먼저 라캉에게 상상계는 한 쌍의 것＝결투적duel인 이자二者관계가 지배하는 세계이며, 비유하자면 친구의 얼굴을 때린 아이가 '(자신이 때린 것이 아니라) 상대편이 때렸다'고 주장하는 것처럼 끊임없는 증오와 공격. 응수가 서로 난무하는 세계이다. 1950년대 라캉은 이와 같은 결투 상태는 상징적인 제3항('아버지의 이름')을 도입함으로써 해결된다고 생각했다(S3, 230). 상상계는 결투이며, 상징계는 결투를 종결시키는 계약이었고, 상상적인 것le imaginaire은 언제나 상징적인 것le symbolique으로 극복될 수 있다는 것이다. 그렇다면 우리는 상징적인 제3항에 의지함으로써 상상계에 있는 향락의 병리를 극복할 수 있을까? 그것은 불가능하다. 오늘날 세계질서를 평화적으로 통제할 수 있는 패권은 어디에도 존재하지 않는다. 계약을 통해 상징계의 질서를 세우는 타자의 타자는 없으며, 나아가 신뢰할 수 있는 '타자는 존재하지 않는다'l'Autre n'existe pas'라고 생각할 수밖에 없기 때문이다(E826).*

이러한 시대에 레이시즘이나 극우 언설은 '상징계의 평면적인 사용'이라고 부를 수 있을 수법을 이용한다. 그들은 상상계에서 향락을 동원하는 한편 상징계에서는 괄호 친 '지성'을 이용하는 것이다. 이 점이 그들의 주장에 일견 '지성적'인 외관을 부여하여 사태를 제대로 볼 수 없게 만든다. 예를 들어 소위 말하는 '혐한, 혐중' 발언들이 내포한 차별성이 비판받을 때, 매번 '자신은 데이터나 사실에 의거하여 한국이나 중국을 분석했다'라고 말하면서 이를 '혐한, 혐중'이라고 말하는 것은 잘못되었다고 반론한다. 그러나 이 언설이 *사실을 말했다*는 점과 이것이 부당한 인종차별을 선동하고 있다는 점은 엄연히 양립될 수 있다. 왜냐하면 이 '사실'이라는 것이 민족적 편견으로 인해 왜곡될 가능성이 있으며, 더욱이 이러한 '사실'은 다양한 구조적 차별에서 생겼을 가능성이 높기 때문이다. 신오쿠보의 헤이트 스피치 데모에서 "*사실*의 지적을 차별로 바꾸지 말라"고 쓴 플래카드를 흔드는 배외주의자의 모습도 여기에 중첩된다고 할 수 있을 것이다. 그들은 재일 외국인

---

* 한국어판은 『에크리』, 975쪽. —옮긴이

에 대하여 지방자치단체 주도로 시행된 적극적 우대 조치affirmative action라는 *예외적인* 사례를 재일 특권이 존재한다는 *보편적인* 사실로 선전하면서 레이시즘을 선동하고 있다. 정치가 역시 이와 같은 수법을 끊임없이 이용하고 있다. 예를 들어 어떤 국제문제가 발생했을 때, 이 문제를 근본적으로 재검토하지 않고 '조약'이나 '문서'에 그처럼 쓰여 있기에 그렇게 한다라는 논리*만*을 구사하며 대처한다. 이렇듯 레이시즘에서 향락의 병리는 '법은 법이다', '사실은 사실이다'고 말하는 평면적인 상징적 논리를 개입시켜서 전개되고 있다.

레이시즘의 주장에서만 이와 같은 현상이 관찰되는 것은 아니다. 2014년 커다란 화제가 된 STAPStimulus-Triggered Acquisition of Pluripotency, 자극야기성다기능세포 조작 문제에 대해 적지 않은 학자가 SNS 상에서 "있어서는 안 될 연구 부정이다", "*부정은 부정이기에* 엄격하게 처리되어야 한다"며 집요하게 공격했던 모습에서도 역시나 '상징계의 평면적인 사용'에 잠긴 향락의 병리가 관찰된다. 물론 과학 실험에서 조작이나 연구 부정을 옹호하려는 것이 아니다. 그러나 지나칠 정도로 한 명의 연구자를 비난했던 그 인물이 STAP 세포의 연구 부정보다도 더 거대하고 비교할 수 없을 정도로 거액의 예산을 이용하여 조직적으로 이루어진 연구 부정 (예를 들어 Novartis* 사건이나 J-ANDI** 문제)에 대해 눈길을 주지

---

*   스위스 바젤에 있는 국제적인 제약, 바이오테크노롤지 기업. —옮긴이
**   Japanese Alzheimer's Disease Neuroimaging Intiative, 일본 후생노동성과 NEDO가 주도하는 알츠하이머병 연구 프로젝트. —옮긴이

않았다는 점은, STAP 세포의 문제에 대한 맹렬한 비판에 어떤 향락이 침잠되어 있지 않은가라는 생각이 들게 한다. 단적으로 말해 STAP 세포를 둘러싼 그 유명한 대소동은 '부정은 부정이다'라는, 그 자체가 반박 불가능한 논리를 배경으로 하고서 일어난 여성 혐오적 향락의 발로는 아니었을까?

이와 같은 단순한 논리와 여기에 함의된 향락의 병리의 존재는 '명령은 명령'이기 때문에 어떠한 명령이라도 관료주의적으로 따름으로써 거대한 악이 전개된다는 한나 아렌트의 '악의 평범성'을 상기시킨다. 또한 그 평범한 악의 평면적인 논리에도 역시 향락의 요소가 있었다고 볼 수도 있다. 실제로 스타브라카키스는 다음과 같이 지적하고 있다.

> 나치의 죽음의 수용소에서 나온 생명에 관련된 방대한 문헌은 몰살 행위를 비인칭적인 관료 조직처럼 수행한다는 고려가 있었음을 지지하는 것처럼 보이지만, 한편으로 사디즘적인 잔학성이 동시에 존재했었다는 실례도 많이 보인다. 실제로 [『권위에 대한 복종Obedience to Authority』으로 알려진 스탠리] 밀그램Stanley Milgram의 전기 집필자는 악의가 아니라 무엇보다 의무에 기반하고 있는 냉정한 복종에 초점을 맞춤으로써 이 점이 사실임을 인정하고 있다(Stavrakakis, 2007, pp. 186-7).

현대의 레이시즘이나 극우 언설 주위에는 관료주의적으로 아무런 생각 없이 담담하게 규칙을 따르는 감정 없는 로봇처럼 보이는 아이히만적인 인물을 여기저기서 볼 수 있는데, 이들은 실제로 '담담하게 규칙에 따르다'는 점을 통해서 커다란 향락을 취하고 있다(다만 우리가 보기에 그들은 감추어져야만 하는 향락을 자신의 발언 여기저기에서 누출하고 있다).

3. 집단적 동일시에서의 향락의 동원

레이시즘이나 극우 언설이 향락을 동원하기 위해서 이용하는 하나의 전략으로서 적대성에 기반한 동일시를 거론할 수 있다. 무페는 이러한 동일시 전략을 명쾌하게 설명하고 있다.

새로운 대중영합주의자populist는 정치가 언제나 '우리[=친구]' 대 '그들[=적]'의 창출에 있다는 점, 집합적 정체성의 창출을 요구한다는 것을 잘 인식하고 있다. 그러하기에 동일시를 위한 집합적 형식을 '인민'을 핵으로 하여 만들어 내는 그들의 주장이 강력한 매력을 내뿜는 것이다(Mouffe, 2005).

이런 식의 동일시 전략의 실제 사례를 열거하자면 끝이 없을 것이다. 예를 들어 전前 오사카 시장 하시모토 도오루는 관료나 노동조합을 위시한 기존의 체제를 확실한 '적'으로 삼아 공격함으로써 대중의 동일시를 얻은 정치가였다. 또한 그 역시도 자신의 정책을 비판하는 이들을 '적'으로 삼아 종종 "선거에서 민의를 위탁받은 내가 바로 민의다", "불만이 있다면 자신이 정치가가 되라" 같은 주장을 했다. 이러한 주장에도 '(선거에 나타난) 민의는 민의다'라는 예의 공허한 동어반복이 발견된다. 여기에는 선거에 의해 대표되지 않은 민의를 어떻게 정책에 반영시킬 것인가라는 민주주의의 근본적 과제를 수용하려는 태도는 찾아볼 수 없다. 결국 그는 시민 전체의 대표라는 점을 포기하고 자신의 지지자(=친구)들만의 대표로서의 자세를 보여 줌으로써 대중의 동일시를 모으고 있다.

이처럼 자신의 정책에 찬동하지 않는 다종다양한 사람들에게 딱지를 붙이고 그들 반대자의 의견을 들으려고(하는 체라도) 하지 않을 뿐더러 '적'인 반대자에게 공격적인 발언을 반복함으로써 대중의 지지를 얻는 정치가의 모습은 오늘날 일본 정권의 중추나 미국의 도널드 트럼프에게서 명백하게 발견할 수 있다. 우리들은 어느새 이러한 현상에 익숙해지고 있는 것일지도 모른다. 오바마는 선거전에서 싸웠던 '적'인 롬니에게 "앞으로 수 주간 동안 롬니 지사와 함께 우리나라를 전진시키기 위해서 어떻게 협력할 것인지를 진지하게 이야기할 수 있기를 기대한다"고 말했다.

분명 '타자의 부재'의 시대에 '아버지의 이름'의 위치에 선 인물은 정도의 차이는 있어도 가공적fictional인 것으로 기능할 수밖에 없을 것이다. 이 점은 의심할 수 없다. 또한 현대에 정치적인 동일시를 획득하기 위해서는 '적'을 만들어 내고 적대성에 기초한 동일시를 시도하는 일이 적지 않게 필요할 것이다. 하지만 하시모토나 트럼프처럼 적대성을 무제한적으로 끌어올려 타자성이 마치 없는 것처럼 보이게 하거나 타자의 요구를 공론의 장에서 다루려고조차 하지 않는 입장은 가공적인 아버지로서도 충분하지 못하다고밖에 할 수 없다. 이와 같은 아버지 *닮은 것*은, 오늘날 모든 나라의 의회가 서서히 그렇게 되어 가고 있듯이 민주주의적인 의회 제도를 조만간에 파괴시킬 것으로 보인다. 밀레(2008)는, 라캉의 이론이 "잃어버린 전통"(예를 들어 공동체를 지배하는 이상적인 지도자로서의 '아버지')을 찾으려는 향수nostalgia에 관여하지 않는다는 점을 강조하면서도 유사물semblant로서의 이상은 어찌 되었든 필요하다고 말한다. 실제로 라캉이 말한 것처럼, "'아버지의 이름'은 그것[='아버지의 이름']을 이용하는 조건, 바로 그것이 없어도 된다는 것이다"(S23, 136). 즉, '아버지'는 유사물이며 인간은 '아버지'를 쫓아낼 수도 있지만, 이는 공동체가 *최저한의 '아버지'의 역할*을 수행하는 인물을 이용하는 조건 아래서만 비로소 가능하다고 라캉은 생각했다.

4. '아버지의 이름'의 질서로부터 '강철의 질서'로

그러나 현실에 대두해 왔던 새로운 지배자들은 유사물로서 아버지의 역할을 수행했던 인물이 아니었다. 실제로 라캉은 이와 같은 시대가 도래할 것임을 예견하고 있었던 듯하다. 즉, '타자의 부재'의 시대에는 아버지 그 자체가 변질되고 가짜fake로서 아버지

닮은 것이 만연할 것임을 1970년대에 이미 예견했다. 라캉은 세미나 21권『속지 않는 자들은 방황한다』의 1974년 3월 19일 강의에서 현대사회에서 '아버지의 이름'은 배제되어 있으며 그 '아버지의 이름'은 "임명하다nommer-à"라는 기능으로 모습을 바꾸어 강철과 같이 냉혹한 규범으로 사회에 나타날 것이라는 가설을 제시하고 있다.

여기서 사회적인 것이 매듭의 보급을 손에 넣고, 그것이 문자 그대로 수많은 실존을 엮어 낸다는 점은 참으로 기묘한 일입니다. 결국 이렇게 임명하다nommer-à라는 권력은 어떤 질서ordre를 복원하게 되는데, 그것은 강철fer 같은 질서입니다. 이 흔적은 무엇일까요? 이 흔적은 실재계에서 '아버지의 이름'으로 회귀하는 것을 드러냅니다. '아버지의 이름'이 — 광기folie 그 자체의 원칙이라고 내가 말했던 것으로서 — 분명히 기각verworfen되며 배제forclos되고 거절rejeté된다는 조건 하에서 회귀하는 것입니다. 이러한 임명이 파멸적 퇴폐의 징후가 아니라면 무엇이겠습니까(S21, 158A)?

현대에서 '아버지의 이름'은 과거 그랬던 것과 같은 기능을 수행하지 않는다. 그 결과 '아버지의 이름'은 '임명'의 기능을 갖는 "강철 같은 질서ordre de fer"로 회귀하고, 그것이 사회질서를 만들게 된다. 이는 공동체를 지배하는 이상적인 아버지가 단순하게 부활한다는 이야기가 아니다. 설령 이렇게 아버지가 회귀한다 할지라도 이는 또 다른 파멸을 가져다줄 뿐이다. 즉, "신이 이제부터 힘을 되찾아서 외-재ex-sister하게 될지라도, 이는 신이 초래했던 불행한 과거의 재출현再来 이상을 예고해 주지 않는다"(AE534)라고 했다.

그렇다면 현대사회에 질서를 부여하는 '강철의 질서'란 도대체 무엇일까? 이를 이해하려면 먼저 '아버지의 이름'의 기능을 확인해야 한다. 본래 '아버지의 이름'의 기능이란 "욕망을 법과 결부시키는"(E824)것이었다.* 즉, 막 태어난 아이는 엄마의 변덕스러운 현전現前과 부재라는 법칙 — 어떤 이유가 있다 한들 엄마가 자신 앞에 나타나거나 사라지는 이유(=법칙)를 전혀 모르는 아이는, 엄마의 현전과 부재를 변덕스러운 법, 난폭한 법으로 파악한다 — 에 의하여 생사가 좌우되는 존재였는데, 바로 이 엄마의 현전과 부재라는 수수께끼로부터 욕망이 발생한다. 또한 '아버지의 이름'은 그러한 엄마의 현전과 부재에 대한 근거가 되며, 욕망을 팔루스로 은유화함으로써 상징 시스템의 안정을 도모하는 기능을 가진다. 다른 한편으로 오늘날과 같이 '아버지의 이름'에 대한 기능이 쇠퇴한 시대에는 '아버지의 이름'보다는 엄마의 욕망이 우위에 있게 된다.

'아버지의 이름'에 대해 엄마의 욕망이 우위라는 점은 사회의 질서를 만드는 원리가 아버지로서 이상을 체현하던 자아 이상(='아버지의 이름')이 아니라 모성적인 초자아로 대체되는 것을 의

---

* 한국어판은 『에크리』, 972쪽. ─ 옮긴이

미한다. 왜냐하면 "의미가 결여된 법ley insensata으로서의 초자아는 '아버지의 이름'에 의해 그 욕망이 은유화되고 나아가 지배되기 이전의 엄마의 욕망에 가깝다. 초자아는 법(칙)을 갖지 않은 변덕스러운 즉흥적인 생각에 가깝기" 때문이다(Miller, 1986a). 나중에 라캉이 이런 의미에서 초자아가 "식탐gourmandise"(AE530)이라는 성격이나 "악마적인 힘force démoniaque"(S24, 66A)을 가지고 있다고 평하고 있듯이, 이러한 초자아는 주체를 섬멸시켜 버릴 정도로까지 명령이나 금지를 반복하며, 어떠한 시점에서도 결코 주체를 승인하지 않는다. 정신분석가 마리 엘렌 브루스(2009)는 이러한 질서의 변화, 즉 '아버지의 이름'의 질서로부터 강철의 질서로의 변화를 오늘날 주인 디스쿠르의 변화로 해석하고 있으며, 이를 아이에게 '그렇지oui'라고 말하는 포섭적 질서로부터 변덕스럽고 난폭한 명령인 '안 돼non' 라고만 하는 배제적 질서로의 변화로 이해하고 있다.

자주 오해를 받지만, '아버지의 이름Nom-du-Père'이라는 말이 '아버지의 *안 돼*Non-du-Père'와 동음이의어라는 속설은 라캉의 생각이 아니다. 브루스 역시 지적하는 것처럼, 라캉에게는 오히려 아버지가 아이에게 '그렇지'라고 말하며 승인을 해주는 존재였으며, 설령 아버지가 '안 돼non'라고 말한다면 이는 아이를 향한 '안 돼'라기보다는 아이를 자신의 체내로 되돌리려는 엄마를 향한 '안 돼'이다. 원래 라캉의 '아버지의 이름'이라는 개념은 가톨릭 미사에서 말하는 "성부와 성자와 성령*의 이름*으로…Au nom du Père et du Fils et du Saint Esprit"라는 문구에 그 기원이 있다는 점으로부터 알 수 있듯이, 수직적인 힘에 지탱되는 대문자의 '법'이며 보편적인 것을 기초하고 주체에게 상징적인 승인을 부여하는 것이었다.

그러나 오늘날 이와 같은 '아버지의 이름'은 기능하지 않는다. 그때 관료주의적으로 '○○을 해서는 안 된다'는 '안 돼'나 '이유야 어찌 되었건, 내가 이렇게 말하고 있으니까 그렇게 해야 한다'는 명령을 나열하는 일종의 소문자의 법이 보편적인 것을 기초하는 대문자의 '법'을 대신하여 나타난다. 미국에서 시작된 일련의 불관용-zero-tolerance 정책과 같이, 사소한 경범죄조차 용서하지 않으며 모든 악의 싹을 그 장소에서 꺾어 버리는 것을 올바름이라고 하는 작금의 풍조는 이와 같은 소문자 법의 대표적인 예이다. 이와 같은 법(률)은 대문자의 '법'이 실추되어 버린 후 현대로 회귀한 '강철의 질서'라고 할 수 있다. '어떠한 이유가 있을지라도 규칙이기에 안 된다', '나를 곤혹스럽게 하기에 안 된다'는 반박 불가능한 논리가 공공 공간에서 넘쳐나는 것을 그 특징으로 하는 이러한 질서는, 앞에서 확인했던 '법은 법이다(그래서 법을 지켜라)', '(선거로 나타난) 민의는 민의다'라는 타자성을 결여한 공허한 동어반복을 구동시키고 있으며, 바로 그 질서가 여기에서 향락을 얻을 수 있게 해 주는 것이 아닐까?

이 같은 소문자 법의 논리를 오늘날 떠받치는 것은 증거나 정신적 올바름으로써 지탱되는 초자아이다. 브루스는 이와 같은 초자아를 "통계학적 초자아surmoi statistique"라고 부르고 있다.

1974년 [3월 19일]의 강의에서 임명한다nommer-à고 언급했을 때, 라캉은 '아버지의 이름'이 오늘날에는 배제되어 있음을 덧붙이고 있습니다. 그렇다면 배제된 것은 실재계로 회귀한다는 공식에 따라 '아버지의 이름'은 실재계 안으로 재귀하게 되지요. 배제된 '아버지의 이름'은 어떻게 실재계 안으로 재귀할까요? 어떠한 방법으로 재귀할까요? 라캉은 '아버지의 이름'이 사회규범으로서 디스쿠르로 재귀할 것이라는 가설을 표명하고 있습니다. / 이 시니피앙[=숫자, 평균, 비례], 즉 과학의 권력을 요구하는 전제적인 주인이 오늘날 주인으로 작동하고 있습니다. 정규 분포의 중앙이 사회질서입니다. 이것이 오늘날의 '아버지 이름'이지요. 정치적 올바름political correctness, 합의consensus, 존재하는 권리를 정당화할 수 있는 유일한 것에 관한 증거evidence의 보증이 이에 해당합니다. / 이와 같은 사회질서를 라캉은 "강철의 질서ordre de fer"라고 평했습니다. 이 질서는 '아버지의 이름'보다도 모질고 사납습니다. 왜냐하면 강철의 질서는 금지의 사례가 그러했듯이 욕망에 상관하고 있는 것이 아니라, 직접적인 방법으로 향락에 상관하고 있기 때문입니다. 누군가가 여러분에게 '안 돼non'라고 말할 때 욕망이 생길 수 있습니다. 그러나 '안 돼'의 장소에 도래하는 것이 숫자였다고 한다면, 오직 초자아만이 여기에 응답할 수 있습니다. / 나는 이러한 새로운 초자아에 적합한 이름을 부여하려고 했습니다. 이 새로운 초자아의 이름은 자아 이상을 희생시키고 난 후에야 쓸 수 있습니다. 이제는 [새로운 초자아인] '통계학적 초자아surmoi statistique'에 관하여 말할 수 있을 것입니다(Brousse, 2009).

잔인한 논리의 실현을 불문곡직하고 단행하는 통계학적 초자아의 힘은 이제 분명히 모든 영역에서 커져만 가고 있다. 예를 들어 노동에서의 성과주의와 연구에서의 증거주의, 대학 개혁에서 대학의 노골적인 '영리기업'화…… 이러한 일련의 것은 모든 것을 숫자로 판단한 결과가 아니라면 무엇일까? 같은 논리로 인문과학계의 학부는 '채산성이 없는 부문'으로서 버려지거나 방향 전환의 대상으로 간주된 지 오래되었다(인문과학계 학부에 비해 이과계 학부나 의학부는 연구비 액수와 산학 제휴를 통한 수익도 단위 자체가 다르기에 숫자로 판단할 경우 어떠한 결론에 이를지 불을 보듯이 뻔한 일이다). 이러한 시대에 인문과학의 모습에 대한 다음과 같은 라캉의 경고는, 오늘날 다시금 현실성을 가지고 우리의 가슴에 울리고 있다.

인문과학이 제 모습을 찾도록 하는 프로그램은, 제가 볼 때는 선을 향한 봉사, 바꾸어 말하자면 이미 발밑이 흔들거리고 있는 권력을 향한 봉사에 적당한 부차적인 선택지라는 기능만 가지고 있다고 생각합니다. 이는 어떠한 경우인들 분명 폭력이라는 현상을 체계적으로 무시하고 있습니다(S7, 373).

오늘날 우리에게 요청되어야 할 것은, 관료주의적 규칙이 보여 주고 있는 소문자의 '안 돼'의 나열이 아니라 이토록 참담한 현재 상황에 대해 대문자의 '안 돼'를 들이미는 것이다. 그렇다. 라캉이 말하는 것처럼, "정치에서 시니피앙의 역할 — 전 세계가 부끄러워해야 할 합의 형성으로 미끄러져 갈 때 말하는 '안 돼non'라는 시니피앙의 역할 — 은 아직 한 번도 연구되었던 적이 없기"(S5, 457) 때문이다.

제3부 정치

제10장 라캉적 정치를 위하여

1. 부인否認의 주체와 냉소주의cynicism적 환상

　일찍이 슬라보예 지젝(1988)은 이데올로기와 환상의 관계를 명확히 하기 위해 페터 슬로터다이크Peter Sloterdijk가 『냉소적 이성 비판critique of cynical reason』(1987)에서 개진한 이데올로기론에서 출발했다. 간단히 요약해 보자. 이데올로기에 관한 고전적 마르크스주의 이해에서는 예를 들어 '자유'라는 이념을 추종하는 것이 결과적으로 자유의 박탈을 낳았듯이('자유'을 위해서 노동력을 팔았던 결과가 빈번히 커다란 빈곤으로 이어지는 것을 상기해 보자) 이데올로기는 '알지 못하는 사이에 행해 버리는' 형식으로 기능한다고 생각했다. 그렇다면 계몽에 의해 이러한 이데올로기로부터 벗어날 수 있을지도 모른다. '잘 알고만 있다면 그것을 하지 않을 수 있다'는 것이다. 그러나 슬로터다이크에 따르면, 새로운 이데올로기는 오히려 계몽의 결과로서 '계몽된 허위의식enlightened false consciousness'으로 출현한다고 말한다. 이러한 새로운 이데올로기는 '잘 알고 있음'에도 불구하고 마치 '모르는 것처럼 행동한다'는 형식으로 기능한다고 말한다.

예를 들어, 오늘날의 학생들은 대개 졸업 일괄 채용 제도로 대표되는 현재의 '구직 활동'이 보통을 넘어설 정도로 불평등과 심리적인 압박을 가져오는 최악의 시스템임을 잘 알고 있다. 그러나 이러한 점을 잘 알고 있음에도 불구하고, "세상사가 다 그런 거"라는 냉소적인 태도를 취함으로써 그런 지식知을 방관하면서 마치 그러한 것을 알지 못하는 것처럼 행동해 버린다. 그 결과 '구직 활동'을 근본적으로 의문시하지 않는 것이 계속된다. 사람들은 이것이 최악이라는 것을 알면서도 그것에 종속되어 버린다. 그런 식으로 냉소주의cynicism는 이데올로기를 온전하게 보존해 버린다.

지젝(2008)은 이와 같은 새로운 이데올로기가 정신분석가 옥타브 마노니Octave Mannoni(1969)가 '부인否認'을 논하며 사용한 "나는 잘 알고 있다. 하지만 그럼에도 불구하고…… Je sais bien, mais quand même……"라는 정식과 같은 구조를 갖고 있음을 깨달은 최초의 인물이었다. 즉, '나는 엄마가 페니스가 없다는 것을 잘 알고 있다. 하지만 그럼에도 불구하고 나는 엄마가 페니스를 가지고 있다고 믿는 것처럼 행동한다'는 물신숭배자fetishist의 모습, 즉 프로이트가 '부인Verleugnung'이라고 불렀던 것과 동일한 메커니즘이 이데올로기에서 작동하고 있다고 그는 생각했다. 그렇다면 아이가 엄마의 신체에서 페니스의 부재라는 참아 내기 힘든 광경 = 외상적 구멍을 보지 않고 해소시키려면 어떤 덮개(예를 들면, 페니스의 부재를 덮어 버리는 것으로서의 '속옷')가 필요한 것과 마찬가지로, 이데올로기에서도 그 이데올로기가 결코 보려고 하지 않는 외상적 구멍이 존재하고, 이데올로기는 그 구멍을 가리기 위해서 어떤 물신fetish이 되는 대상을 이용하게 된다. 여기서 도입되는 덮개가 대상 α이며, 그 결과로 만들어진 주체와 대상의 구조($ ◇ α)가 환상이다.

지젝이 사상계에 등장한 지 상당한 시간이 흐른 요즈음은 거의 잊혔다고 생각되지만, '알고 있는 것'과 '행한다는 것'의 분열(자아분열)을 강조하는 라캉=지젝류의 부인론적否認論的인 주체 모델은 정치이론으로서도 분명 탁월한 관점이었다고 해도 좋을 것이다.

예를 들어 루이 알튀세르Louis Althusser와 차이를 생각해 본다면 이 점을 바로 알 수 있다. 알튀세르(1993, 1995)의 이론에서 라캉적인 분열된 주체는 존재하지 않는다. 그에게 주체란 국가의 이데올로기 장치로부터 호명됨으로써 구성되는 복종하는 주체, 그렇지 않으면 경찰 권력을 위시한 억압적인 국가 장치에 의하여 폭력적으로 구속될 수밖에 없는 '악한 주체' 중 하나이다. 한편, 라캉=지젝에게는 이데올로기에 종속되는 주체는 종속되는 것과 동시에 이데올로기의 기만성을 알아보는 존재이기도 하다. 이 분열된 주체는 이데올로기의 기만성을 알고 있다('나만이 눈치채고 있다')는 점을 담보로 하여 자신이 이데올로기의 외부로 *탈출할 수 있다*는 것, 그리고 현행 체제를 *침범할 수 있다*는 것을 공상하면서 *그 때문에* 더욱 더 이데올로기에 종속되는 주체이다. 라캉=지젝적인 주체에서 이데올로기는 외부를 가지지 않는 것이 아니라 오히려 그 내부에 외부를 안전장치로서 포섭한다. 어느 쪽의 주체론이 현대를 논하는 데 유용한지는 불을 보듯 자명하다. 실제로 오늘날의 비참한 정치 상황을 만들어 내는 것은 레이시즘이나 극우 발언을 조종하는 지배자들과 마찬가지로 그들 지배자의 발언에 대해 '그것이 최악이라는 것은 안다. 하지만, 그럼에도 불구하고······' 라는 냉소적인 논리를 끌어들이는 대중大衆 측도 있다. 그렇다고 한다면, 우리들은 이 같은 냉소적 공상을 넘어서기 위한 길을 찾아야 할 것이다.

2. 냉소주의를 횡단하기

『at 플러스』잡지 26호 권두를 장식했던 우에노 지즈코上野千鶴子와 기타다 아키히로北田曉大(2015)의 대담에서 언급되었듯이, 오늘날에는 냉소주의 시대의 종말이 보이고 있다. 확실히 "1970년대 안보투쟁의 패배 이후 정의를 주창하는 사람을 냉소하는 냉소주의가 만연했지만, 2015년 여름에는 그런 정치적 냉소주의를 일소하고 정당한 것을 말해도 되는 새로운 시대가 시작되었다"고 볼 수 있다. 그렇다면 우리들은 어떻게 냉소주의를 극복해 나가고 있을까?

다시 한번 지젝을 인용한다면, 냉소적으로 기능하는 이데올로기를 비판할 때는 그 이데올로기가 선전하는 선동(내지 허위의식)

을 객관적으로 비판하는 것만으로는 불충분하다. 오히려 그 이데 올로기가 덮어서 감추려고 하는 참기 어려운 광경＝외상적인 구 멍, 즉 그 이데올로기가 의거하는 공상에 잠겨 있는 향락의 차원 을 폭로해야 한다.

　예를 들어 유대인 차별에 대해 생각해 보자. 우리는 이른 바 '반유대적 편견'으로부터 자신을 해방하고 있는 그대로 유 대인을 보는 법을 배워야만 한다고 말하는 것만으로는 충분 하지 않다. 그렇게 해서는 반드시 그렇게 하고 싶다는 편견에 희생될 뿐이다. 이데올로기적인 '유대인' 형상에는 우리의 무 의식적 욕망이 반영되어 있다는 것, 즉 우리는 자신의 욕망이 막다른 골목에 다다른 것을 타개하기 위해서 이러한 상을 만 들었다는 것을 직시해야 한다. (…) 따라서 우리는 유대인 차 별에 관해 '유대인은 사실 그렇지 않다'라고 답변하는 것이 아니라 '유대인에 대한 편견은 실제의 유대인과는 아무런 관 계도 없다. 이데올로기적인 유대인 형상은 우리 자신의 이데 올로기의 형태가 터진 곳을 기워 내기 위한 것이다'라고 답변 해야만 한다(Žižek, 1989, pp.48-9).

전후 70년이 지난 지금 우리들이 냉소주의를 극복하고 있다면, 이는 이 나라의 많은 시민이 이제까지 보려고 하지 않았던 외상적 구멍, 가능하면 보지 않고 끝내려고 했던 현실이 차차 누가 보더 라도 명확하게 드러나고 있으며 이제는 더 이상 부인하기 곤란하게 되었기 때문이다. 예를 들어, 2013년 독서계의 화제가 되었던 시라이 사토시의 『영속 패전론 — 전후 일본의 핵심』(2013)은 '패전'을 '종전'이라고 바꾸어 말하면서, 패전이라는 트라우마적 사건을 직시하지 않고 해소하려고 했던 전후 일본의 부인 전략을 깊이 파헤쳤다는 점으로 인해 대단한 반향을 일으켰던 것이 아닐까.

오늘날에는 부인 전략이 파탄에 이름으로써 냉소주의가 극복되었다고 말한다. 그 시초가 되었던 것은 2011년 3월 11일 동일본 대지진과 이에 이어진 원전 사고였다. 앞서 언급한 대담에서 우에노는 체르노빌 사고가 일어났을 때 "기술 수준이 낮고 관리가 허술한 소련이니까 사고가 일어날 수 있었을 것이다"라며 '모멸감'을 가지게 되었다고 적나라하게 고백하고 있다. 마찬가지로 체르노빌 사고에 가슴 아파했던 사람들 대부분도 어디선가 이런 사고를 차별적 관점에서 향락했으며 지배층이 선전하는 안전 신화에 부지불식간에 종속되어 버렸던 것이 아닐까.

'3.11' 사건은 다름 아니라 이러한 향락이 '안전 신화'라는 환상을 지탱하고 있었음을 폭로해 버렸다. 그 결과 이제는 그 환상은 터진 곳을 꼬맬 수 없게 되었다. 또한 더 이상 냉소주의를 지탱할 수 없게 된 주체들은 환상이 터져 나간 곳으로부터 끝없이 흘러넘쳤고, 사상 최고인 20만 명이나 동원된 2013년 7월 탈원전 데모의 광경을 만들어 냈다.

2013년경부터 고조되었던 반레이시즘 항의 데모 역시 이러한 문맥에 자리매김할 수 있다. 재특회를 위시한 소위 '행동하는 보수' 운동이 주도했던 헤이트 스피치 데모는 이 나라가 전쟁 전戰前

부터 유지해 왔던 식민지주의와 배외주의라는 어두운 부분을 다시 한 번 도드라지게 했다. 그 결과 헤이트 스피치 데모가 이루어지는 거리에서 인종차별에 반대하는 시민들이 어디서부터인가 나타나 신속하게 차별주의자를 포위하게 되었다. 이러한 '항의'로 인해 헤이트 스피치가 무효화되어 버렸다는 것의 의의는 아무리 강조해도 지나치지 않다. 그러나 다른 한편에서는 — 여기가 중요한 점인데 — 헤이트 스피치에 대항하여 항의하는 측 시민에게 "언어가 지나치게 공격적이다", "반차별을 표방하는 측도 차별적이다"라는 비난이 일부로부터 쇄도했다는 점이다. 그들의 비난 속에는 트집이라고밖에 평할 수 없는 것들도 많이 있지만, 그러한 비난 속에도 일말의 진리가 포함되어 있음은 항의하는 측 시민들이 노상에서 피부로 느끼지 않았을까. 적어도 필자는 그렇게 느꼈었다. 도로에서 레이시즘과 대치했을 때 우리는 우리가 비판하는 상대 안에서, 우리 자신의 깊은 곳에 있는 가장 보고 싶지 않았던 부분을 발견했다고 생각한다. 그때 레이시즘에 대하여 차별에 가까운 발언으로 대치할 수밖에 없었던 것은 우리의 내부에 있는 레이시즘을 향한 꺼림칙함이 아니었을까. 그렇다고 한다면, 그때의 우리들은 레이시즘을 단죄함과 동시에 자신 안에 있는 레이시즘을 단죄하고 있었던 것이다. 적어도 필자에게 이 시대에 새삼스레 반레이시즘의 입장에 서서 거리에서 말 그대로 몸으로 인종차별주의자와 대치한다는 것은, 그때까지 다수파로 있었던 자신에게 날카로운 질문을 들이대는 고통스러운 체험이기도 했으며, 자신이 이 구조로부터 지금까지 무엇을 향수=향락해 왔는지를 다시 바라보는 기회가 되었다. 이 점을 모두에게 적용한다고 한다면, 항의에 참가 했던 주체는 '분열된 주체'로서라기보다는 오히려 '분열이 드러난 주체'로서 길에 서 있었다고 할 수 있을 것이다. 그 때문에 우리는 냉소주의를 더 이상 유지할 수 없게 되었던 것이 아닐까.

냉소주의가 극복되었다는 통로의 하나는, 우리의 눈앞에 있는 닥친 '현실'을 채우고 있는 환상의 구조가 드러나 그 안에 잠겨 있던 향락이 폭로되었다는 점에 있다. 2011–12년의 반원전 운동과 2013-14년 헤이트 스피치 데모에 대한 항의 행동 등과 같은 새로운 노상의 운동이 2015년 안보 법안 반대 데모로 발전하고 반원전과 C.R.A.C*, SEALDs** 라는 연쇄를 낳은 이유는, 사람들 사이의 느슨한 연결 이상으로 그러한 운동이 냉소주의를 극복하기 위한 통로를 공유하고 있었기 때문은 아닐까. 이러한 연쇄에는, 그 외에도 오키나와 기지 문제나 파견노동, 최저임금을 둘러싼 문제 등 다양한 현안이 있었다(실제로 수상 관저 앞이나 국회 앞으로 발길을 옮겼던 사람이라면 누구라도 알고 있듯이, 그들 현장은 단지 하나의 현안single issue만이 문제가 된 것이 아니라 노상을 걸으며 다양한 현안과 마주치며 알게 되고 토론할 수 있었던 유례없는 정치 공간이었다). 그러한 현안들 모두 전후에 유지되었던 국체의 향락을, 또한 우리들 자신이 즐겼던 정치적 향락을 날 것 그대로 보여

---

* 대레이시스트 행동 집단Counter-Racist Action Collective. — 옮긴이
** 자유와 민주주의를 위한 학생긴급운동Students Emergency Action for Liberal Democracy-s. — 옮긴이

주는 것이었기에 냉소주의를 극복하기 위한 하나의 통로가 될 수 있었다.

2015년 8월 30일 안보 법안에 반대하는 국회 앞의 데모, 이른바 '8.30'은 명실상부하게 이러한 운동의 최고점이었다. 데모 당일 개관 전의 헌정기념관 구내에서 노마 야스미치野間易通를 위시한 C.R.A.C 관련자들은 많은 수의 검은색과 백색 풍선을 불고 있었다. 이것을 보고 있던 필자는 갑자기 '불길한 색이구나'라고 느꼈다. 이윽고 항의가 시작되고 법안에 반대하는 시민 무리가 철책을 가볍게 뛰어넘어 도로 쪽으로 밀어닥치며 일종의 축제 상태를 연출했다. 그때 바로 국회 정면의 최전선에 있던 필자가 뒤를 돌아보았을 때, 좀 전에 목격했던 불길한 풍선이 '아베는 사퇴하라'라고 쓰인 상장喪章을 띄우고 맨 앞쪽으로 천천히 행진하는 광경이 눈에 들어왔다. 또한 아베 정권에 사망을 선고하는 이 상장 주변으로 '헌법 9조를 수호하라'라는 플래카드가 섞여 있고, '탈원전'과 '반차별', '헤노코辺野古 신기지 건설 반대' 등을 주장하는 플래카드가 자연스럽게 공존하는 것에 필자는 눈을 빼앗겼다. 그렇다, '8.30'은 그때까지의 다양한 현안이 '아베는 사퇴하라'라는 상장을 중심으로 하나가 되는 순간을 만들어 내었다. 다양한 정치적 요구로부터 생겨난 개별적 시니피앙이 정치적 정체성으로서의 서로의 차이를 강조하는 것이 아니라, 오히려 등가성의 연쇄를 통해서 연결되고 '아베는 사퇴하라'라는 하나의 시니피앙으로 결합해 가는 과정이 거기에 응축되어 있었다. 그러한 의미에서 '아베는 사퇴하라'라는 시니피앙은 일개 정치가를 사퇴시켜야만 한다는 단순한 요구가 아니라, 그가 상징하는 정치에서의 '아베적인 것'의 폐기와 이를 대신하는 정치적 대안alternative을 바라는 요구 *전체*가 귀착되는 잠재성 그 자체로서의 시니피앙, 즉 의미 작용이라는 전체가 귀착하는 공허한 시니피앙*이 되었던 것이다.

3. 대문자의 '부정'에서 긍정성으로

그러나 '8.30' 이후 이러한 운동은 아직 그 명맥을 유지하고는 있지만 서서히 퇴조하고 있는 것처럼 보인다. 또한 전후 70년의 아베 담화나 2015년 말 일본군 위안부 문제에 관한 갑작스러운 '한일 합의', 2016년 시행된 '헤이트 스피치 해소법' 등에서 볼 수 있었던 것처럼, 아베 정권은 본래의 극우 노선을 신중하게 억제하면서 외면적으로는(세부적으로 다루지는 않겠지만) '리버럴'해 보이지 않는 것도 아닌 정책을 전면에 내세우고 있다. 이와 같은 방침 전환이 한미일 군사동맹을 미국 주도하에 강화하고 군산복합체의 이익을 최대화한다는 목적을 가지고 있음은 지적할 필요도 없겠지만, '8.30'에 모인 반레이시즘, 반안보를 주창한 시민들 사

---

* 여기서 말하는 '공허한 시니피앙empty signifier'이란 물론 뒤에서 언급하게 될 에르네스토 라클라우가 사용하는 술어이다. 라클라우(1996)는 예를 들어 복수의 소수집단이 개별적인 주장을 하는 가운데, 그러한 여러 집단들이 등가성의 논리로 연결될 때 필요해지는 등가성의 연쇄 전체를 가리키는(때문에 개별적인 내용은 등가성 안에 있는 어떤 개별적인 것에 의해 메워질 필요가 있다) 공허한 시니피앙이 필요하다고 말하고 있다.

이에서 점차 '리버럴'한 아베 정권 측에 합류하는 층이 나타나지 않을까라는 점은 더욱 염려스럽다. SEALDs의 'LD'의 두 글자가 '리버럴 데모크라시Liberal Democracy'를 의미한다는 점이 상징하듯이 '3.11' 이후의 거리 운동에서 좌파가 리버럴 전선에서의 후퇴전을 강제당한 측면도 있었지만, 이후에도 분명히 이 점을 파고드는 분단이 일어날 가능성이 있다.

그렇다면 어떻게 해야 할까. 일찍이 라캉은 "전 세계가 부끄러워해야 할 합의 형성으로 미끄러져 갈 때 말하는 '안 돼non'라는 시니피앙"(S5, 457)의 의의에 대해서 다룬 적이 있다. 분명 '8.30'에서의 '아베는 사퇴하라'는 여기서 라캉이 말한 대문자의 '부정'의 시니피앙에 해당할 것이다. 이 시니피앙에서는 도래할 미래의 다양한 전망Vision이 태동하고 있다. 그러나 이 시니피앙은 저 '사퇴하라'라는 부정성의 측면만이 강조되어서는 안정된 정치적 정체성을 지속적으로 유지시켜 주지는 않을 것이다. '라캉 좌파'를 표방하는 야니스 스타브라카키스(2007)가 입이 닳도록 주장하고 있듯이 헤게모니를 장악하기 위해서는 대문자의 '부정'을 발단으로 하여 어떠한 긍정적=실정적positive인 이름이 부여되어야 한다.

이를 위해서는 운동이 '대안alternative은 가능하다'라는 확신을 시민들에게 심어 줄 수 있도록 변화해 나갈 필요가 있다. 이 점에 대하여 참고가 될 수 있는 것이 최근 브래디 미카코Brady Mikako(2016)가 적극적으로 소개하는 영국의 상황이다. 영국에서는 제로시간 계약(고용계약이 있기는 하지만 노동시간은 확정되어 있지 않고 고용주가 필요로 할 때만 노동을 한다는 특수한 노동 계약)이 확산된 결과, 고용주에게 유리하여 최저 생활을 위한 임금도 보장되지 않은 빈곤층이 늘어간다고 한다(요컨대, 궁극의 '인간 간판看板 방식'*의 실현이다). 더욱이 사회 정화Social cleansing나 사회적 아파르트헤이트Social Apartheid**에 의해 상류층과 하류층이 서로 분단되고, 후자가 '괴물화monster' 되어 버리는 것이 상시적인 상태가 되고 있다고 한다. 이처럼 그로테스크한 격차의 확대에 대하여 '안 돼'라고 말하며, 그 '부정'의 힘에 변혁을 위한 강력한 긍정적＝실정적인 말을 부여한 이가 영국 노동당 당대표인 제레미 코르빈Jeremy Corbyn이었다. 그는 당대표 취임 연설에서 "빈곤은 피할 수 없는 것이 아니다. 사회는 바뀔 수 있다"라고 주장하며 명확하게 자신의 전망을 제시했다. 거품 후보라고 생각되었던 코르빈이 노동당 당수의 지위를 차지할 수 있었던 것은 불만을 품었던(그 대다수가 비정규직) 고용자들에게 대안적인 정치가 있다는 점을 알리고 학생들이 여기에 연계한 결과였다고 한다(그 후 코르빈이 이끄는 영국 노동당은 2017년 선거에서도 대약진했다). 영국만 그러한 것이 아니다. 잘 알려져 있듯이 그리스에서는 긴축정책에 대하여 명확한 '안 돼'를 말했던 시리자(급진좌파연합)가 제1당이 되고 스페인에서도 마찬가지로 좌파 정당인 포데모스Podemos가 많은 지지를 받았다. 이와 같은 움직임에서 특징적인 것은 명확한

---

* 도요타 자동차의 생산 시스템에서 필요한 물량만 수급하며 재고를 갖지 않는 계획.—옮긴이

** 격차가 아이들의 발달에 차이를 만들고, 그에 더하여 유복한 아이와 가난한 아이가 분리되어 서로 접촉하지 않고 살아가는 상태.—옮긴이

'좌파'의 입장에서 대안을 제시하려고 노력하는 정당이 약진했다는 점, 또한 'Podemos'라는 명칭이 '할 수 있다We can'를 의미하듯이 — 이 명칭 안에 'demos', 즉 '민중'이 숨겨져 있다는 점도 우연이라 볼 수 없다 — 현재 상황에 '안 돼'라고 할 수 있는 것은 동시에 긍정적인 메시지로서 발신될 수 있다는 점이다.

유럽 각지에서 생기고 있는 좌파적인 대안으로의 열렬한 지지로부터 알 수 있는 것은, 여기서 제시된 대안이 인간을 향락의 수준에서 동원하는 '즐거움'이어야 한다는 것이 아닐까. 반대로 일본의 현재 상황을 본다면 '8.30'은 분명 안보 법안이라는 정치적 현안에 대해 신중하게 대처해야만 한다는 점에서 긴박했고, 이제는 더 이상 냉소주의를 지탱하는 환상이 유지될 수 없게 되었다는 점에서 일종의 괴로움을 가져오기도 했었지만, 그것을 넘어서, 예를 들어 그때까지의 길거리 운동의 유산을 계승하는 강한 목표goal를 향하여 10만 명이 넘는 군중이 모여 대안을 향해 고무되었던 '즐거운' 공간이기도 했다. 이처럼 체제에 대해 각인된 대문자의 '부정'의 시니피앙은, 실제로는 부정성만을 가지고 있는 것이 아니라 향락할 수 있는 요소를 내포하고 있다는 점을 강조하고, 그러한 향락에 새로운 이름을 부여하고 인식할 수 있는 것으로 만들어 갈 필요가 있다.

4. 라캉과 정치이론

대문자의 '부정'이라는 부정성으로부터 긍정성으로의 이행. 이와 같은 논의에서 중점의 이행은 분명 현대의 라캉 좌파(라캉을 원용하는 정치이론)가 모색해 왔던 길이기도 하다.

에르네스토 라클라우와 샹탈 무페는 1985년 출간한 공저 『헤게모니와 사회주의 전략Hegemony and Socialist Strategy』에서 과거의 마르크스주의가 가지고 있었던 계급 환원주의를 탈색시킨 '포스트 마르크스주의'를 제창했다. '급진적인 민주주의radical democracy'*라는 정치적 선언에 합류했던 그들의 이론은 오늘날 민주주의의 근본적 조건을 고찰하려는 사람들에게 아주 중요한 참고축이 되고 있다.

그렇다면 라클라우와 무페가 말하는 급진적 민주주의의 기본적 구상이란 어떠한 것일까. 그들의 급진적 민주주의의 중심 과제는 "불평등에 대한 싸움과 복종 관계에의 도전을 위한 집단적 행동을 출현시키기 위한 담론적 조건"을 명확히 하는 것이다(Laclau & Mouffe, 2001, p. 153). 즉, 그들은 우리가 불평등한 상황에 그저 복종할 뿐인 상태로부터 벗어나기 위해서 운동을 하고, 나아가 복수의 사회운동과 연대하며 대문자 '민주주의'가 실현되게 하려면 어떠한 조건이 필요한 것인가를 이론화하려 했다. 이를 위해서 그들은 '고정점point de capiton'(혹은 결절점結節点, nodal point)이라는 라

---

* 시민이 직접 정치에 대해 발언을 하는 참가형 민주주의. — 옮긴이

캉의 오래된 개념을 가져왔다.

어떠한 담론이라도 담론성의 장을 지배하고 차이의 흐름을 멈추게 하여 중심을 구축하려는 시도로서 구성된다. 이러한 부분적인 고정화의 특권적인 담론적 지점을 우리는 고정점이라고 부르고자 한다(이미 라캉은 이러한 부분적 조정화를 누빔점이라는 그의 개념에 따라 주장했지만, 이것은 즉 시니피앙 연쇄의 의미를 고정화하는 특권적인 시니피앙을 말한다. 시니피앙 연쇄의 생산성을 향한 이러한 제한화야말로 단정을 가능케 하는 여러 위치를 확립한다—어떠한 의미의 고정성도 낳을 수 없는 담론은 정신병자의 담론이다).(Laclau&Mouffe, 2001, p. 112)

라캉은 언어의 질서(상징계)가 어떤 특권적인 시니피앙을 통해서 꿰매어지고, 이 시니피앙(='아버지의 이름')에 의해 다른 모든 시니피앙이 시니피에와의 관계 속에서 안정화된다고 생각했다(S3, 304). 라캉은 만약 이와 같은 특권적인 시니피앙에 의하여 언어의 질서가 이루어지지 않았다고 한다면 모든 시니피앙들은 고립되고 흩어져서 머릿속에서 여러 의미 불명의 시니피앙이 소리치는 정신 자동증이 생기고 말았을 것이라고 보았다. 라클라우와 무페는 이러한 라캉의 도식을 민주주의로 전용했다. 즉, 대문자 '민주주의'는 복수의 사회운동과 연쇄를 형성하고 어떤 하나의 특권적인 시니피앙 — 고정점 — 에 의해 꿰매어quilting짐으로써 실현된다.

　실제로 지젝의 글을 반복하자면, 과거의 마르크스주의 운동에서는 '계급투쟁'이 고정점으로 기능했고 그 외 모든 운동의 중심점이 되었다고 할 수 있다. 즉, '계급투쟁'이라는 시니피앙에 의하여 통제된 경우, 민주주의는 "착취의 합법적인 형태로서의 '부르주아적, 형식적 민주주의'와 다른 이른바 '진짜 민주주의'"가 되고, 페미니즘은 '계급에 조건 지워진 분업의 결과로서 여성의 착취'에 대한 저항이 되며, 생태운동Ecology은 '이익을 추구하는 자본주의적 생산의 논리적인 귀결로서 자연 자원의 파괴'에 대한 저항이 되고, 평화운동은 '평화 최대 위협은 모험주의적인 제국주의'라고 간주하는 것이 된다(Žižek, 1989, p. 87). 결국 무엇이 고정점이 되는가에 따라 우리들의 정치를 결정하는 담론 공간은 그 외양이 완전히 변할 수 있다. 또한 그러한 고정점으로 꿰매어진 운동은 대단히 큰 영향력을 발휘할 수 있다. 그렇다면 우리는 저 '8.30'의 광경에서 다양한 개별적인 요구가 하나의 시니피앙을 향하여 결합했듯이 억압에 저항하는 다양한 운동을 연쇄시켜서 거기에 고정점이 될 새로운 민주주의의 시니피앙을 발명해야 한다.

　다만 자주 비판받아 왔듯이 라클라우와 무페의 논의가 가져오는 문제점은 그 형식성에 있다. 그들의 주장에 따르면 어떠한 시니피앙이라도 모든 사회적 요구를 묶어 낼 수 있는 특권적 시니피앙(고정점)이 될 수 있다. 그렇다고 한다면 그 특권적인 시니피앙의 발명으로써 가능해지는 '민주주의'가 반드시 '민주주의'적인 것이라고 할 수는 없다.* 실제로 후세 사토시布施哲는 그들의 이론에서 그러한 위험성을 읽어 내고 있다.

　실존하는 인물의 카리스마를 통해 '주인'의 자리가 침탈되어 버리는 나폴레옹주의Bonapartisme는 (…) 라클라우의 정치적 원초적 장면Urszene이나 다름없다. 오히려 '민주주의'가 아니라 '보나파르트'가 시니피앙의 연쇄를 꿰어 버릴 가능성이 훨씬 높다고 느끼는 사람도 적지 않을 것이다. / 그러나, 가령 한 사람의 쁘띠 보나파르트가 대중영합주의populism 운동을 전개하기 시작하게 된다면, 이것은 그 자체가 잠재적인 '인민의=민주주의적 요구'가 특별한 방식으로 현재화顯在化하려는 징조이다. (…) 그[라클라우-]가 제창하는 '급진적 민주주의'라는 것은 (…) 민주주의의 조건을 근원적인 차원에서 재인식하려는 것이라고 보는 편이 나을 것이다(布施, 2012).

　라클라우나 무페가 주창하는 급진적 민주주의는 나폴레옹주의로 귀결될 수 있다. 즉, 그들이 의거하는 고정점에 의해 꿰매어진다는 논의는, 어떠한 시니피앙이 고정점이 될 것인지는 상관없이 완전히 우발적인 것이라는 점에서 상대주의적인 생각으로 전락

---

* 이와 같은 생각은 라캉이라도 지지했을 것이다. 세미나 17권 『정신분석의 이면』에서 라캉은 "주인 심급은 어떠한 시니피앙에서라도 주인 시니피앙을 생산할 수 있다"(S17, 144)고 주장하며, 이전이었다면 정관사가 붙은 '아버지의 이름le Nom-du-Père'이 붙어 있었을 고정점으로서의 기능을 임의의 시니피앙이 떠맡을 수 있다고 수정하고 있다(S17, 101). 이와 같은 변화는 '아버지의 이름'으로부터 '복수형의 아버지의 이름les Noms-du-Père'으로의 이행을 반영하고 있다.

할 가능성도 있다.

이와 같은 생각은 대체로 1960년대 라캉의 구상과도 일치한다고 볼 수 있다. 이미 1장에서 소개했듯이 1958-59년 세미나 6권인『욕망과 그 해석』에서 그는 "타자의 타자[='아버지의 이름']는 있다"라는 입장에서 "타자의 타자는 없다"라는 입장으로 전향했다. 바꿔 말해 어떠한 주체, 또한 어떠한 사회에도 고정점(='아버지의 이름')은 실제로 존재하지 않는다. 설령 어떤 주체나 사회가 실제로 그러한 특권적인 시니피앙에 의해 통제된다고 할지라도, 그것은 단순하게 우발적인 것에 불과하고 그 체제는 언제나 변화할 수 있는 가능성을 가지고 있다. 때문에 현재 존재하는 사회적 유대는 "그 근거부터 사기詐欺"이며 아무것도 정통적이지 않게 된다―이와 같은 의미에서 '상대주의'적인 태도를 라캉은 "아이러니ironie"라고 부르고 있다(Miller, 1993a).

그러나 라캉을 원용하는 정치이론의 이론적 경로는 단순히 그러한 상대주의적인 결론으로 끝나지 않는다. 올리버 마처트Oliver Marchart(2007)와 야마모토 케이山本圭(2016)는 라캉 이론을 원용하는 라클라우와 무페 등을 '상대주의'로 간주하는 비판에 대해 그들을 '포스트 토대주의post-foundationalism'라고 부르며 응답하고 있다. 좀 더 자세히 설명해 보자. 이들의 논의는 사회나 정치를 어떠한 보편적인 원리에 따라 토대 지을 수 있다고 보는 입장을 '토대주의foundationalism'라고 부르고 있으며, 반대로 그러한 보편적인 원리 같은 것은 존재하지 않고 모든 것이 가능하다고 하는 로티Richard Rorty와 같은 상대주의 입장―라캉의 "타자의 타자는 없다", 혹은 "아이러니"와도 흡사한 입장 — 은 '반토대주의anti-foundationalism'라고 부르고 있다. 이 같은 두 입장('토대주의'와 '반토대주의')의 대립은 사회나 정치를 통제하는 '기초'가 존재하는가라는 양자택일에서 양쪽 극단의 입장이라고 할 수 있을 것이다.

'포스트 토대주의'는 오히려 양자의 경계에 위치하려는 입장이다. 마처트의 설명을 들어 보자.

> 전자[포스트 토대주의]가 '모든' 토대의 부재를 전제하지는 않는다는 점에서 전자를 후자[반-토대주의]로부터 구별할 수 있다. 포스트 토대주의는 '하나의 최종적인' 토대가 부재한다는 것을 인정하는데, 왜냐하면 복수형의 토대가 가능하다는 것은 단지 그러한 부재에만 기초하고 있기 때문이다. (…) 따라서 포스트 토대주의는 최종적인 토대의 부재를 인정하는 것으로 멈추는 것도 아니고, 때문에 반-토대주의적인 니힐리즘, 실존주의, 다원주의가 되지도 않는다. 이는 또한 모든 메타 이야기가 동등하게 흔적도 없이 소실된다는 일종의 포스트모던적 다원주의로 변하지도 않는다. 왜냐하면 포스트 토대주의가 받아들여지는 것은 '어떤' 토대가 필연/필요하기 때문이다(Marchart, 2007, p. 14 山本 2016, p. 78).

그가 말하는 '포스트 토대주의'는 사회나 정치의 토대를 무비판적으로 전제하고 있지 않다. 그 점에서 '포스트 토대주의'는 토대의 부재를 인정하고 있다. 그렇지만 '포스트 토대주의'는 그 토대가 부재한다는 사실에 저항하지 않고 오히려 토대의 부재라는 사실을 *사회가 어떤 토대를 필요로 하며, 나아가 그 토대가 최종적인 것이 아니라 견고하지 않은 잠정적인 토대임을* 의미한다.

1950년대에서 1970년대로 걸쳐서 라캉 이론의 변천을 알고 있는 사람에게 토대를 둘러싼 이와 같은 세 가지 입장의 유형화는 대단히 자극적이다. 왜냐하면 ① 토대주의 ② 반토대주의 ③ 포스트 토대주의라는 세 가지 입장은 각각 ① 보편적 이념(='아버지')을 존재하도록 하려는 전 근대 회귀적 입장(프로이트와 1950년대의 라캉), ② '아버지'의 부재(타자의 타자의 부재)를 인정하고 다양한 이념이나 가치관의 병립을 축복하는 리버럴 아이러니스트 Liberal Ironist적인 입장(희화화된 1960년대의 라캉), ③ '아버지'의 부재를 인정하지만 그렇다 하더라도 독성이 약화된 '아버지'를 비억압적인 방식으로 이용하려고 하는 '생톰sinthome의 정치'라는 입장(1970년대의 라캉) — 즉 사회나 정치를 토대 짓는 "'아버지의 이름'을 이용한다는 조건에서라면 그것 없이도 해소될 수 있다"(S23, 136) — 을 각각 상기시켜 주기 때문이다. 실제로 라클라우와 무페의 이론을 향락이라는 관점으로부터 새롭게 갱신하려고 했던 야니스 스타브라카키스(2007)는 1970년대 라캉에서 '다른' 향락의 개념을 이용하여 도래할 민주주의를 사고하려 했는데, 그때 그의 입에서는 '생톰의 정치'라는 말이 나오려 했던 것처럼 보인다.

그렇다면 라캉 이론에서 고찰할 경우, 도래할 민주주의를 위한 조건에는 다양한 사회운동을 연쇄시키면서 여기에 고정점이 될 새로운 민주주의의 시니피앙을 발명하는 것만이 아니라, 그 시니피앙 자체에 긍정적인 향락의 실체로서 가치를 가지게 하여 이를 *생톰화*할 필요가 있을 것이다. 그렇다면 어떻게 이를 실현할 수 있을까?

5. 대학 디스쿠르discours에서 분석가의 디스쿠르로

앞 절에서 논한 라캉적 정치이론을 다른 각도에서 다시 조명해 보자.

주지하다시피 라캉은 '68년 5월' 학생운동을 논평하는 문맥에서 그들의 운동이 '대학 디스쿠르'로 규정된 것이라고 말했다. 대학 디스쿠르는 대학에서 배우게 되는 지식(S_2)이 대상(α)인 학생을 움직이게 하고, 그 결과로 운동하는 주체($\$$)가 생산되는 구조이다. 기존의 체제에 '안 돼'를 말하는 운동이 학생들로부터 자주 생겼음은 이 때문이다. 이 디스쿠르에 의해 이른바 "구조가 거리를 행진"하기 시작한다. 그러나 이 디스쿠르에는 한계가 있다. 대학 디스쿠르에 의하여 생산된 주체($\$$)는 지식(S_2)을 지탱하고 있는 숨겨진 진리(S_1)에는 접근할 수가 없고, 현 체제를 밑바닥부터 전복시킬 수 있는 힘을 가지고 있지 않기 때문이다(이것이 S_1과 $\$$ 사이의 차단선이 의미하는 것이다). 다시 말해서 대학 디스쿠르로 규정된 운동은 현재의 진리(S_1)라고 여겨지는 것에 의거해 버렸기에 진리에 재차 질문을 던질 수 없고, 설령 현행의 체제를 타파했다 할지라도 똑같은 진리가 지배하는 구조를 유지하게 된다(S17,

237).

이것과 같은 것을 경제의 영역에서도 관찰할 수 있다. 오사와 마사치大澤真幸(2016)가 해설한 가라타니 고진柄谷行人의 '교환양식' 론을 참조해 보자. 오사와는 자본주의의 모순을 극복하기 위해 도마 피케티Thomas Piketty와 페터 슬로터다이크Peter Sloterdijk가 제안한 두 가지 처방전의 한계를 가라타니의 교환양식론으로 해명할 수 있다고 보고 있지만, 이 한계는 정확히 대학 디스쿠르와 똑같은 구조를 가지고 있는 것으로 보인다.

또한 마르크스가 세계사를 생산양식으로부터 고찰하고 있는 반면 가라타니는 세계사를 교환양식에서부터 다루려고 한다. 교환양식에는 A, B, C, D라는 네 가지 종류가 있는데 A가 호수(증여), B가 약탈와 재분배, C가 상품교환이다. 거칠게 말하면, 원시적 씨족사회에서는 물건과 물건이 교환되었고 그것은 증여와 답례(교환양식 A)로 규정되었는데, 제국의 시대에 들어와서 주권자인 왕은 신민이 생산한 부를 약탈하고 그것을 기반으로 재분배하는 교환양식 B가 일반화된다. 또한 자본주의의 등장은 상품교환을 활성화시키는 교환양식 C를 도입한다. 그리하여 현대는 대략 교환양식 B와 C가 혼합된 교환양식 B+C를 취하게 되었다(또한 현대의 교환양식 A는 '상상의 공동체'라는 내셔널리즘으로 나타나며, 자본=네이션=국가가 삼위일체로 연결된 구조를 만든다고 가라타니는 지적하고 있다).

B 약탈과 재분배 (지배와 보호)	A 호수 (증여와 답례)
C 상품교환 (화폐와 상품)	D X

$$S_2 \rightarrow \alpha$$
$$S_1 \quad // \quad /$$

대학 디스쿠르

네 가지 종류의 교환양식

도마 피케티(2014)가 밝혔듯 현대 자본주의(교환양식 B+C)는 필연적으로 격차를 그로테스크할 정도로 확대한다. 이러한 비극에 대한 저항 전략으로서 피케티가 꺼내 들고 있는 것이 자산에 대한 글로벌한 규모의 누진과세이다. 하지만 오사와에 따르면 이 전략은 교환양식 B+C를 글로벌한 규모에서의 B(약탈과 재분배)로 중화시키는 것에 지나지 않는다고 보고 있다. 즉, 피케티의 처방전은 교환양식 B+C에 저항하기 위해 저항의 대상인 교환양식 B 그 자체에 의거하게 된다. 이렇게 되면 대학 디스쿠르와 마찬가지로 현대의 교환양식이 유지될 수밖에 없을 것이다. 또한 슬로터다이크는 현대의 복지정책이 많은 과세를 필요로 하기 때문에 복지가 필요한 빈곤층을 증가시켜 버린다는 역설을 부유층의 증여(기부), 즉 교환양식 A(증여와 답례)로 수복할 것을 제안하고 있다. 그러나 이러한 전략 역시도 교환양식 B+C가 내포한 문제를 그보다 이전의 오래된 교환양식 A로 수정하는 것을 이상적으로 여기는 한에서는 진정으로 격차를 시정하지 못하고 현대자본주의 사회가 만들어 내는 비극을 재생산해 버릴 것이다. 대학 디스쿠르가 또 다시 주인의 전제專制를 도입하게 되듯이, 글로벌한 누진과세는 물론 일시적인 효과가 있을지 모르지만 '자본주의'라는 주인의 시니피앙(고정점)의 지배를 지속시키게 된다.

그렇다면 어떤 것이 진정으로 대안alternative적 교환양식이 될 수 있을 것인가? 가라타니에 따르면 그는 교환양식 D를 제시하고 있다. 즉, 도래할 'X'는 자본주의의 한계를 극복할 수 있게 해줄 것으로서 구상되었다. 예를 들어 교환양식 D의 한 가지 사례인 유동성遊動性은 일정한 곳에서 살아가기 전의 유목민에게서 볼 수 있는 교환양식이다. 유목민은 생산물을 축적하는(쌓아 두는) 것이 불가능하기에 생산물은 동료들에게 평등하게 분배되었다. 또한 다른 부족과 조우할 경우 전쟁을 피하기 위해 증여를 행하는 경우도 있었는데, 이러한 조우는 한번—期—会뿐이기에 답례의 의무는 발생하지 않았다. 이처럼 유목민은 교환양식 B나 C와는 무관했다. 결국 교환양식 D는 *자본제적인 결합체에 회수되지 않는 것*이다.

이러한 교환양식 D의 규정은 정확히 라캉이 분석가 디스쿠르를 "자본주의로부터의 출구"(AE521)라고 평한 것에 대응할 것이다. 간단히 묘사해 보자. 현대 라캉주의에서 분석가 디스쿠르는 오이디푸스 콤플렉스와 같은 기존의 지식(S_2)의 전제專制를 벗어나 주체의 자기애적인 향락(신체의 사건)이 새겨진 하나뿐인 시니피앙(S_1)을 분석할 수 있다고 본다(이것이 S_2와 S_1 사이에 있는 차단선의 의미이다). 그리하여 이 시니피앙이야말로 새로운 주체화의 핵이 되며, 자신의 인생을 비오이디푸스적 형태로, 특이적=단독적인 형태로 새롭게 다시 살아나갈 수 있게 한다(松本卓也, 2015). 이는 사람들을 획일적인 '전체'로 만드려는 오이디푸스적 힘에 항거하면서 '전체' 측에 가담하지 않고 '전체가 아닌'(즉, 결코 '전체'를 구성하지 않은) 삶의 모습을 발명하고 그렇게 살아가는 것으로 연결된다.*

$$\frac{\alpha}{S_2} \quad \rightarrow \quad \frac{\$}{S_1}$$
$$//$$

분석가 디스쿠르

1970년대 라캉에 따르면, 이 시니피앙(S_1)은 인간이 최초로 언어와 만날 때 나타나는 '일자'적인 향락의 시니피앙으로, 이후의 인생에서는 반복 작용에 의해 지식의 시니피앙(S_2)으로 대체된다.

---

* 이 점에서 라캉 이론은 새로운 주체화를 일으키고자 하며, 이는 끝없이 재-주체화하는 논리와는 다르다. 사토 요시유키佐藤嘉幸(2009)에 따르면, 들뢰즈-가타리나 버틀러는 주체가 전위轉位와 재-주체화를 통해서 언제나 다른 것으로 변해 가는 계기를 중시했으며, 주체화=복종화를 한 번만이 아니라 항상 전위=위치 보정을 할 수 있다고 생각했다. 다른 한편으로 라캉적 관점에서 본다면, 사람은 어떠한 것으로라도 변화할 수 있는 것이 아니라 그때까지 한 번도 경험한 적이 없던, 자기 자신의 증상 안에서 치료 불가능한 부분으로서의 특이성=단독성(S_1)이 된다고 할 수 있다.

때문에 정신분석에서 추출되는 단 하나뿐인 시니피앙(S_1)은 통시적으로 본다면 *과거에 있었던 말이면서 전혀 새로운 향락적인 말로서 도래하게 된다.*[*] 이와 같이 도래할 새로운 시니피앙은 '전체'의 논리에 의해 구성되는 세계를 교란시키고, 세계를 보는 방식을 밑바닥부터 변하게 할 잠재력potential을 가지고 있다. 혁명적인 작가가 완전히 새로운 문학을 창작할 때와 마찬가지로, 이를 알기 전과 알고 난 후 세계를 보는 방식이 일변해 버릴 시니피앙을 도래시키는 것이 대안alternative을 가능케 한다.

그러나 이렇게 얻어진 특이적 = 단독적인 시니피앙은 그 정의로 볼 때 다른 것과 절단된, 철두철미하게 '일자'적인, '단 하나뿐인 tout seul' 것이다.[**] 그렇다면 이러한 개인적 특이성 = 단독성을 어떻게 집단과, 타자와 공유할 수 있는 보편성을 향한 것으로 접속시키고 활력 있는 정치적 대안으로 삼을 수 있을 것인가?[***]

---

[*]   또한 정신분석 이론과 교환양식론의 접속 가능성에 대하여 별도로 자세히 검토할 필요가 있지만, 다음과 같은 가라타니의 기술은 집단에서 유동성 U가 개인의 심적 장치에서 "하나뿐인 시니피앙"과 같은 위치를 차지할 것임을 시사해 주고 있다고 볼 수 있다. "여기에서 발생했던 회귀의 압박衝迫은 단지 과거의 공동체로 향한 회귀일 수 없다. 이것은 말하자면 씨족사회를 형성한 원천이고, 또한 그 이후에 억압되었던 유동성 U가 회귀한 것이다. 그래서 사람들은 이것을 과거에 있었던 것으로서 의식하지 않는다. 이것을 의식한다는 것은, 아직은 없는 것, 미래의 것으로서이다"(柄谷, 2015, p. 105).
[**] 라캉이 "개인적 수준에서는 사회적 유대를 쌓기 위한 디스쿠르를 누구도 가지고 있지 않다"(2011b)고 하는 것은 분명 이 때문이다.
[***] 물론 이와 같은 논리에 대해서 부정적인 견해도 표명되어 있다. 특이성 = 단독성에 대한 임상을 주제로 삼았던 밀레(2008) 자신이 논문 「정신분석, 도시, 공동체La psychanalyse, la cité, les communautés」에서 정신분석이 현실의 정치로부터 얻어 낼 수 있는 효과는 고작 '아이러니'뿐이며, '각성(눈뜸)'을 촉발하는 것

"정신분석은 자기 자신만을 의지할 곳으로 삼는다"(AE247)라고 주장했던 라캉에게 사람이 자신의 특이적＝단독적인 분석 경험에 의하여, 즉 자신의 '일자'에 의해 분석가가 된다는 것과 분석가가 학파라는 집단을 만든다는 점은 모순되지 않았다. 분석가는 자신이 분석 주체로서 경험했던 특이적인 정신분석을 기반 삼아 학파에서 '정신분석' 그 자체를 바꿔 써나가면서 분석가가 될 수 있다. 또한 그 분석가의 특이적＝단독적 경험이 집단 안으로 전달될 수 있는지를 확인하는 장치가 라캉이 고안했던 *바로 그* '통과 passe'였다…… 그렇다면 그러한 라캉의 수고를 바탕으로 분석가 그 자체의 위치와 그룹을 둘러싼 논의 안에서 정치의 밑천을 거는 것. 그것이 앞으로 도래하게 될 라캉적 정치로 이어지지 않을까.

에 지나지 않는다고 하고 있다. 또한 '일자'를 중시하는 전략으로부터는 아주 위험한 귀결마저도 끌어낼 수 있다고 말한다. 실제로 이슬람 원리주의보다도 월등히 향락적인 하나뿐인 '일자'는 존재하지 않는다(!)고도 할 수 있을 것이다.

후기

이 책에 앞서 나온 졸저인 『사람은 누구나 몽상을 한다 — 자크 라캉의 감별 진단의 사상人はみな妄想する-ジャック·ラカンと鑑別診断の 思想』(青土社)이 뜻밖에도 많은 독자로부터 사랑을 받은 듯하다. 이 책은 전 저작을 구상, 집필하는 기간과 병행하여 다양한 인문계, 의학계 잡지에 발표했던 여러 논문을 기반으로 재구성했기에 발표 당시와는 대폭적인 가필과 수정이 더해졌다.

지난 저작은 프로이트에서 라캉, 그리고 현대 라캉주의에 이르는 이론을 통사적으로 추적했던 계통적systematic인 것이었고 일정한 깊은 집중력을 필요로 했다고 한다면 이 책은 오히려 개별적인 토픽에 관한 현대 라캉주의나 관련 인물이 논의의 출발점에 있으며, 사람에 따라서는 이러한 방향이 읽기 수월하다고 느낄 수 있을 것이다. 여기에 실린 모든 장은 라캉주의가 다루는 오늘날의 논의를 일본의 현대사상의 문맥에 도입하려고 필자 나름의 궁리를 한 것이었다. 특히 전체의 기조를 이루는 1장부터 읽어 간다면 현대 라캉주의의 대략적인 분위기가 쉽게 파악할 수 있을 거라고 생각한다.

또한, 책의 표지는 페리시앙 로쀼스Félicien Rops(1833–1898)의 〈포르노크라테스Pornokratès〉(1878)라는 그림이 장식하고 있다. 과거에는 성차별적, 악마 숭배적이라 하여 비난을 받은 그림이었지만, 다른 한편으로 로쀼스과 같은 작품을 오히려 그리스도교적＝가부장제적인 전통에 대한 전복이라는 '악마적 페미니즘'으로 보는 해석도 있다. 이와 같은 가부장제에 대한 양면성, 나아가 여성의 향락을 남성에게도 '일반화'하여 확장하려는 현대 라캉주의의 관점, 그곳에 암시된 돼지(자본주의)와의 관계를 감안해서 고른 결과이다.

이 책의 편집을 담당해 준 이는 진분쇼인의 마쓰오카 다카히로 松岡隆浩 씨다. 이 책의 기본이 되었던 원고는 이른 시기에 제출했지만, 정리하는 작업에 대단히 많은 시간이 소모되었기에 몇 번이나 심려를 끼쳐 버렸다. 그때마다 적절한 조언을 받았으며, 탈고로 이끌어 주신 점에 대해 이 자리를 빌어서 감사의 말씀을 올리고자 한다.

2017년 12월

마쓰모토 다쿠야松本卓也

참고문헌

프로이트 『전집』 (권수, 페이지수)

Freud, S. (1894). Die Abwehr-Neuropsychosen. In *Gesammelte Werke* (Vol. 1, pp. 57–74). Fischer Verlag. 渡邉俊之訳「防衛 ― 神経精神症」,『フロイト全集』第1巻 所収, 東京: 岩波書店.

_____. (1895a). Studien über Hysterie. In *Gesammelte Werke* (Vol. 1, pp. 75–312). Fischer Verlag. 芝伸太郎訳「ヒステリー研究」,『フロイト全集』第2巻 所収, 東京: 岩波書店.

_____. (1895b). Über die Berechtigung von der Neurasthenie einen bestimmten Symptomenkomplex als "Angstneurose" abzutrennen. In *Gesammelte Werke*(Vol. 1, pp. 315–342). Fischer Verlag. 兼本浩祐訳「ある特定の症状複合を「不安神経症」として神経衰弱から分離することとの妥当性について」,『フロイト全集』第1巻 所収, 東

京: 岩波書店.

————. (1898). Die Sexualität in der Ätiologie der Neurosen. In *Gesammelte Werke* (Vol. 1, pp. 491-516). Fischer Verlag. 新宮一成訳「神経症の病因論における性」,『フロイト全集』第3巻 所収, 東京: 岩波書店.

————. (1905). Drei Abhandlungen zur Sexualtheorie. In *Gesammelte Werke* (Vol. 5, pp. 27-145). Fischer Verlag. 渡邉俊之訳「性理論のための3篇」,『フロイト全集』第6巻 所収, 東京: 岩波書店.

————. (1890). Psychische Behandlung (Seelenbehandlung). In *Gesammelte Werke*(Vol. 5, pp. 287-315). Fischer Verlag. 兼本浩祐訳「心的治療(心の治療)」,『フロイト全集』第1巻 所収, 東京: 岩波書店.

————. (1912a). Über die allgemeinste Erniedrigung des Liebeslebens. In *Gesammelte Werke* (Vol. 8, pp. 78-91). Fischer Verlag. 須藤訓任訳「性愛生活が誰からも貶められることについて(『性愛生活の心理学への寄与』II)」,『フロイト全集』第12巻 所収, 東京: 岩波書店.

————. (1912b). Zur Einleitung der Onanie-Diskussion. Schlusswort. In *Gesammelte Werke* (Vol. 8, pp. 332-345). Fischer Verlag. 須藤訓任訳「自慰についての討論のための緒言·閉会の辞」,『フロイト全集』第12巻 所収, 東京: 岩波書店.

————. (1913). Totem und Tabu. In *Gesammelte Werke* (Vol. 9, pp. 1-194). Fischer Verlag. 門脇健訳「トーテムとタブー」,『フロイト全集』第12巻 所収, 東京: 岩波書店.

_____. (1915a). Triebe und Triebschicksale. In *Gesammelte Werke* (Vol. 10, pp. 210–232). Fischer Verlag. 新宮一成訳「欲動と欲動運命」,『フロイト全集』第14巻 所収, 東京: 岩波書店.

_____. (1915b). Trauer und Melancholie. In *Gesammelte Werke* (Vol. 10, pp. 428–446). Fischer Verlag. 伊藤正博訳「喪とメランコリー」,『フロイト全集』第14巻 所収, 東京: 岩波書店.

_____. (1921). Massenpsychologie und Ich-Analyse. In *Gesammelte Werke* (Vol. 13, pp. 71–161). Fischer Verlag. 藤野寛訳「集団心理学と自我分析」,『フロイト全集』第17巻 所収, 東京: 岩波書店.

_____. (1924). Neurose und Psychose. In *Gesammelte Werke* (Vol. 13, pp. 387–91). Fischer Verlag. 吉田耕太郎訳「神経症と精神病」,『フロイト全集』第18巻 所収, 東京: 岩波書店.

_____. (1925). »Selbstdarstellung«. In *Gesammelte Werke* (Vol. 14, pp. 31–96). Fischer Verlag. 家高洋・三谷研爾訳「みずからを語る」,『フロイト全集』第18巻 所収, 東京: 岩波書店.

_____. (1930). Das Unbehagen in der Kultur. In *Gesammelte Werke* (Vol. 14, pp. 419–508). Fischer Verlag. 嶺秀樹・高田珠樹訳「文化の中の居心地悪さ」,『フロイト全集』第20巻 所収, 東京: 岩波書店.

_____. (1937). Die endliche und die unendliche Analyse. In *Gesammelte Werke* (Vol. 16, pp. 59–99). Fischer Verlag. 渡邉俊之訳「終わりのある分析と終わりのない分析」,『フロイト全集』第21巻 所収, 東京: 岩波書店.

그 외의 프로이트의 문헌

Freud, S. (1950). *Aus den Anfängen der Psychoanalyse, Briefe an Wilhelm Fließ,*
Abhandlungen und Notizen aus den Jahren 1887-1902. London: Imago.
河田晃訳『フロイト フリースへの手紙-1887–1904』, 東京: 誠
信書房, 2001年..

라캉의 저작 <small>(초판 간행순)</small>

Lacan, J. (1975a). *De la psychose paranoïaque dans ses rapports avec la*
personnalité. Paris: Seuil. 宮本忠雄·関忠盛訳『人格との関係から
みたパラノイア性精神病』, 東京: 朝日出版, 1987年.
_____. (1966). *Écrits.* Paris: Seuil. 新宮一成訳(部分訳)『精神分析に
おける話と言語活動の機能と領野:　ローマ大学心理学研究所
において行われたローマ会議での報告 1953年9月 26日·27日』,
東京: 弘文堂, 2015年.
_____. (2001a). *Autres Écrits.* Paris: Seuil.

라캉『세미나』<small>(강의 연도순)</small>

Lacan, J. (1978c). *Le moi dans la théorie de Freud et dans la technique de la*
psychanalyse. Le Séminaire Livre II(1954-1955). (J.-A. Miller, Ed.).
Paris: Seuil. 小出浩之·小川豊昭·鈴木國文·南淳三訳『フロイト

理論と精神分析技法における自我』, 東京: 岩波書店, 1998年.

_____. (1981). *Les psychoses. Le Séminaire Livre III*(1955-1956). (J.-A. Miller, Ed.). Paris: Seuil. 小出浩之·川津芳照·鈴木國文·笠原嘉訳『精神病(上·下)』, 東京: 岩波書店, 1987年.

_____. (1998c). *Les formations de l'inconscient. Le Séminaire Livre V*(1957-1958). (J.-A. Miller, Ed.). Paris: Seuil. 佐々木孝次·川崎惣一·原和之訳『無意識の形成物(上·下)』, 東京: 岩波書店, 2005-6年.

_____. (2013). *Le désir et son interprétation. Le Séminaire Livre VI*(1958-1959). (J.-A. Miller, Ed.). Paris: Seuil.

_____. (1986). *L'éthique de la psychanalyse. Le Séminaire Livre VII*(1959-1960). (J.-A. Miller, Ed.). Paris: Seuil. 小出浩之·鈴木國文·保科正章·菅原誠一訳『精神分析の倫理(上·下)』, 東京: 岩波書店, 2002年.

_____. (2000). *L'identification. Le Séminaire Livre IX*(1961-1962). Paris: Association lacanienne internationale.

_____. (2004a). *L'angoisse. Le Séminaire Livre X*(1962-1963). (J.-A. Miller, Ed.). Paris: Seuil. 小出浩之·鈴木國文·菅原誠一·古橋忠晃訳『不安(上·下)』, 東京: 岩波書店, 2017年.

_____. (1973). *Les quatre concepts fondamentaux de la psychanalyse. Le Séminaire Livre XI(*1964). (J.-A. Miller, Ed.). Paris: Seuil. 小出浩之·鈴木國文·新宮一成·小川豊昭訳『精神分析の四基本概念』, 東京: 岩波書店, 2000年.

_____. (2004b). *La logique du fantasme. Le Séminaire Livre XIV* (1966-1967).

Paris: Association lacanienne internationale.

_____. (2006). *D'un Autre à l'autre. Le Séminaire Livre XVI*(1968-1969). (J.-A. Miller, Ed.). Paris: Seuil.

_____. (1998a). *L'envers de la psychanalyse. Le Séminaire Livre XVII*(1969-1970). (J.-A. Miller, Ed.). Paris: Seuil.

_____. (2011c). *Ou pire.... Le Séminaire Livre XIX*(1971-1972). (J.-A. Miller, Ed.). Paris: Seuil.

_____. (1975b). *Encore. Le Séminaire Livre XX*(1972-1973). (J.-A. Miller, Ed.). Paris: Seuil.

_____. (2001b). *Encore. Le Séminaire Livre XX*(1972-1973). Version A.L.I. Paris: Association lacanienne internationale.

_____. (2001c). *Les non-dupes errent. Le Séminaire Livre XXI*(1973-1974). Paris: Association lacanienne internationale.

_____. (2005). *Le sinthome. Le Séminaire Livre XXIII*(1975-1976). (J.-A. Miller, Ed.). Paris: Seuil.

_____. (1998b). *L'insu que sait de l'une-bévue s'aile à mourre. Le Séminaire Livre XXIV*(1976-1977). Paris: Association lacanienne internationale.

그 외의 라캉 문헌

Lacan, J. (1972). Of Structure as the Inmixing of an Otherness Prerequisite to Any Subject Whatever. In R. Macksey & E. Donato (Eds.), *The Structuralist Controversy: The Languages of Criticism and the Sciences of*

Man (pp. 186–200). Baltimore: Johns Hopkins University Press.

＿＿＿＿. (1978a). Du discours psychanalytique (Conférence à l'université de Milan le 12 mai 1972). In *Lacan in Italia 1953-1978* (pp. 32–55). Milano: Édition La Salamandra.

＿＿＿＿. (1978b). Excursus (Intervention dans une réunion organisée par la Scuola freudiana à Milan le 4 février 1973). In *Lacan in Italia 1953-1978* (pp. 78–97). Milano: Édition La Salamandra.

＿＿＿＿. (1979). LACAN pour Vincennes Ornicar? 17/18, 278.

＿＿＿＿. (2011a). *Je parle aux murs*. Paris: Seuil.

＿＿＿＿. (2011b). La troisième. *La Cause Freudienne*, (79), 11–33.

그 외의 문헌

Abraham, K. (1982). Ansätze zur psychoanalytischen Erforschung und Behandlung des manisch-depressiven Irreseins und verwandter Zustände. In *Gesammelte Schriften, 1Bde* (pp. 146–62). Frankfurt: Fischer. 下坂幸三・前野光弘・大野美都子訳「躁うつ病およびその類似状態の精神分析的研究と治療のための端緒」,『アーブラハム論文集─抑うつ・強迫・去勢の精神分析』所収, 東京: 岩崎学術出版社, 1993年.

Adam, R. (2005). *Lacan et Kierkegaard*. Paris: Presses Universitaires de France.

Althusser, L. (1993). *Écrits sur la psychanalyse*. Paris: STOCK/IMEC. 石田靖夫・小倉孝誠・菅野賢治訳『フロイトとラカン─精神分析論

集』, 京都: 人文書院, 2001年.

Althusser, L. (1995). *Sur la reproduction*. Paris: Presses Universitaires de France. 西川長夫·伊吹浩一·大中一彌·今野晃·山家歩訳『再生産について — イデオロギーと国家のイデオロギー諸装置(上·下)』, 東京: 平凡社, 2010年.

American Psychiatric Association. (2000). *Diagnostic and Statistical Manual of Mental Disorders DSM-IV-TR* (4th edition). New York: American Psychiatric Publishing. 高橋三郎·大野裕·染矢俊幸訳『DSM-IV-TR 精神疾患の診断·統計マニュアル』, 東京: 医学書院, 2004年.

Andreasen, N. C. (2007). DSM and the death of phenomenology in america: an example of unintended consequences. *Schizophrenia Bulletin*, 33(1), 108–12.

Arce Ross, G. (2009). *Manie, mélancolie et facteurs blancs*. Paris: Editions Beauchesne.

Bataille, G. (1957). *L'érotisme*. Paris: Minuit. 酒井健訳『エロティシズム』, 東京: ちくま学芸文庫, 2004年.

Beard, G. M. (1869). Neurasthenia or nervous exhaustion. *The Boston Medical and Surgical Journal*, 3, 217–20.

Bettelheim, B. (1967). *The Empty Fortress-Infantile Autism and the Birth of the Self*. New York: The Face Press. 黒丸正四郎·岡田幸夫·花田雅憲·島田照三訳『自閉症 — うつろな砦Ⅰ·Ⅱ』, 東京: みすず書房, 1973-75年.

Blankenburg, W. (2012). *Der Verlust der natürlichen Selbstverständlichkeit: Ein Beitrag zur Psychopathologie symptomarmer Schizophrenien.* Berlin: Parodos Verlag. 木村敏・岡本進・島弘嗣訳『自明性の喪失―分裂病の現象学』, 東京: みすず書房, 1978年.

Borch-Jacobsen, M., Cottraux, J., Pleux, D., Van Rillaer, J., & Meyer, C. (2005). *Le livre noir de la psychanalyse - Vivre penser et aller mieux sans Freud.* Paris: Les Arènes.

Brousse, M.-H. (2009). La psychose ordinaire à la lumière de la théorie lacanienne du discours. *Quarto*, (94–95), 10–15. 松本卓也訳「ラカンのディスクール理論からみた普通精神病」, 『nyx』第1号, 2015年.

Bruno, P. (2010). *Lacan, passeur de Marx - L'invention du symptôme.* Paris: Éditions de érès.

Chemama, R. (2006). *Dépression - la grande névrose contemporaine.* Paris: Érès.

_____. (2010). Depression et mélancolie, de l'éthique à la clinique. *La Clinique Lacanienne*, 17, 9–22.

Collectif (Ed.). (1992). *L'autisme et la psychanalyse: colloque de la Découverte Freudienne: Séries de la Découverte freudienne: volume 8.* Toullouse: Presses Universitaires du Mirail.

Cottet, S. (2006). Deleuze, son « Schizo » et l'angoisse. *Quarto*, 86, 46–8.

Crosali Corvi, C. (2011). *La depression - Affect central de la modernité.* Rennes: Presses Universitaires de Rennes.

Deleuze, G. (1968). *Différence et répétition.* Paris: Presses Universitaires de

France. 財津理訳『差異と反復(上・下)』, 東京: 河出文庫, 2007
年..

_____. (2003). Deux questions sur la drogue. In *Deux régimes de fous* (pp.
138–42). Paris: Les Editions de Minuit. 宇野邦一訳「麻薬に関す
る二つの問題」,『狂人の二つの体制 1975-1982』所収, 東京: 河
出書房新社, 2004年.

Deleuze, G., & Guattari, F. (1972). *L'Anti-œdipe: Capitalisme et schizophrénie,
1*. Paris: Les Editions de Minuit. 宇野邦一訳『アンチ・オイディプ
ス ― 資本主義と分裂症 (上・下)』, 東京: 河出文庫, 2006年.

Derrida, J. (1967). *L'écriture et la différence*. Paris: Seuil. 合田正人・谷口博史
訳『エクリチュールと差異』, 東京: 法政大学出版局, 2013年.

DeYoung, R. (2004). Resistance to the Demands of Love: Aquinas on the
Vice of Acedia. *The Thomist*, 68(2), 173–204.

Dürr, H. - P. (1988). *Nacktheit und Scham*. Frankfurt am Main: Suhrkamp. 藤
代幸一・三谷尚子訳『裸体とはじらいの文化史 ― 文明化の過程
の神話〈1〉』, 東京: 法政大学出版局, 2006年..

Fink, B. (2004). *Lacan to the Letter: Reading Ecrits Closely*. Minneapolis:
University of Minnesota Press. 上尾真道・小倉拓也・渋谷亮訳『「エ
クリ」を読む ― 文字に添って』, 京都: 人文書院, 2015年.

Foucault, M. (1966). *Les mots et les choses*: Paris: Flammarion et Cie. 渡辺一
民・佐々木明訳『言葉と物 ― 人文科学の考古学』, 東京: 新潮社,
1974年.

_____. (1994). Folie, littérature, société. In *Dits et Ecrits, tome 2*: 1976-

1988(pp. 104–128). Paris: Gallimard. 渡邊守章訳「文学·狂気·社会」,『フーコー·コレクション〈1〉 狂気·理性』所収, 東京: ちくま学芸文庫, 2006年.

_____. (2001). Qu'est-ce qu'un auteur? In *Dits et Ecrits, tome 1* : 1954-1975(pp. 789–821). Paris: Gallimard. 清水徹·豊崎光一訳「作者とは何か」,『フーコー·コレクション〈2〉 文学·侵犯』所収, 東京: ちくま学芸文庫, 2006年.

Frances, A. (2013). *Saving Normal: An Insider's Revolt against Out-of-Control Psychiatric Diagnosis, DSM−V, Big Pharma, and the Medicalization of Ordinary Life*. HarperCollins. 大野裕監修·青木創訳『〈正常〉を救え精神医学を混乱させるDSM−Vへの警告』, 東京: 講談社, 2013年.

Griesinger, W. (1861). *Pathologie und Therapie der psychischen Krankheiten* (2 Auflage). Stuttgart: Adolf Krabbe. 小俣和一郎·市ノ川容孝訳『精神病の病理と治療』, 東京: 東京大学出版会, 2008年.

Hannay, A. (2003). *Kierkegaard: A Biography*. Cambridge: Cambridge University Press.

Kanner, L. (1944). Early infantile autism. *Journal of Pediatrics*, 25, 211–217.

Karimi, P., Kamali, E., Mousavi, S., & Karahmadi, M. (2017). Environmental factors influencing the risk of autism. *Journal of Research* in *Medical Sciences, 22*(1), 27.

Laclau, E. (1996). *Emancipation*(s). London: Verso.

Laclau, E., & Mouffe, C. (2001). *Hegemony and Socialist Strategy: Towards a*

Radical Democratic Politics. London: Verso. 西永亮・千葉眞訳『民主
主義の革命—ヘゲモニーとポスト・マルクス主義』, 東京: ちく
ま学芸文庫, 2012年.

Laurent, E. (2012). *La bataille de l'autisme: De la clinique à la politique*. Paris:
Navarin.

_____. (2014). Le racisme 2.0. *Lacan Quotidien*, (371), 1–6.

Lefort, R., & Lefort, R. (2003). *La distinction de l'autisme*. Paris: Seuil.

Mahler, M. S. (1952). On child psychosis and schizophrenia: autistic and
symbiotic infantile psychosis. *Psychoanal Study Child*, 7, 286–307.

Maleval, J.-C. (2009). *Autiste et sa voix*. Paris: Seuil.

Mannoni, O. (1969). Je sais bien, mais quand même. In *Clefs pour l'imaginaire*
(pp. 9–33). Paris: Seuil.

Mapother, E. (1926). Discussion on manic-depressive psychosis(opening
paper). *British Medical Journal*, 2(3436), 872–876.

Marchart, O. (2007). *Post-Foundational Political Thought: Political Difference in
Nancy, Lefort, Badiou and Laclau: Political Difference in Nancy, Lefort,
Badiou and Laclau*. Edinburgh: Edinburgh University Press.

Marková, I. S., & Berrios, G. E. (2009). Epistemology of mental symptoms.
Psychopathology, 42(6), 343–9.

Mayer-Gross, W. (1954). The diagnosis of depression. *British Medical Journal*,
2(4894), 948–950.

McGowan, T. (2003). *The End of Dissatisfaction?: Jacques Lacan and the
Emerging Society of Enjoyment*. New York: SUNY Press.

Menard, A. (1986). Dépression et entrée en analyse. *Actes de l'Ecole de La Cause Freudienne*, 10, 59–62.

Meyer, A. (1973). The contributions of psychiatry to the understanding of life problems. In *The Commonsense Psychiatry of Dr. Adolf Meyer: Fifty-two Selected Papers* (pp. 1–15). New York: Arno Press.

Miller, J.-A. (1982). *La clinique lacanienne. Cours de 1981-1982* (inédit).

_____. (1986a). Clínica del superyó. In *Recorrido de Lacan* (pp. 139–146). Buenos Aires: Manantial.

_____. (1986b). *Extimité. Cours du 1985-1986* (inédit).

_____. (1989). Une histoire de la psychanalyse: un entretien avec Jacques-Alain Miller. *Magazine Littéraire*, 271, 20–26.

_____. (1996). L'interprétation à l'envers. *La Cause Freudienne*, 32, 7–14.

_____ (1997a). L'Autre qui n'existe pas et ses comités d'éthique. *La Cause Freudienne*, 35, 7–20.

_____. (1997b). *L'Autre qui n'existe pas et ses comités d'éthique. Cours du 1996-1997* (inédit).

_____. (1998a). *Introducción al método psicoanalítico*. Barcelona: Ediciones Paidós Iberica.

_____. (1998b). Le sinthome, un mixte de symptôme et fantasme. *La Cause Freudienne*, 39, 7–17.

_____. (1999). Les six paradigmes de la jouissance. *La Cause Freudienne*, 43, 7–29.

_____. (2000). Biologie lacanienne et événement de corps. *La Cause Freudienne*, 44, 7–59.

_____. (2004a). Introduction à la lecture du Séminaire L'angoisse de Jacques Lacan. *La Cause Freudienne*, 58, 61–100.

_____. (2004b). Note sur la honte. *La Cause Freudienne*, 54, 6–19.

_____. (2006a). *L'anti-livre noir de la psychanalyse*. Paris: Seuil.

_____. (2006b). Une lecture du Séminaire D'un Autre à l'autre. *La Cause Freudienne*, 64, 137–169.

_____. (2007). *Le tout dernier Lacan. Cours du 2006-2007* (inédit).

_____. (2008). La psychanalyse, la cité, les communautés. *La Cause Freudienne*, 68, 105–119.

_____. (2009). Effet retour sur la psychose ordinaire. *Quarto*, 94–95, 42–47.

_____. (2010b). *Vie de Lacan. Cours de 2010* (inédit).

_____. (2011a). *L'Un tout seul. Cours du 2010-2011* (inédit).

_____. (2011b). les prophéties de Lacan. Retrieved December 10, 2014, from http://www.lepoint.fr/grands-entretiens/jacques-alain-miller-les-propheties-de-lacan-18-08-2011-1366568_326.php.

_____. (2011c). Lire un symptôme. *Mental*, 26, 49–58.

_____. (2013a). L'Autre sans Autre. *Mental*, 30, 157–171.

_____. (2013b). Lacan disait que les femmes étaient les meilleures psychanalystes. Et aussi les pires. *Lacan Quotidien*, 205.

_____. (2014a). L'inconscient et le corps parlant. *Cause Du Désir*, 88,

104-14. 山﨑雅広・松山航平訳「無意識と語る身体」,『表象』, 第11号, 2017年.

_____. (2014b). Virus mutant. *Lacan Quotidien*, 370, 1-2.

_____. (2016). Habeas Corpus. *Cause Du Désir*, 94, 165-70.

_____., Stevens, A., Lacadée, P. et al. (2010a). *Quelque chose à dire à l'enfant atiste - Pratique à plusieurs à l'Antenne110*. Paris: Editions Michèle.

Millot, C. (1983). *Horsexe – essai sur le transsexualisme*. Paris: Point Hors Ligne.

Mouffe, C. (2005). *On the Political*. London: Taylor & Francis. 酒井隆史監訳・篠原雅武訳『政治的なものについて ― ラディカル・デモクラシー』, 明石書店., 2008年.

Pommier, G. (2010). Le symptôme sexuel et son effet《neurasthénique》. *La Clinique Lacanienne*, 17, 45-54.

Ribot, T.-A. (1897). *The Psychology of Emotions*. London: W. Scott.

Roudinesco, E. (1999). *Pourquoi la psychanalyse?* Paris: Fayard. 信友建志・笹田恭史『いまなぜ精神分析なのか ― 抑うつ社会のなかで』, 京都: 洛北出版, 2008年.

Rutter, M. (1974). The Development of infantile autism. *Psychol Med*, 4, 147-163.

Saper, C. J. (1997). *Artificial Mythologies: A Guide to Cultural Invention*. Minneapolis: University of Minnesota Press.

Sartre, J.-P. (1943). *L'Être et le Néant*. Paris: Gallimard. 松波信三郎訳『存

在と無(上·下)』, 京都: 人文書院, 1999年.

Sauret, M.-J. (2009). *Malaise dans le capitalisme*. Paris: Presses Universitaires de Mirail.

Schioldann, J., & Søgaard, I. (2013). Søren Kierkegaard (1813–55): a bicentennial pathographical review. *History of Psychiatry*, 24(4), 387–398.

Schulte, W. (1961). Nichttraurigseinkönnen im Kern melancholischen Erlebens. *Nervenarzt*, 32, 314–320.

Sloterdijk, P. (1987). *Critique of Cynical Reason*. Minneapolis: University of Minnesota Press. 高田珠樹訳『シニカル理性批判』, 京都: ミネルヴァ書房, 1996年.

Soler, C. (2009). *Lacan, l'inconscient réinventé*. Paris: Presses Universitaires de France.

_____. (2011). *Les affects lacaniens*. Paris: Presses Universitaires de France.

Stavrakakis, Y. (2007). *The Lacanian Left: Psychoanalysis, Theory, Politics*. Edinburgh: Edinburgh University Press. 山本圭·松本卓也訳『ラカニアン·レフト―ラカン派精神分析と政治理論』, 東京: 岩波書店, 2017年.

Svolos, T. (2008). "Ordinary Psychosis." *Psychoanalytical Notebook*, 19, 79–82.

Taylor, M. A., & Fink, M. (2006). *Melancholia: The Diagnosis, Pathophysiology and Treatment of Depressive Illness*. Cambridge: Cambridge University Press.

Verhaeghe, P. (2008). *On being normal and other disorders: a manual for clinical psychodiagnostics*. London: Karnac Books.

Young, J. (1999). *The Exclusive Society: Social Exclusion, Crime and Difference in Late Modernity*. London: Sage. 青木秀男・村澤真保呂・伊藤泰郎・岸政彦訳『排除型社会―後期近代における犯罪・雇用・差異』, 京都: 洛北出版, 2007年.

Žižek, S. (1989). *The Sublime Object of Ideology*. New York: Verso. 鈴木晶訳『イデオロギーの崇高な対象』, 河出書房新社, 2001年.

_____. (1993). *Tarrying With the Negative: Kant, Hegel and the Critique of Ideology*. Durham: Duke University Press. 酒井隆史・田崎英明訳『否定的なもののもとへの滞留―カント, ヘーゲル, イデオロギー批判』, 東京: ちくま学芸文庫, 2006年.

_____. (2005). The politics of jouissance. *Lacanian Ink*, (24/25), 126–135.

_____. (2007). *Enjoy Your Symptom!: Jacques Lacan in Hollywood and Out*. London: Routledge. 鈴木晶訳『汝の症候を楽しめ――ハリウッドvsラカン』, 東京: 筑摩書房, 2001年.

_____. (2008). *For They Know Not What They Do: Enjoyment as a Political Factor*. London: Verso. 鈴木一策訳『為すところを知らざればなり』, みすず書房, 1996年.

_____. (2009). *The Fragile Absolute: Or, Why Is the Christian Legacy Worth Fighting For?* London: Verso. 中山徹訳『脆弱なる絶対―キリスト教の遺産と資本主義の超克』'青土社, 2001年.

イマヌエル・カント (2012)『純粋理性批判』(熊野純彦訳), 東京: 作品社.

エウアグリオス·ポンティコス (1994)「修行論」(佐藤研訳), 上智大学
　　中世思想研究所編『中世思想原典集成』第3巻 所収, 東京: 平
　　凡社.

オットー·ヴァイニンガー (1980)『性と性格』(竹内章訳), 東京: 村松
　　書館.

カール·マルクス (1969)『資本論(一)』(向坂逸郎訳), 東京: 岩波文庫.

ギュスターヴ·ル·ボン (1993)『群衆心理』(桜井成夫訳), 東京: 講談社
　　学術文庫.

ゲオルク·ヴィルヘルム·フリードリヒ·ヘーゲル (2002)『精神の現象
　　学(下) ヘーゲル全集 第3巻』(金子武蔵訳), 東京: 岩波書店.

ジョルジョ·アガンベン (2008)『スタンツェ ― 西洋文化における言葉
　　とイメージ』(岡田温司訳), 東京: ちくま学芸文庫.

セーレン·キルケゴール (1964)『愛のわざ 第一部　キルケゴール著作
　　集 第15巻』(武藤一雄·芦津丈夫訳), 東京: 白水社.

＿＿＿＿＿＿＿＿＿＿ (1979)『不安の概念』(斎藤信治訳), 東京: 岩
　　波文庫.

＿＿＿＿＿＿＿＿＿＿ (1983)『反復』(桝田啓三郎訳), 東京: 岩波文
　　庫.

テオドール·アドルノ (1980)『権威主義的パーソナリティ ― 現代社会
　　学大系12』(田中義久·矢沢修次郎·小林修一訳), 東京: 青木書
　　店.

トマ·ピケティ (2014)『21世紀の資本』(山形浩生·守岡桜·森本正史
　　訳), 東京: みすず書房.

ニコラウス・クザーヌス (2001)『神を観ることについて 他 二篇』(八巻
　　和彦訳), 東京: 岩波文庫.

フィリップ・ラクー＝ラバルト, ジャン＝リュック・ナンシー (1992)「ユ
　　ダヤの民は夢を見ない」(藤井麻利訳),『Imago』, 第3巻 7号,
　　118-142頁.

　　　　　　　　　　　　　　　　　　　　　　　　　 (2013)「政
　　治的パニック」(柿並良佑訳),『思想』, 第1065号, 23-64頁.

ブレイディみかこ (2016)『ヨーロッパ・コーリング――地べたからの
　　ポリティカル・レポート』, 東京: 岩波書店.

ブレーズ・パスカル (2013)『パンセ』(田辺保訳), 東京: 教文館.

ミシェル・ヴィヴィオルカ (2007)『レイシズムの変貌――グローバル
　　化がまねいた社会の人種化、文化の断片化』(森千香子訳), 東
　　京: 明石書店.

加藤敏 (2010)『人の絆の病理と再生―臨床哲学の展開』, 東京: 弘文
　　堂.

　　　　(2013)『職場結合性うつ病』, 東京: 金原出版.

柿並良佑 (2013)『恐怖(パニック)への誕生―同一化・退引・政治的なも
　　の』,『思想』, 第1065号, 65-86頁.

笠原嘉 (1981)「うつ病の治療と社会復帰」,『内科セミナーPN6「うつ
　　病」』所収, 東京: 永井書店.

吉田城 (1996)『神経症者のいる文学―バルザックからプルーストま
　　で』, 名古屋: 名古屋大学出版会.

宮本忠雄 (1977)「躁うつ病者の妄想的ディスクール」, 宮本忠雄編『躁

うつ病の精神病理』所収，東京: 弘文堂.

橋本淳 (1985)『キェルケゴール―憂愁と愛』，京都: 人文書院.

慶應義塾大学精神病理研究グループ，濱田秀伯，古茶大樹 (2008)『メ
　　ランコリー―人生後半期の妄想性障害』，東京: 弘文堂.

原和之 (2002)『ラカン―哲学空間のエクソダス』，東京: 講談社.

高木隆郎 (2009)「早期分裂病と早期幼児自閉症」，高木隆郎編『自閉
　　症―幼児期精神病から発達障害へ』所収，東京: 星和書店.

今野晴貴 (2012)『ブラック企業―日本を食いつぶす妖怪』，東京: 文
　　春新書.

佐藤嘉幸 (2009)『新自由主義と権力―フーコーから現在性の哲学
　　へ』，京都: 人文書院.

斎藤環 (2007)『メディアは存在しない』，東京: NTT出版.

山本圭 (2016)『不審者のデモクラシー―ラクラウの政治思想』，東
　　京: 岩波書店.

酒井直樹 (2012)「レイシズム・スタディーズへの視座」，『レイシズム・
　　スタディーズ序説』，東京: 以文社.

松本卓也 (2013)「身体型対人恐怖の構造―存在の確信をめぐるラカ
　　ン的パラドクス」，臨床精神病理，第34巻2号，185–198頁.

―――― (2015)『人はみな妄想する―ジャック・ラカンと鑑別診断の
　　思想』，東京: 青土社.

―――― (2017)「ラカン派精神分析における自閉症論」，上尾真道・牧
　　瀬英幹編『発達障害の時代とラカン派精神分析―〈開かれ〉
　　としての自閉をめぐって』所収，京都: 晃洋書房.

松本敏治 (2017)『自閉症は津軽弁を話さない―自閉スペクトラム症のことばの謎を読み解く』, 東京: 福村出版.

上尾真道 (2017)『ラカン　真理のパトス―1960年代フランス思想と精神分析』, 京都: 人文書院.

上野千鶴子, 北田暁大 (2015)「「1968」と「2015」のあいだ―安保法案反対運動の新しさと継承したもの」,『atプラス』, 第26号, 4-37頁.

千葉雅也 (2013)『動きすぎてはいけない―ジル・ドゥルーズと生成変化の哲学』, 東京: 河出書房新社.

大前晋 (2012)「「大うつ病性障害」が出来るまで―DSM-III以前の「うつ病」(内因性抑うつ)と現代の「うつ病」(大うつ病性障害)の関係」,『精神神経学雑誌』, 第114巻8号, 886-905頁.

大澤真幸 (2016)『可能なる革命』, 東京: 太田出版.

池田真典 (2017)「ベルギーのラカン派による施設での臨床について」, 上尾真道・牧瀬英幹編『発達障害の時代とラカン派精神分析―〈開かれ〉としての自閉をめぐって』所収, 京都: 晃洋書房.

竹村和子 (2005)「ポスト性的差異は可能か, だがもしも可能になったら…」,『ラカンとポストフェミニズム』所収, 東京: 岩波書店.

東浩紀 (1998)『存在論的, 郵便的―ジャック・デリダについて』, 東京: 新潮社.

_____ (2011)「郵便的不安たち―『存在論的, 郵便的』からより遠く

へ」,『郵便的不安たちβ』所収, 東京: 河出文庫.

筒井康隆 (1996)『笑犬樓よりの眺望』, 東京: 新潮文庫.

内海健 (2012)『さまよえる自己―ポストモダンの精神病理』, 東京: 筑摩書房.

白井聡 (2013)『永続敗戦論―戦後日本の核心』, 東京: 太田出版.

布施哲 (2012)「回帰する人民―ポピュリズムと民主主義の狭間で」, 『I.R.S.-ジャック・ラカン研究』, 第9/10号, 236–263頁.

福本修 (2011)「『喪とメランコリー』注解」, 『現代思想』, 第39巻2号, 106–119頁.

柄谷行人 (2015)「Dの研究 第4回 宗教と社会主義(承前)」, 『atプラス』, 第26号, 87–105頁.

桝田啓三郎 (1996)「解説」,『死にいたる病』所収, 東京: ちくま学芸文庫.

木村敏 (2006)『自己・あいだ・時間―現象学的精神病理学』, 東京: 筑摩書房.

柳田國男 (1993)『明治大正史 世相篇 新装版』, 東京: 講談社学術文庫.

立木康介 (2013)『露出せよ, と現代文明は言う―「心の闇」の喪失と精神分析』, 東京: 河出書房新社.

————— (2016)『狂気の愛, 狂女への愛, 狂気のなかの愛―愛と享楽について精神分析が知っている二, 三のことがら』, 東京: 水声社.

鈴木國文 (2011)「社会の脆さと精神病理学―「弱い知」としての精神医

学に向けて」, 『臨床精神病理』, 第32巻3号, 207–219頁.

國分功一郎 (2011)『暇と退屈の倫理学』, 東京: 朝日出版社.

부록: 향락사회란 무엇인가?

1. 시작하며 ―『인간은 누구나 몽상을 한다』에서 『향락사회론』으로

이전에 우리는 『인간은 누구나 몽상을 한다 ― 자크 라캉과 감별 진단의 사상』*에서 자크 라캉의 이론을 '신경증과 정신병의 감별 진단'이라는 관점에서 정리하였다. 이는 라캉이 '세미나'에서 지적하고 있듯이 양자를 잘 구별하지 않고서는 치료를 받을 수 있는지, 치료를 어떻게 진행할 것인지, 그때의 지침은 어떤 것인지와 같이 임상에서 가장 중요한 사항들을 결정할 수 없기 때문이며, 또한 양자의 구별을 무시하고 있다고 여겨지는 동시대 분석가들의 이론적 혼란을 바로잡을 필요성을 라캉 자신이 느꼈기 때문이기도 하다. 요컨대 감별 진단을 고찰하지 않고서는 라캉의 이론

---

* 松本卓也,『人はみな妄想する―ジャック・ラカンと鑑別診断の思想』, 青土社, 2015.

과 임상을 이해할 수 없다고 여겼기 때문이다.

위의 논점을 정리한 결과 우리는 다음과 같은 결론에 다다랐다.

첫째, 1950년대 라캉 이론에서 '아버지의 이름'을 통해 상징계에 의하여 통제되는 사람이(소위 말하는 '정상(인)'과 같은 곳에 위치한) 신경증자이며, '아버지의 이름'이 배제된 사람이 정신병자라고 할 수 있다. 이 시기의 '아버지의 이름'은 프로이트의 저 유명한 오이디푸스 콤플렉스에서 말하는 '아버지'가 가톨릭화한 버전이다. 왜냐하면 유대교도였던 프로이트에게 '아버지'는 거의 거세된 것이나 다름없었던 것과는 대칭적으로, 라캉은 '아버지의 이름'이 마치 신이 각각의 개인에 대하여 신성한 사명을 미리 부여하는 것처럼 각각의 주체에 대하여 상징적인 위치를 할당하고 그 위치를 승인해 준다고 생각했기 때문이다. 또한 그 체제 아래서는 각각의 신경증 증상에서, 예를 들어 프로이트의 병례에서 쥐 인간이 아버지의 죄에 대한 관계로부터 강박신경증을 앓는 것처럼, 개인은 *아버지의 이름*을 *통해서* 신경증을 앓고 그 증상으로 고통받는다고 생각했다.

둘째, 1960년대가 되면 ─ 보다 정확하게 말하면 1959년경부터 ─ 라캉은 상징계를 통제하는 '아버지의 이름'(=타자의 타자)은 없다, 다시 말해서 신경증자이든지 정신병자이든지 간에 '아버지의 이름'은 존재하지 않는다고 생각하게 되었다. 혹시 신경증자에게 이것이 기능하고 있는 것처럼 보인다면 이는 그들이 '아버지의 이름'을 믿고 있기(믿는다고 속고 있기) 때문이며, 정신병자는 그러한 기만에 속지 않는다는 점에서 자유로운 인간이라고 할 수 있다. 당시 라캉은 이 같이 생각하게 되었다.

다만 이와 같은 생각이 1960년대에 시작되었다기보다는 실제로는 보다 이른 시기부터 라캉 안에 배태되어 있었다고 보아야 한다. 왜냐하면 라캉에 따르면 프로이트가 정신분석을 고안한 것은 "아버지에 대한 이마고의 사회적 쇠퇴"*가 분명하게 드러났던 위기의 시대였기 때문으로[법/아버지의 권위가 동요하던 시기], 요컨대 정신분석은 프랑스혁명에 의해 '아버지'와 같았던 왕의 목이 잘린 뒤 약 1세기가 지난 세계에서 가부장제의 쇠퇴와 함께 등장했으며, 따라서 프로이트의 정신분석이 '아버지'에 대해 양가적인 위치를 차지하고 있었다고 생각할 수 있기 때문이다.

이와 같은 '아버지'의 모델이 되었던 것은 프로이트의 「토템과 터부」라는 논문일 것이다. 이 논문에서 프로이트는 과거 원시 부족에서 막강한 힘을 가진 한 사람의 원초적 아버지가 모든 여성을 지배하고, 이에 반감을 품었던 아들들이 일치단결하여 아버지를 살해한다는 신화적 장면을 말하고 있다. 이러한 살해를 통해서 아버지가 존재하지 않게 되지만, 역설적으로 아버지는 죽고 난 이후에 오히려 강력하게 기능을 발휘하게 된다. 왜냐하면 각자 아버지의 위치를 차지하기를 원하는 아들들은 아버지가 죽은 후 '만약 자신이 아버지의 자리에 가려고 한다면, 아버지가 살해된 것과 마찬가지로 자신도 형제들에 의하여 살해되지 않을까?'라는 의심에 쌓이게 되고, 그 결과 그들 중 누구도 과거의 아버지의 자리에 앉

* Jacques Lacan, *Autres Écrits*, Seuil, 2001, p. 60.

지 못한다는 것 — 즉 아버지의 자리에 앉는 것은 저 죽은 아버지 뿐이다 — 을 상호 인정함으로써만 안정된 해결을 발견할 수 있었기 때문이다. 각각의 주체(아들)들은 이미 죽어 버린 '아버지'에게 자발적으로 종속되기를 요구받게 된 것이다. 히스테리가 불능인 아버지에 대한 욕망을 지탱하는 병으로서 나타나고, 강박신경증이 죽은 *아버지의 죄*를 받아들이고 고통받는 병으로서 나타나는 것은 바로 이 때문이다.

세 번째, 1970년대가 되자마자 라캉은 신경증과 정신병의 감별 진단이라는 과거의 생각을 상대화하기에 이른다. 이에 동반하여 라캉의 이론적 관심도 과거의 '아버지'보다는 오히려 향락의 모습 쪽으로 이동해 나간다. 다시 말해서 그때까지는 '아버지'나 이와 관련된 상징적 기능으로부터 파악되었던 증상이 '만족'이라는 관점에서 다시 다루어지고, 그 결과로 각각의 주체가 갖는 증상의 뿌리에 있는 향락, 각 주체에 고유한 향락의 양상과 어떻게 '잘 지내는savoir y faire' 일이 가능한지가 라캉의 중심적인 흥미가 되어 간다. '생톰sinthome'이란 이와 같은 새로운 관점에서 본 증상에 부여된 이름을 말한다. 당연히 라캉은 이 시대에도 '아버지의 이름'에 관하여 언급하고 있지만, '아버지의 이름'이 "그것['아버지의 이름']을 이용한다는 조건에서라면 그것 없이도 해소될 수 있는 것"*으로 자리매김하는 것을 봐도 알 수 있듯이, 이 개념이

---

*   Jacques Lacan, *Le Sinthome*. Le Séminaire Livre XXII I 1975-1976 , Seuil, 2005, p. 136.

1950-60년대처럼 눈에 띄게 특별한 힘을 갖지 않게 되었다고 할 수 있다.

그리하여 라캉의 이 같은 3단계 이론적 변천을 정리해 나가는 가운데 우리는 이들 이론이 어떤 종류의 집단론 내지 집단심리학과 병행적인 관계를 맺고 있음을 알게 되었다. 프로이트 자신은 "개인심리학은 동시에 집단심리학이기도 하다"*라고 생각했으며, 따라서 '지도자가 있는 집단'과 '지도자가 결여된 집단'의 대비 ― 즉 '아버지'가 존재하는 집단과 '아버지'가 존재하지 않는 집단의 대비 ― 로부터 논리를 전개하는 프로이트의 논문『집단심리학과 자아 분석』은 분명 개인의 정신분석으로부터 얻은 '아버지'에 대한 견지를 집단에 적용할 수 있다고 본 것이다. 또한 만년의 논문 『문명 속의 불만』에서는 그와 같은 수직적인 '아버지'가 기능하지 않고 오히려 구성원 상호 간의 수평적인 동일화에 의해서만 유지되는 집단이 있다고 말하며, 당시의 미국 사회를 그 예로 거론하고 있다.** 그렇다면 프로이트와 라캉의 정신분석 이론이 '아버지'가 지배하는 사회, 부재하지만 '아버지'가 기능하게 되는 사회, 더 이상 현전하는 '아버지'도 부재하는 '아버지'도 관계없는 방식으로 지배되는 사회라는 다양한 사회의 모습을 논하기 위한 유용한 이론 장치가 될 수 있는 것도 그리 이상한 일이 아니다.

---

*   Sigmund Freud, 'Massenpsychologie Und Ich-Analyse', in *Gesammelte Werke*, Fischer Verlag, 1921, Bd. XIII, p. 73

**   Sigmund Freud,' Das Unbehagen in Der Kultur', in *Gesammelte Werke*, Fischer Verlag, 1930, Bd. xiv, p. 475.

이렇게 생각함으로써 우리는 1950, 60, 70년대의 라캉 이론을 (후술하는) 미셸 푸코의 군주 권력/ 규율 권력/ 안전장치(혹은 질 들뢰즈가 말하는 제어 사회*)라는 세 가지와 비교 검토할 수 있는 시점을 확보하게 된다. 뒤에서 보게 될 것처럼, 거의 동시대의 프랑스에서 살았던 그들이 정신분석(임상), 혁명(정치), 철학(이론)이라는 세 가지 서로 다른 영역에서 상징적 질서를 받쳐 주는 것으로서의 '아버지=왕=신père-roi-dieu**'을 같은 위상에 있는 것으로 간주하는 것을 중요한 근거로 삼았다고 본다면, 프로이트와 라캉이 추려낸 인간의 정신을 둘러싼 세 가지 구조도 정치나 사회에 폭넓게 적용될 가능성을 가지고 있다고 볼 수 있을 것이다.

이와 같은 착상에서 출발한 여러 논고를 모아 정리한 것이 졸저 『향락사회론 ─ 현대 라캉주의의 전개』***였다. 이 저작의 제1장에서는 자크 알랭 밀레의 논점들을 참고하면서 라캉의 이론적 변천을 '향락'이라는 개념에 주목하면서 제시하였다. 밀레는 라캉의 『세미나』를 편집하는 과정에서 라캉이 전개한 정신분석 이론 그 자체에 대한 강력한 갱신이 사회의 변화와 관련을 지니면서 진행되었다는 점을 지적하고 있으며, 그는 그것을 발간되는 『세미

*   들뢰즈의 'sociéé de contrôle'은 종종 '관리 사회'로 번역하지만, 기타노 게이스케北野圭介는 이 술어에 '톱다운 형식의 일원 관리적인 권력 도식'이 아닌 것으로 보는 관점에서 '관리 사회'내지 '통제contrôle 사회'라는 역어를 선택하는데 본고에서는 이를 따른다. 北野圭介, 『制御と社会─欲望と権力のテクノロジー』, 人文書院, 2014. 참조.

** Féix Guattari, *Psychanalyse et Transversalité: Essais d'analyse Institutionnelle*, F. Maspero, 1972, p. 74

*** 松本卓也, 『享楽社会論─現代ラカン派の展開』, 人文書院, 2018.

나』의 뒤표지에 게재한 짧은 편집자의 설명분이나 편집 작업과 동시에 진행된 그의 강의(라캉주의 방향 제시orientation)를 통해서 이야기하고 있다. 간추려 말하면, 세미나 6권인『욕망과 그 해석』에서는 그때까지의 '아버지'를 중심으로 한 이론에서 벗어나고 있으며, 세미나 7권인『정신분석의 윤리』에서는 향락을 실재계와의 관계에서 다루고 있고, 나아가 세미나 10권인『불안』에서는 대상 α를 신체와의 관계에서 논고하고 있다. 그 후 수년간은 수학적인 형식화와 씨름했으며, 세미나 19권인『…혹은 더 나쁜』에서 '타자'가 아니라, '일자'와의 관계로부터 자신의 이론을 재구축하게 된 것을 계기로 세미나 20권인『앙코르』에서는 향락 개념을 재검토하였고, 23권『생톰』에서는 신체의 차원에서 향락의 양상을 문제 삼기에 이른다. 이와 같은 —혹은 이처럼 정리된—라캉 이론의 전개는 당연히 정치나 사회를 새로운 각도에서 고찰할 수 있게 해 준다.『향락사회론』의 제3부는 이와 같은 전제를 바탕으로 하여 쓰인 것으로, 현재 라캉이나 다른 현대사상을 원용하면서 전개되고 있는 정치이론*과의 관련을 의식하면서 일본에서 일어나고 있는 헤이트 스피치나 국회 앞의 데모에 관해서도 '향락'이라는 관점에서 많은 지면을 할애하여 논구하였다.

입장을 바꾸어 (비非라캉주의를 포함한) 정신분석의 역사를 개관해 보면, 비라캉주의에서는 프로이트 이후에 이른바 '대상관계'

---

* Yannis Stavrakakis, *The Lacanian Left: Psychoanalysis, Theory, Politics*, Edinburgh University Press, 2007.

가 중시되었고 이는 '아버지'로부터 '어머니'로의 이행이라 보아도 무방할 것이다. 하지만 이러한 이행에서 비라캉주의의 정신분석 담론은 정치나 사회를 말하기 위한 중요한 회로가 훼손되어 있다고 생각한다. 그에 비해 프로이트로부터 라캉으로, 그리고 현대 라캉주의에 이르는 정신분석 이론은 '아버지'로부터 ― '어머니'로 향하는 것이 아니라 ― 향락으로 그 중심이 이행되었다. 물론 대상관계론에서 이루어진 아버지로부터 어머니로의 이행이 라캉주의에서 이루어진 '아버지'로부터 향락으로의 이행과 무관한 것은 아니다. 그러나 향락에 주목하는 라캉주의의 주장이 정치이론이나 사회사상들과 보이는 좋은 궁합은 다른 학파의 정신분석이 따르지 못하는데, 이 부분은 현대에서 정치적인 집단이나 사회가 향락을 전면화하고 있다는 전제를 빼놓고는 도저히 생각할 수 없을 것이다. 우리가 현재의 세계를 정신분석적인 관점에서 포착하기 위해 토드 맥고완*으로부터 차용한 '향락사회'는 다양한 이미지를 환기시킬 수 있는 말이기에 채택되었다. 이 글에서는 향락사회가 도대체 어떠한 사회인지를 보다 명확하게 규정하기 위해, 정신분석의 주변으로부터 푸코나 들뢰즈의 논점 등을 빌려서 논의할 것이다.

---

*   Todd McGowan, *The End of Dissatisfaction?: Jacques Lacan and the Emerging Society of Enjoyment*, SUNYPress, 2003.

2. 세 종류의 권력 장치와 의존증 —푸코, 들뢰즈, 라캉

앞 절에서 시도한 정리, 즉 라캉의 이론적 변천을 푸코나 들뢰즈의 군주 권력/ 규율 권력/안전장치(제어 사회)에 관한 고찰과 중첩시켜 본다는 생각은 단지 필자의 즉흥적인 착상이 아니다. 최근에 알게 되었는데, 자크 알랭 밀레는 2002년의 강연을 기반으로 한 「밀라노 직관」에서 라캉의 이론적 변천을 동시대의 푸코나 들뢰즈의 작업과 연관시키며 현대사회에 대해 논하고 있다.

밀레는 라캉의 가르침을 세 가지 시기로 나누어, 제1기는 프로이트의 오이디푸스 콤플렉스, 거세, 억압, 라캉의 '아버지의 이름'과 은유가 통일화의 기능을 수행한다는 점이 강조되었고, 제2기에서는 '아버지의 이름'이 부재하게 되고 나아가 '아버지의 이름'이 복수화되어 그 부재를 메우려 하는 것이 중요해진다고 정리한다. 이는 우리의 논리에 따르면, 제1기는 현전했던 '아버지'가 지배하는 사회, 제2기는 부재하지만 '아버지'의 기능이 기능하는 사회에 대응한다고 생각할 수 있을 것이다. 그리하여 밀레는 제2기의 라캉의 가르침을 푸코의 규율 권력에 대응시키고, 제3기의 라캉의 가르침을 푸코의 안전장치나 들뢰즈의 제어 사회에 대응시키고 있다. 그렇다면 더 이상 현전하는 '아버지'와 부재하는 '아버지'와도 무관한 방식으로 지배되는 현대사회를, 밀레는 도대체 어떠한 사회라고 생각할까? 약간 길지만 그의 발언을 인용해 보자.

마지막 제3기에서 중요한 용어는 향락입니다. 즉, 대립물을 갖지 않은 향락이죠. (이러한 제3기) 이전에는 향락이 억압적 내지 치사적인 시니피앙과 긴장 관계를 갖고 있었지만, 이 시기의 시니피앙은 그 자체가 향락의 조작자operator가 됩니다. 쾌(락)와 향락의 대립은 이제 사라져 버렸고, 향락은 쾌와 관계를 갖게 되지요. 쾌와 향락의 대립이 갖는 유효성이 전부 사라져 버리는 것은 아니지만, 쾌는 향락과 하나의 체제가 되고 맙니다. 충동의 수준은 욕망과는 다르고, 그 자체가 방어와 관계를 갖는 것이 아니며, 그 충동의 수준에서야말로 라캉은 '주체가 언제나 행복하다'라는 명제를 위치시키고 있습니다. (…) 즉, 충동의 수준에서는 만족이나 쾌감, 고통 등의 양상mode이 문제가 되지만, 공리적으로 말하면 이들 사이에서 충동은 언제나 만족하고 있는 것이죠. (…) 이는 규율 훈련discipline 시대의 종말에 대응합니다. 이제는 모든 것이 배치arrangement의 문제가 되고 맙니다. 우리는 더 이상 외부dehors를 꿈꿀 수 없게 된 것이지요. 이제는 향락의 궤도나 배치, 체제만이 존재하게 된 것입니다. (…) 보로메오 매듭은 이러한 규율을 전제로 하던 이항 대립을 기초base로 했던 구조나 규율 훈련적인 조직으로부터 탈출하는 길을 찾기 위한 노력이었다고 할 수 있습니다. (…) 규율 훈련적인 사회라는 생각으로 되돌아가 봅니다. 규율 훈련적인 사회와 제어 사회의 구별은 푸코에서 유래하며 들뢰즈가 강조한 것입니다. 이 구별은 지배의 두 가지 체제를 보여 줍니다. 규율 훈련적인 사회란, 한편에는 억압 장치와 훈련이 있고 다른 한편에는 이에 종속히는 자가 있으며, 이 양자 사이에는 외부성이 존재하던 시대를 의미합니다. 이 시대에는 가장 눈에 띄는 지배가 있었고, 그러한 세뇌에 대하여 정면으로 대립할 수도, 또한 억압자의 모습을 분명히 조명할 수도 있었습니다. 그리하여 다양한 형식의 강제에 대항하여 저항할 수도 있었지요. (…) 푸코는 감옥, 시설, 병원, 학교, 대학이라는 구조를 연속적으로 다루었고, 이러한 것들에서 '감시와 처벌'이 분명하게 '내부'와 '외부'를 구분해 주었음을 밝혔습니다. (…) 지배 장치가 이미 30년 전에 변화했으며, 사회적 영역에서는 어느 정도 내재화되었다는 사실을 우리가 알게 되었다는 점을 생각하자면 이 점은 아주 흥미로워집니다. 마르크스주의자가 분석했던 지배의 메커니즘이 내재화되고 커뮤니케이션 사회나 정보사회는 근거 없는 불가시적인 것으로서 현재는 확산되어 가고 있는 중입니다.[*]

밀레가 규율 훈련에서 '억압자의 모습'이 확실하게 드러난다고 하는 점은 다소 위화감이 남는 것(후술)이 사실이지만, 어쨌든 제3기 라캉의 가르침 ─ 즉 안전장치나 제어 사회에 대한 라캉의 대응물 ─ 에서, 억압자로서의 '아버지'는 이제 억압자로서 확실히 드러나는 것이 아니라 오히려 사회 안에 편재하기에 이르고 근거 없는 향락의 체제라는 것이 중요해져 버린 것이다. 또한 이러한

---

[*] Jacques-Alain Miller, 'Intuitions Milanaises', *Mental*, 11, pp. 9-16, 2002.

향락의 체제에서는 주체를 "언제나 행복"한 상태로 만드는 일 ─ "향락하라!Jouis!"고 명령하는 초자아 ─ 을 통한 유연한soft (하지만 그만큼 강력한) 지배가 이루어지고 있다고 간주할 수 있을 것이다.

이와 같은 사유는 인용 부분이 시사하듯이, "외부dehors"를 중시하는 사고를 더 이상 중요한 것으로 간주하지 않는다. 다시 말하면, 제3기의 라캉의 가르침이 다루려고 했던 것은 푸코가 '외부의 사유'라 지칭하는 일종의 광기에 가까운 문학, 정치에 있어서 '혁명'과 같은 것으로, 적어도 이전과 같은 방식으로는 문제시할 수조차 없는 지평이다.

이어서 이러한 논의를 보다 명확히 하기 위해 후기 라캉 이론을 현대 정치이론 혹은 사회사상으로 재포착하기 위해서 필요한 범위 안에서 푸코와 들뢰즈가 제시하는 논의를 참조해 보려고 한다.

잘 알려진 것처럼 푸코*는 1977-78년도의 콜레주 드 프랑스 강의인 『안전, 영토, 인구Sécurité, Territoire, Population』에서 형법을 위시한 다양한 사례들을 참조하면서, 1) 중세에서 고전주의에 이르는 시대, 2) 근대, 3) 현대의 각 시대의 주류라 할 권력 장치를 세 단계로 나누어 정리하고 있다. 1) '고대archaic', 2) '근대modern', 3) '현대(동시대, contemporary)'라고 칭하는 각각의 시대는, 1) 군주 권력souveraineté, 2) 규율 권력discipline, 3) 안전장치sécurité라고 불리는

---

*   Michel Foucault, *Sécurité, Territoire, Population: Cours Au Collège de France* (1977-1978), Seuil, 2004.

권력 장치가 대응한다. 다만 이러한 권력 장치는 시대의 변천에 따라서 발전하는 단순한 관계가 아니라, 오히려 '어떤 것이 주류가 되는가'라는 문제가 관건이 된다.*

중세에서 17-18세기 사이, 즉 1)의 고대 시대는, 가령 "도둑질하지 말라"는 금지의 형식으로 나타난 단순한 형법을 볼 수 있다고 푸코는 지적한다. 이 금지를 위반한 경우에는 교수형이나 벌금형이라는 형벌을 받는 것이다. 이러한 금지와 형벌의 조합은 현대의 형법과 통하는 것이지만, 고대 시대의 금지와 형벌에서는 *군주*가 처벌권을 독점하며, 민중은 금지와 처벌은 물론이요, 범죄라는 사안에서 진실을 결정하는 일에는 전혀 관여할 수가 없었다. 즉, "범죄 사항에서 진실을 확정하는 일은 군주와 그의 재판관에게만 절대권이나 독점권이 있었다 (…) 이 점에서 국왕은, 처벌권에 속하는 '군주권'은 어떠한 경우에도 '군중multitude'에 귀속될 수 없다는 취지를 명시하려 했음이 분명하다. 군주의 사법권 앞에서는 모두가 목소리를 죽이고 있을 수밖에 없었다는 것이다."** 이러한 의미에서 고대 시대에는 금지와 처벌을 쥐고 있던 국왕이 이른바 "법 안에 현존하는"*** 존재였다고 말할 수 있다.

2)의 모던 시대, 즉 18세기 근대에 절도는 "도둑질하지 말라"는 형법에 의하여 금지되었고, 이 법을 어기는 경우에 처벌은 형법에

---

*   같은 책, p. 10.
** Michel Foucault, *Surveiller et Punir: Naissance de La Prison*, Gallimard, 1975, p. 40.
*** 같은 책, p. 52.

의하여 결정된다. 이 점은 고대와 같다. 근대가 고대와 다른 점은, 근대에서는 형법이 감시의 눈길과 강제적인 훈련, 노동과 연결된다는 점이다. 즉, 근대에서 권력 장치는 도둑질을 한 자에게 신체형보다는 자유형(구금형)을 부과한다. 형무소 안에서 강제적인 훈련과 노동을 시킴으로써 범죄자를 법에 종속되는 주체로 교화하려는 것이다.

이와 같은 권력 장치의 모습은 푸코가 『감시와 처벌Surveiller et punir』에서 논한 판옵티콘Panopticon(일망 감시 장치)에서 관찰할 수 있다. 잘 알려진 것처럼 판옵티콘은 감옥 안의 죄수들이 끊임없이 감시하는 눈길을 의식하게 함으로써, 그들을 규율을 내재화한 종속적인 주체로 만들려는 권력 장치이다. 여기서 주목해야 할 것은, 고대의 법 안에서 현존했던 군주와는 달리 근대에는 규율 권력pouvoir disciplinaire은 '몰개인화'되었으며, "그 권력의 본질이, 어떤 인격 안에 있는 것이 아니라, 신체, 표면, 빛, 시선과 같은 신중한 배치 안에, 또한 개개인을 장악하는 관계를 그 내적 기구가 만들어 내는 구조 안에 존재한다"*는 점이다. 결국 모던 시대에 권력 장치는 그것을 장악한 군주의 자리가 비어 있다는 특징을 지니며, 각각의 사람이 그 공백의 자리를 둘러싼 여러 관계 안에서 권력의 눈길을 상정함으로써 기능한다. 우리가 여기서 1960년대의 라캉이 부재하면서 기능한다고 말한 '아버지'의 대응물을 발견하는 것은 그리 어려운 일이 아니다.

---

* 같은 책, p. 203, 강조는 인용자.

현대, 즉 3)의 컨템포러리 시대에도 근대의 원리였던 감시와 강제적인 훈련 노동은 유지된다. 하지만 컨템포러리 시대의 권력 장치에서는 새롭게 다음과 같은 점이 추가된다는 것이 결정적으로 중요하다. 이제는 감시와 강제가 "이러저러한 형태의 범죄 발생률에 대한 평균은 어느 정도인가?", "그러한 발생률이 증가하거나 감소하는 시점, 지역, 형벌 시스템이 있는가?"* 등과 같은 물음에 의하여 구동된다는 것이다. 다시 말해서 형법은 아직도 금지와 처벌이라는 형태로 명문화되어 있기는 하지만, 사회의 안전 장치는 이와는 독립적으로 "절도는 어느 지역이 많이 발생하는가?", "어떤 형벌 시스템을 사용하면 절도의 발생률을 줄일 수 있는가?"라는 통계학적인 질문을 던지며 권력을 강고한 것으로 만든다. 이러한 권력 장치는 실질적으로 개인에 대하여 "도둑질하지 말라"는 금지를 명령하지는 않는다. 바꾸어 말하면, 컨템포러리의 권력 장치는 금지와 강제를 통해서 개인을 자발적으로 종속시키기보다는, 통계학이 제시하는 평균치에 집단을 맞추려고 하는 것이다. 나아가 푸코는 『안전, 영토, 인구』의 다음 해 강의인 『생명관리정치의 탄생Naissance de la biopolitique』에서 모던 시대의 규율 권력과 컨템포러리 시대의 안전장치의 대응물을 대비하면서, 전자가 "개인을 내적으로 종속화시키는 형태의 개입"이 이루어지는 사회라면, 후자는 "환경 형태의 개입"이 이루어지는 사회라고 주

* Foucault, *Sécurité, Territoire, Population : Cours Au Collège de France* (1977-1978), p. 6.

장하고 있다.*

권력 장치의 이와 같은 변천이 우리에게 자아내는 흥미로운 점은, 군주 권력으로부터 규율 훈련, 그리고 안전장치로 이행함에 따라 1) 권력을 독점하는 초월자(=군주)가 존재하는 시대를 거쳐, 2) 권력의 자리가 공백이 되고, 공백이기에 주체가 권력에 종속하는 시대에 이르며, 최종적으로 3) 권력이 사라진 것처럼 보이지만 통계학의 뒷받침을 받으며 집단을 향한 개입이 이루어져 그것이 사회를 메워 버리는 시대가 도래한다는 것이다. 가령 고대 시대에 초월자를 아버지로 보고, 근대에서 권력의 자리의 공백을 '아버지'의 부재로 바꾸어 읽는다면, 푸코와 라캉의 생각은 놀라울 정도로 유사하다고 할 수 있다. 그렇다면 현대, 즉 컨템포러리 시대는 도대체 어떤 향락에 의한 지배가 이루어지고 있을까? 이러한 의문을 풀기 위해서 우리는 들뢰즈의 '제어 사회'론을 참조할 필요가 있다.

들뢰즈는 푸코의 『감옥의 탄생』에서의 규율 권력에 대한 서술에 촉발되어 논문 「추신 — 제어 사회에 대하여」**를 집필한다. 그는 '규율 사회société disciplinaire' 후에 도래하는 사회, 즉 푸코의 안전장치에 대응하는 사회를 '제어 사회société de contrôle'라고 부른다. 이 제어 사회에서는 규율 사회와 같이 사람들에게 "죽음의 결정을 내리는" 생사여탈권을 행사하는 것이 아니라 오히려 "생을 관

---

* Michel Foucault, *Naissance de La Biopolitique : Cours Au Collè de France* (1978-1979), Seuil, 2004, p. 265.

** Gilles Deleuze, *Pourparlers. 1972-1990*, Les Editions de Minuit, 1990.

리하려는" 권력이 행사된다.* 즉, 제어 사회에서는 대상자를 사형이나 구금의 위협으로 종속시키는 것이 아니라 오히려 '항상적인 통제'를 통해서 종속시킨다.**

좀 더 자세히 검토해 보자. 제어 사회에서 통제(제어)가 '항상적'이라는 것은 통제가 언제, 어느 때라도 끝나지 않는다는 것을 의미한다. 통제는 24시간 쉬지 않고 우리에게 개입하고 있으며 우리를 순화시키고 있다. 푸코가 규율 권력의 모델로 삼은 학교나 감옥 같은 시설은 하나같이 —종신형이 아니라면 —언젠가는 끝난다는 것을 특징을 갖고 있다. 졸업을 맞이한 학생은 훈련된 종속적 주체가 되고, 형기를 마친 수형자는 교정된 종속적 주체가 되며 규율 훈련은 일단 여기서 끝나게 된다. 하지만 이에 대한 통제가 끝난 것은 아니다. 규율 훈련에 의한 주체화가 일종의 '틀 만들기(鑄造, moulage)' —즉 사전에 결정된 형태에 개인을 집어넣는다는 *끝이 있는* 작업 —였다고 한다면, 제어 사회에서는 주체화가 이루어지지 않고 오히려 개인은 그때그때의 정세에 맞추어 시시각각 변모를 반복하는 '전조modulation'의 *끝이 없는* 연속 안으로 휩쓸려 들어가게 되는 것이다.***

들뢰즈는 규율 사회에서의 '주조'와 제어 사회에서 '전조'의 차이를 금본위제 아래서의 '주조 화폐'와 '변동 주식제' 사이의 차이에 빗대고**** 있지만, 현대적으로는 다음과 같이 바꾸어 말할 수

---

*   같은 책, p. 240
**   같은 책, p. 236
*** 같은 책, p. 242

있을 것이다 ― 규율 사회에서 개인의 모델이 주식회사에 대한 장기적인 투자(출자)라고 한다면, 제어 사회의 개인 모델은 당일 매매자day trader에 의한 단기적인 투기라고.

주지하다시피, 주식 투자는 본래 기업이 사업을 위해서 만들어낸 제도였다. 출자자는 투자(출자)를 위해 한시적으로 금전을 유보하게 되지만, 출자에 의해 가능해진 사업으로부터 생긴 이득의 배분을 *나중에* 받게 되는 것이다. 이와 같이 출자자는 한시적인 마이너스를 통해서 장기적인 플러스를 얻으며, 그(출자자)가 한시적인 마이너스를 감수하는 것은 사업을 신뢰하고 기업이 수행하는 사업에 찬성한다는 조건 하에서 이루어진다. 그리고 기업은 (원리적으로) 사업이 모두 완료 되었을 때 출자금을 반환하고 해산한다. 즉, 끝이 있다. 주식 투자에서 출자자의 모습은 규율 사회에서 개인이 학교나 감옥 안에서 한시적인 자유의 박탈을 견디어내고 나중에 거기에서 이익을 얻는 것과 닮았다.

하지만 주식은 그 자체를 판매하는 것도 가능하다. 1975년 미국 증권위원회가 주식 판매에 동반되는 수수료의 자유화를 결정하자 출자자와 기업 사이에 장기적인 신뢰 관계가 필요하지도 않게 되었고 주식 그 자체에 대한 단기적인 판매(투기)를 통해서 이익을 취할 수 있게 되었다. 여기서 탄생한 거래 수법이 데이 트레이더이다. 데이 트레이더는 시시각각 등락 운동을 보이는 시장에서 약간의 상승과 하강의 징후도 민감하게 주시하며 타산적인 매

**** 같은 책, p. 244

매를 하루 종일 반복할 수 있다. 여기서는 *나중에* 지불되는 배당금에 대한 기대가 기능하지 않으며, 마이너스와 플러스는 그들이 거기에서 이익을 얻기 위한 지표에 불과하다. 여기서는 과거의 기업에 대한 *신뢰*는 여러 가지 지표를 통해서 표시되는 기업에 대한 *평가*로 바뀌어 버린다. 더불어 데이 트레이더는 속성상 정산 가능한 출자가 아니기에 끝나지 않는다. 데이 트레이더는 언제나 변동하는 시장 안에서 끊임없는 '준안정적métastable'인 ─ 결코 안정 상태에 이를 수 없는 ─ '전조'를 수행할 필요가 있을 뿐이다.*

제어 사회는 푸코의 안전장치라는 생각을 들뢰즈가 번안한 것으로, 그것이 갖는 '준안정적'이라는 성질은 앞서 확인한 것처럼 끊임없이 향락을 추구하는 것이 문제가 되는 현대사회에도 들어맞는 것으로 보인다. 실제로 밀레는 21세기에 들어온 이래 많은 분석 주체가 포르노그래피와 관계에서 삶의 고통을 호소하게 되었다고 증언하면서 다음과 같이 말하고 있다.

정신분석은 변화하고 있습니다. 이는 (변화하기를 바라는) 욕망이 아니라 (변화하고 있다는) 사실입니다. 정신분석은 우리 분석가들의 진료실 안에서 변화하고 있으며, 이러한 변화는 우리에게 실제로 아주 명확(하게 실감됩니다) (…) 하나의 예에 불과하지만 이렇게 말해도 된다면, 성적 억압의 모범인 빅토리아 여왕의 비호 아래에서 프로이트가 정신분석을 발

---

* 같은 책, p. 243.

명했다고 한다면, 한편으로 21세기는 이른바 포르노, 볼거리에 의하여 누구라도 인터넷상에서 마우스를 클릭함으로써 접근할 수 있는 쇼show가 되어 버린 노출된 성행위나 다름없는 것이 대규모로 확산되는 시대입니다. 이러한 (두 시대의) 균열에 대하여 우리는 어떻게 사고하면 좋을까요. 빅토리아 여왕 시대에서 포르노 시대로의 이행에서, 우리는 금지로부터 허가로 이행했을 뿐만이 아니라 선동, 침입, 도발과 내몰기로 이행한 것입니다. 신체의 상상적인 과잉이 계속 주어지며 계속 이용되는 일만큼, 현실계에서의 성관계 부재를 분명히 나타내 주는 것은 없습니다.*

여기에서는 밀레가 말하는 제3기 라캉의 가르침 중에서 임상의 대응물을 볼 수가 있다. 과거의 임상이 향락을 주체의 '외부'에 위치시킨 것(즉, 향락이란 이미 사전에 상실해 버린 '불가능한 것'이었으며 이에 접근하는 것은 치사적인 고통을 초래한다고 생각하는 것)과 관계되는 분석 주체를 취급했다고 한다면, 현대의 임상은 이제 '불가능한 것'이 존재하지 않고 '향락의 자유화liberation de la jouissance'**를 통해서 자유롭게 접근할 수 있게 된 향락의 대상을 차례차례 소비하도록 강제 내지는 도발당하여, 그 *끝없음*에 고통받는 분석 주체를 취급하게 되었다고 생각하는 것이다.

---

* Jacques-Alain Miller, 'L'inconscient et Le Corps Parlant', *La Cause du Déir*, 88, 2014, pp. 104-4.

** Jacques-Alain Miller, 'Une Fantaisie', *Mental*, 15, 2005, pp.9-27.

최근 라캉주의 안에서 점차 의존증addiction이 주목을 받게 된 것은 이와 같은 동향과 당연히 무관하지 않다. 1970년대 라캉은 당시에 "소문자 a(=대상 α)'가 사회적 정점에 올랐다"*는 점, 그리하여 자본주의에서 '향락 결여manque-à-jouir'가 질리지 않고 확장적으로 생산되고 있다는 점을 지적하고 있다.** 본래 대상 α가 사물das Ding의 흔적을 붙잡는 특권적 혹은 예외적인 대상으로 여겨졌던 것을 생각한다면, 여기서는 대상 α의 개념 자체에 대한 '자유화'─즉 어떤 대상 또는 상품이라도 대상 α가 될 수 있게 된 것─가 발생하고 있음을 인정할 수밖에 없다. 이 대상 α는, 이제 그것이 손에 쥐어지지 않는다는 점이 주체에게 고통을 주지 않게 된 이상, 이를 끊임없이 소비하는 것이 강제됨으로써 오히려 고통이 된다. 그렇다고 한다면 푸코의 생명관리 정치론을 따라 규율 훈련적인 사회에서 제어 사회(향락 사회)로의 이행이란 '향락을 죽이는 사회'에서 '향락을 구가하는 사회'로의 이행이었다고 말해도 무방할 것이다. 혹은 들뢰즈의 제어 사회론을 좇아서 이를 '향락의 준안정metastase de la jouissance'***을 통한 지배라고 생각할 수도 있을 것이다.

이와 같은 논의가 가장 잘 들어맞는 것이 의존증의 임상이라고 생각된다. 실제로 우리는 형사 시설(여자 형무소나 구치소)의 임상에서 섭식 장애를 배경으로 절도가 기벽嗜癖화되는 사례나 각성

---

*   Lacan, 앞의 책, p. 414.
**   같은 책, p. 435.
*** Abraham Naparstek, 'L'essaim de Drogues', La Cause du Déir, 88, 2014, 34-36.

제 의존, 약물 의존이라는 여러 사례를 관찰할 수 있었는데, 이와 같이 광의의 의존증자에게서 관찰되는 특징은 분명 제어 사회, 그리고 그 모델로서의 데이 트레이더에 의한 '단기적인 투기'로밖에 표현할 도리가 없었던 것이다.

예를 들어 형무소에서 푸코가 『감시와 처벌』에서 제시한 규율 권력의 모델이 충분히 작동하고 있다고 한다면, 감시의 눈길에 하루 종일 내맡겨진 수형자는 규율을 내면화함으로써 우등 수형자가 될 것이다. 적어도 (내심은 변하지 않는다고 할지라도) 공리적인 관점에서 그와 같은 행동을 선택할 수밖에 없다. 다소 마이너스가 된다 할지라도 마치 규율을 내면화한 것처럼 보이는 행동거지는 *나중에* 형무소 내에서 보상을 받아 유리한 대우나 조기 가석방이라는 플러스로 연결되기 때문이다.

하지만 실제로 우리가 여자 형무소에서 관찰한 것은 이와는 완전히 정반대의 사태였다. 예를 들어 섭식 장애를 지닌 수형자는 체중을 측정할 때 기준을 채우기 위해서만 측정 전에 많은 음식물을 섭취하는 경우가 있었다. 감시의 눈을 속이고 식사나 영양제를 다른 수형자와 교환함으로써 서로에게 이익이 되도록 하는 일이 이루어지는 것을 자주 목격할 수 있었다. 수형자들이 대화를 나눌 수 있는 장소가 한정되어 있지만, 그녀들은 짧은 순간일지라도 금지된 장소에서 대화를 하려고 한다. 이를 위해서 그들은 서로 망을 보아 주기도 한다. 결국 그녀들은 틈만 보이면 감시의 눈을 벗어나거나 감시의 눈을 이용하여 조금이라도 많은 즉각적 향락을 얻는 일에 전념하고 있었다. 여기서는 온갖 작은 물건과 사소한 행동 모두가, 각각 끝이 없는 작은 만족의 대상이 되고 있었다.

이는 단지 여성들이 공리적인 판단을 하지 못한다는 뜻이 아니다. 여성 약물 의존증자를 대상으로 한 'DARC 여성 하우스[Drug 약물의 D, Addiction 기벽, 병적 의존의 A, Rihabilitation=회복의 R, Center=시설, 건물의 C를 조합한 조어]'의 대표인 가미오카 하루에上岡陽江는 "교도관이 저쪽으로 향하면 검은 세계가 나타나고, 이쪽을 향하면 모범수라는 하얀 세계가 나타난다"고 쓰고 있는 옛 수형자의 말을 소개하면서, 그와 같은 모습을 '하루살이 방식'이라고 표현했다.* 요컨대 교도관이 만약 저쪽을 향하고 있다면, 그때는 이익을 최대화하는 방법이 [감시의] 눈을 속이는 것이며, 만일 이쪽을 향하고 있다면 그때 이익을 최대화하는 방법은 모범수로서 행동하는 것이다.

좀 더 말하자면, 우리가 형무소에서 만난 약물 의존증자 대부분의 생활사를 재구성해 볼 경우, 범죄 행위에 이르기 이전부터 이들은 장기간 인간관계를 제대로 맺지 못하고 위에서 말한 것과 같은 단기적인 이익에 지배된 생활을 영위한 사람이 많았다. 각성제 단속법 위반으로 체포된 어떤 여성은 "가족보다도 각성제를 파는 친구가 나를 돌보아 주었기에 각성제를 끊을 수 없었다"고 말한다. 분명 그러한 경우도 있을 것이다. 하지만 그녀에게 각성제를 판 사람이 그녀를 돌보아 준 것은 매상이 그에게 이득을 가져다주

---

* 國分功一郎, 上岡陽江, 「意志と責任の考現学―「中動態の世界」連載を終えて」, 精神看護, 18, 2015, 190-97頁.

었기 때문이다. 이윤만을 생각하는 인간관계가 단기적이 되기 쉽다는 것은 분명하다. 형무소에서 그러한 행동 패턴은 그녀들이 형무소 밖의 사회에서 취해 왔던 패턴과 연속된 것으로 보인다.

일반적으로 말해서, 장기적인 인간관계를 구축하기 위한 가장 기본적인 요소는 '내가 상대에게 그렇게 해 주었기에 나중에 상대도 나에게 그렇게 해 주겠지', '상대가 그렇게 해 준다면, 나중에 나도 그렇게 해 줘야지'라는, 상호 간에 서로를 인정하는 호혜적인 애정 관계의 고리이며, 나아가서는 이를 지탱해 주는 타자의 승인(타자를 자신이 승인하고, 타자에 의하여 자신이 승인을 받는다는 상징적인 타자와의 관계)일 것이다. 단기적인 이익에 기반하는 행동 패턴만을 보여 주는 여성 수형자에게 결여되어 있는 것은 이러한 호혜성 내지 타자의 승인이다. 이와 같은 요소가 결여된 인간관계에서 자신과 상대란 언제나 일회적인 관계에 그친다. 이러한 인간관계에 종속되어 있는 경우, 그 자리에서만 최대한의 이익을 끌어내려는 전략이야말로 가장 '공리적'인 셈이다. 그녀들은 분명 데이 트레이더가 주식을 상대하듯이 인간을 상대하는 서바이벌적인 판단의 세계에 살고 있다. 이러한 세계에서는 한순간이라도 방심하지 않고 유리할 것 같은 주식을 사며 손실을 초래할 것 같은 경우에는 바로 팔아 버린다는 영리한 판단이 필요하다. 신뢰에 기반하는 하나의 주식을 장기적으로 소유하면서, 나중에 배당을 받을 것을 기대하는 것과 같은 장기적인 인간관계로부터 그녀들은 배제되어 있는 것이다. 들뢰즈의 지적이 입증하듯이 현대는 규율 사회로부터 상당히 멀리 떨어진 곳까지 와 버렸다.

물론 우리는 그녀들 의존증자에게 나타나는 장기적인 인간관계의 부재를 사회적인 배제로 포착할 수도 있다. 하지만 그러한 관점이 필요하다고 할지라도, 본고의 논의에서 중요한 것은 그녀들이 그러한 범례로서 보여 주는 현대적인 향락의 모습이다. 단적으로 말해 과거의 규율 사회가 결여의 원리를 통해 만들어 낸 것이 금지에 대한 위반을 통해 획득되는 바타유Georges Bataille적 향락을 그 패러다임으로 하는 카타르시스적 향락 ─ 즉 사전에 고양된 긴장을 *나중에 가서 비로소* 해방하는 것을 통해 얻게 되는 향락 ─ 이었다고 한다면, 현대의 제어 사회에서 의존증자의 향락은 즉각성으로 나타난다는 점이 그 특징이다. 분명한 것은 그러한 향락의 체제는 형사 시설 안에만 있는 것이 아니라 현대사회 안에 만연해 있으며, 이 점을 정신분석가들도 민감하게 감지하고 있다.

3. 향락사회의 세 가지 특징

앞 절에서 푸코와 들뢰즈의 논의를 참조하면서 현대에 나타나는 향락의 양태를 의존증의 임상 사례를 참조하면서 논구하였다. 이러한 논의는 현대사회에서 화제가 되고 있는 여러 가지 문제를 논할 때도 상당히 도움이 된다고 생각한다. 또다시 푸코와 들뢰즈의 논의를 참조하면서 여기서 나타나는 특징을 세 가지로 나누어 서술하려고 한다.

첫 번째 특징은 앞서 서술한 대로, 현대는 향락이 금지되어 있는 것이 아니라 오히려 강제되고 있다는 점이다. 이러한 생각은 물론 라캉의 향락 개념의 변화에 대응한다. 일반적으로 라캉의 향락이라는 개념은 쾌락 원칙의 너머에 있는 것, 즉 쾌와 대립하는 것이라고 생각되며 안정된 시스템의 작동을 교란시키는 치사적인 것으로 이해되어 왔다. 다시 말해서 향락이란 도달 불가능한 것이며, 유일하게 가능한 향락에의 도달은 주체의 죽음을 통해서만 가능하다고 간주했던 것이다. 이러한 생각은 세미나 7권 『정신분석의 윤리』에서 개진되었다. 하지만 라캉은 그 후에 향락의 개념을 조금씩 변화시켜 나간다. 그리하여 세미나 11권 『정신분석의 네 가지 근본 개념』에서 향락은 대상 α라는 샛길을 통해서 획득할 수 있는 것이 되고, 세미나 17권 『정신분석의 이면』에서 향락은 우리가 사용하는 디스쿠르 안에 위치하는 것으로 정립된다. 이렇게 함으로써 과거에는 도달 불가능한 것으로 여겨졌던 향락이 이른바 '규제 완화'되어 버린 것이다. 그래서 "향락하라Jouis!"고 말하는 초자아의 명령이 지배하는 "향락이 명령되는 사회society of commanded enjoyment"*가 도래한 것이다.

이와 같은 향락의 모습은 현대의 소비사회 —즉 계속해서 매력적인 상품이 제시되고 끝없는 소비가 이어지도록 강제하는 사회—를 논할 때 아주 유용하다는 점은 말할 필요도 없을 것이다. 또한 그러한 향락의 규제 완화에 관하여 일찍이 푸코는 다음과 같은 유사한 논의를 분명하게 전개하기도 했다.

* McGowan, 앞의 책.

법은 금지한다. 규율은 명령한다. 이에 대하여 안전[장치]
는 본질적으로 말해 금지도 명령도 하지 않고—그러나 실제
로는 금지와 명령 측에 있는 몇 가지 수단을 가지고 있다—
어떤 현실에 응답하면서 기능을 수행하고 있다. 그 수행 방식
은 이러한 응답을 통해 저 멀리 있는 현실 자체를 무효화하
는—아니, 오히려 제한하고 제동을 걸어 조정調整하는—것
이다. 현실이라는 경계境位에서 일어나는 이러한 조정이야말
로 안전장치에서 근본적인 것이라고 생각한다.*

신자유주의가 말하는 '자유화'가 언제나 보다 심각한 별종의 '부
자유화'인 것과 같이, 푸코가 말하는 현실의 '조정'은 분명 현대에
서 말하는 "향락하라!" "적응하라!"라는 모진 명령으로 기능하고
있다. 또한 이러한 특징은 규율 훈련에서 전제되어 있던 개인에
의한 법의 내재화 내지 법에 대한 종속을 무효화해 버린다.

이제부터 말하는 두 번째 특징은 현대에는 '기원'을 묻는 사고
가 무효화되어 버린다는 점이다. 예를 들어 임상에서 조작적 진단
의 주체화, 그리고 그에 따르는 임상의 매뉴얼화는 '임상이란 원
래 무엇이었는가'라는 '기원'에 위치하는 문제를 되묻지 않고 효
율의 평가만을 통해서 구동된다.** 마찬가지로 어떤 종류의 인지

* Foucault, *Séurité Territoire, Population : Cours Au Collèe de France* (1977-1978), p.
48
** 슬라보예 지젝은 분명 밀레의 논의를 참조하면서 이와 같은 상황을 다음과 같
이 묘사하고 있다. "우리는 (…) 모든 영역에서 마땅히 있어야 할 윤리적인 행

행동요법은 클라이언트의 부적응 행동 패턴과 자동 사고를 치료의 표적으로 삼는다. 그리고 이에 대한 자기 제어를 획득한 '자신이라는 기업가'가 되는 것을 중시하며 '원인'에 대한 사고를 유보한다. 신자유주의에서 '자유'가 이제는 획득되어야 할 것이 아니라 자명한 전제가 되어 버린 것과 마찬가지로, 현대에는 과거에 이상으로 여겼던 것을 이미 성취된 것으로 전제하게 되어 이상의 목전에 있을 '기원' 내지 '원인'을 둘러싼 의문 — '자유'는 어떻게 가능한가? 지금 '자유'라고 하는 것이 진짜 '자유'인가? — 이 문제시되지 않게 되어 버렸다.*

마찬가지로 들뢰즈 역시, 현대의 '기원'의 문제는 이미 결말이 지어졌다고 말하고 있다. 그의 표현을 따르면, 가령 과거의 사회가 '투포환 던지기'에서처럼 '투척점'을 기원으로 삼는 스포츠였다고 한다면, 현대사회는 '파도타기surfing'나 '행글라이더hang-glider'와 같이 원래 존재하고 있던 '물결'에 동화해 가는 스포츠라고 할 수 있다. 들뢰즈는 이와 같은 변화를 긍정적으로 포착하면서 다시금

동을 규정한 기본 매뉴얼의 발명을 강하게 요청받고 있지만, 그러한 사태는 다름 아닌 대문자 '타자', 즉 안심 혹은 절대적인 신뢰를 바탕으로 한 윤리적 부동점을 제공해야만 하는 상징적인 준거틀 모두가 우리의 손으로부터 빠져나갔다는 점에 기인하고 있다. (…) 이는 마치 대문자 '타자'가 있어야 할 부재의 자리를 각 분야의 '윤리위원회'가 수많은 "작은 '대문자의 타자'"라는 대용물을 통해 찬탈해 버린 것 같은 양상이며, 주체는 자신이 짊어져야 할 책임을 그 대용품으로 사용하거나 혹은 그 대용품으로부터 자신이 처한 궁지를 타파하는 방책을 얻으려고 기를 쓸 뿐이다." Slavoj Žižek, *The Ticklish Subject: The Absent Centre of Political Ontology*, Verso, 2000, pp. 332–334 참조.

* 鈴木國文, 『同時代の精神病理——ポリフォニーとしてのモダンをどう生きるか』, 中山書店, 2014, 60頁.

'기원'을 문제시하는 논자를 비판하고 있다.* 요컨대 무엇이 기원이고 어디에 도달하는지=어디가 종결인지가 아니라, 그 중간에서 어떤 일이 일어나고 있는지를 물어야만 한다는 것이다. '기원'이 아니라 '파도타기'를 중시하는 사회는 당연히 유연할flexible 것을 모든 사람에게 강력하게 요구하지만, 이는 바로 즉각적으로 변화해 나가는 시장에서 자기 관리self-management를 해 나갈 수 있는 주체를 요구한다는 뜻이기도 하다. 오늘날 향락의 과잉으로부터 빠져나갈 수 없게 되어 버린 질환인 의존증의 증가와 자기 관리에 관한 부적응의 사례가 되고 있는 자폐증 스펙트럼에 대한 주목은 당연히 이와 무관하지 않다. 이런 의미에서 과거의 푸코가 예언했듯이 현대는 철저히 '들뢰즈의 세기'가 되어 가고 있다고 볼 수 있다.

이렇듯이 '기원'을, 그리고 '아버지'를 잃어버린 사회는 당연히 '기원'이나 '아버지'로 향한 향수를 키워가게 될 것이다. 세 번째의 특징은 바로 '아버지'의 회귀에 관한 것이다. "*아버지 없는 사회*의 위기가 종종 지적되었지만, 아버지의 회귀보다도 더 위험한 것은 없다"**고 말하는 들뢰즈가 여기서도 중요한 시사점을 던져 주고 있다. 실제로 패러디parody 같은 '아버지'의 형태를 보여 주는 정치가나 이른바 '전통적 가족'이라는 '기원'의 악마적 회귀는 작금의 정치 안에서 빈번하게 볼 수 있다. 과거에 라캉이 말한 '아버지'의

---

*   Deleuze, 앞의 책, p.165
**   Gilles Deleuze, *Critique et Clinique*, Éitions de Minuit, 1993, p. 113

기능이란 현실의 아버지에 의한 위협이 아니라 오히려 어머니가 아버지의 말parole에 부여했던 평가("아빠가 안다면 뭐라고 할까?")와 다름없으며, 그 성질 때문에 모든 사안이 '아버지'의 이름 아래서 정렬되고, 나아가서는 개개의 주체가 상징적으로 승인될 여지가 생겨났다. 하지만 현대로 회귀한 패러디로서의 '아버지'는 이것도 안 돼, 저것도 안 돼와 같이 '부정'을 나열하기 위해 자신의 기능을 이용할 뿐이다.

4. 마치며

그렇다면 이와 같은 향락이 통제되는 사회에서 우리는 어떻게 이에 저항할 수 있을까? 적어도 밀레를 중심으로 한 프랑스 현대 라캉주의 주변의 논의를 살펴보면, 뜻밖에도 그것은 *의존증*addiction을 통해 가능하다고 말한다. 물론 자유로워진 향락의 대상을 의존적으로 소비하는 것 그 자체를 긍정하는 것이 아니라, 오히려 자기 자신의 증상의 원인이 되는 향락, 다양한 증상이 그 반복인 "증상의 뿌리", 그런 의미에서 의존증적이라고 형용되는 "일자의 향락"을 발견하고 그것에 이름을 붙이는 것. 또한 그 향락과 "친해지는" 방식을 발명하는 것. 이것들이 중요하다고 말한다.

실제로 밀레에 의하면, 현대 정신분석은 과거의 규율 훈련 시대에 분석을 좌초시켰던 "성관계는 없다"라는 공식에서 이미 빠져나왔으며, 오히려 '향락만 있다'는 공식을 갖는 데에 이르렀다고 말하고 있다.

> 분석의 종결은 피안이나 초월성이나 초월의 파토스pathos
> 를 벗어남으로써 나타나며, 반대로 좀 더 온건한 방식으로 향
> 락의 체제에, 즉 향락의 체제가 갖는 다양한 변경에 중점이
> 놓여 있다. 왜냐하면 대립물을 갖지 않는 충동의 만족이 문
> 제이기 때문이며, 이 점은 (향락의) 어떤 체제로부터 다른 체
> 제로의 이행이 참조점이 된다는 것을 의미한다. (…) "성관계
> 는 없다"라는 유명한 공식은 이와 같은 틀 안에 쓰여 있는 것
> 이다. 왜냐하면 이 공식에서는 (성관계의) 규범이 말소되었기
> 때문이다. 우리는 과거의 규율 훈련 시대에 정신분석을 좌초
> 시켰던 것으로부터 자유로워졌다. 결국 '향락만이 존재하는
> 것il n'y a que la jouissnce'이다. (…) 그리고 이 점은 생톰sinthome에
> 관한 라캉적인 글쓰기ecriture의 지위가 향상되었다는 점과 관
> 련이 있다.*

주의해야 할 것은, 밀레가 '향락밖에 없다', 즉 의존증적인 '일
자'의 향락밖에 없다고 결론을 지을 때, 이는 단순히 향락의 추구
를 예찬하는 것이 아니라는 점이다. 오히려 '구조에서 향락'으로
와 같은 단순한 이해를 최대한 경계해야 한다. 그도 그럴 것이 위

---

*   Miller, 'Intuitions Milanaises'.

의 인용에서 알 수 있듯*, 그는 오히려 '성관계는 없다'라는 점에서 출발하는데, 더 자세히 말한다면 자기 앞에 '성관계가 있을지도 모른다'라는 공상(환상)을 품은 것에서 출발하여 그와 같은 공상을 철저하게 횡단하는 것을 통해서 비로소 '향락밖에 없는' 것으로서의 분석의 종결에 다다를 수 있다(마치 우리가 이 글에서 정리한 1950, 60, 70년대 각각의 라캉 이론의 전회를 한 사람의 분석 주체가 반복하는 것처럼?)고 말하고 있는 것이다.

대단히 흥미로운 점은 밀레의 주변 사람들이 사용하는 논리logic는 신자유주의에 관하여 선구적인 비판을 가한 푸코가 『자기 배려Le souci de soi』에서 언뜻 보면 신자유주의적인 자기 관리와 착각하게 만드는 자기 도야culture de soi를 논하게 되는 모습과 무척 닮았다는 것이다. 아쉽게도 지면 관계상 여기에서는 이를 다루지 않는다.

---

* 이 인용의 원천이 되는 강의에 대한 속기록의 다른 버전에서는, "*성관계가 없다라는 공식을 통해서 시작되고, 우리는 과거의 규율 훈련 시대에 정신분석을 좌절시킨 것으로부터 자유로워진다. 그리하여 (이 공식을) 향락만이 존재한다를 통해서 보충補足 해야 한다*"(강조는 인용자)고 쓰여 있다. Jacques-Alain Miller, Le désenchantement de la psychanalyse. *Cours du 2001-2002* (inéit), Cours du 15 mai 2002. 참조.

옮긴이 후기

이 책은 2018년 3월 일본에서 출간된 마쓰모토 타쿠야의 '향락 사회론: 현대 라캉주의의 전개'(『享楽社会論: 現代ラカン派の展開 』(人文書院), 2018)를 완역한 것이다. 저자는 정신과 의사로서 라캉의 정신분석과 정신의학의 접점을 중심으로 박사학위를 취득하고 정신분석과 인문학, 분석 실천의 저변확대를 위해서 임상과 강의를 하는 교토대학 준교수이다.

이 책은 제목에도 암시되어 있고 일어판 띠지에서도 말하고 있듯이 정신과 의사이자 정신분석가였던 자크 라캉이 제시했던 정신분석 이론의 여러 개념 중에서 '잉여 향락', '자본주의 디스쿠르'라는 개념을 통해 현대의 사회현상을 분석하고 있다. 또한 그러한 개념을 '현대 라캉주의'의 주장을 통해서 다루고 있다. 특히 이 책에서는 '현대 라캉주의'의 이론을 소개하면서 우울증과 자폐증, 혐오 발언 등과 같은 요소가 임상이나 정치사회적 현실에서 발견되는 현상에 주목하며, 이에 대한 분석으로서 그 이론적 타당성을 입증하는 것을 목표로 하고 있다. 즉, 정신분석의 담론을 통해 현대사회를 분석하는 새로운 관점과 단서를 파악하여 우리가 살고 있는 자본주의의 감추어진 측면을 새롭게 조명해 볼 수 있다는 것이다.

하지만 이러한 목표가 가능하려면 라캉의 정신분석 이론에 대한 이해가 기저에 깔려 있어야 하며, 저자가 말하는 '현대 라캉주의'라는 존재가 주장하는 바가 분명히 드러나야만 할 것이다. 전자가 라캉에 대한 이해라고 한다면 후자는 그를 이어받은 사람들인데, 저자는 자크 알랭 밀레와 그를 따르는 프로이트 대의파를 대상으로 한다고 한정하고 있다. 그렇다고 한다면 이론적으로 다루는 대상이 제법 분명해 보이지만, 여기에는 당연히 라캉 저작 전반에 대한 이해가 선행되어야 한다. 이는 저자의 박사논문을 정리한 라캉의 정신분석에 대한 요체를 밝히는 『모든 인간은 망상한다』(임창석 옮김, 서커스, 2023)가 보충할 것이라고 보며 독자의 일독을 권한다.

이 책에는 현대사회의 현상과 풍조를 적시하면서 ─ 우리와 관련이 있는 재일 한국인의 문제 등 ─ 라캉의 사상이나 임상적 현상을 기술하고 있어 비교적 쉽게 읽힌다는 장점이 있다. 더불어 저자가 가진 라캉의 사상에 대한 이해와 정리로 이를 보충하고 있다는 점이 이 책의 강점이라고 보아야 할 것이다. 부디 라캉의 정신분석에 대한 이해에 일조가 되기를 기원한다. 번역상의 문제나 라캉이 고안했던 용어의 측면에서 역자의 한계가 있어, 이러한 불비한 점을 보충하려고 노력해 주신 에디투스의 연주희 대표님과 이 책의 감수 작업을 진행하면서 번역상의 난점을 해결하는 데 도움을 주신 이정민 선생님에게도 고개 숙여 감사를 표한다.

임창석